# Blockchain práctico

Joaquim de Dalmases

*Blockchain práctico*



Primera edición, 2025



Gran Via de les Corts Catalanes 594, 08007 Barcelona

Contacto: info@marcombo.com

Ilustración de cubierta; Jotaká

Maquetación: Reverté-Aguilar, S.L.

Corrección: Anna Alberola

Directora de producción: M.ª Rosa Castillo



ISBN: 978-84-267-3981-0

D.L.: B 1677-2025

Impreso en Servicepoint

*Printed in Spain*

Libro ecológico

Impreso con papel procedente de bosques gestionados de manera eficiente, libre de cloro.

# CONTENIDO

# PREFACIO

## A quién va dirigido este libro

Este libro está pensado para estudiantes, profesionales o simpatizantes de la tecnología blockchain llegados de multitud de sectores, que conocen la teoría y conceptos de la cadena de bloques (en inglés, blockchain), y que desean disponer de casos prácticos donde comprobar cómo se traduce la teoría a la práctica.

Va dirigido al lector que ya ha pasado por la fase introductoria de la tecnología de la cadena de bloques, y que quiere poner en práctica todo lo aprendido pero necesita de ejemplos prácticos que le muestren el camino. Este libro pretende ser ese eslabón final, que acompaña las frases «y se envía una transacción», «calcular el gas límite» o «llamamos a una función de nuestro contrato inteligente» con el ejemplo práctico de cómo se hace.

Se dan por conocidos los conceptos de blockchain pública, privada o híbrida, la utilidad de la cadena de bloques y por qué es una tecnología en auge actualmente. Existen multitud de publicaciones con este tipo de contenido, y es por eso que este libro no pretende ser una más. Su objetivo prioritario consiste en mostrar tres implementaciones cuyo autor ha realizado para superar un curso académico, y que cree que pueden ser de utilidad para el resto de las personas interesadas en esta tecnología disruptiva, para dar ese paso inicial que cuesta dar cuando conocemos los conceptos teóricos pero todavía no hemos pasado a la práctica, y nos preguntamos «¿por dónde empiezo?».

No se trata de sentar cátedra, sino de aportar un granito de arena más a difundir la tecnología de cadena de bloques con ejemplos funcionales. El lector dispone de código programado en tres ámbitos: sobre la blockchain utilizando contratos inteligentes (lenguaje `Solidity`), en entorno de desarrollo web utilizando `Angular Framework` (`Javascript`, `HTML`, `CSS`), y en el entorno del cliente `web3.js`, que nos permite conectar la aplicación web y la red blockchain. Para el caso de blockchain permisionada habrá que sumar la programación Java y las herramientas proporcionadas por `Hyperledger Fabric`.

La variedad de librerías y lenguajes es una de las mayores dificultades a superar. Diferentes campos de especificación, entornos de programación, lenguajes, sintaxis y manuales de programación hacen que la mayoría de los usuarios o profesionales vean este proceso demasiado complejo. Poniendo al alcance de los lectores estos tres proyectos prácticos del ámbito académico, se pretende derribar esas barreras y dejar que, una vez adquirido el conocimiento, sea el lector quien dé el paso definitivo aportando su creatividad al mundo de las aplicaciones web conectadas a una red de tipo blockchain e implementar sus propios proyectos.

## Contenido del libro

Para ello, se dispone de tres casos de uso. El primer proyecto, el sistema de conocimiento colaborativo **Esbrinachain**, nos muestra cómo crear e implementar una aplicación web que utiliza una blockchain pública como Ethereum o compatible con Ethereum. La temática es sencilla, un sistema de conocimiento colaborativo dotado de incentivos que permite poner en práctica la viabilidad e idoneidad del uso de la red blockchain. Debido a que un caso real implicaría un alto coste para el lector en transacciones, se ha desarrollado en la red de pruebas (testnet) `Sepolia`, 100 % compatible con Ethereum.

El segundo proyecto es, quizás, el caso más complejo. Hoy en día, las empresas con departamentos de innovación, que basan su éxito en ser pioneros en alguno de los campos punteros (como inteligencia artificial (IA), ciencia de datos o el mismo blockchain), son las más audaces destinando parte de sus presupuestos al desarrollo sobre blockchain privadas o híbridas. Y precisamente porque no siempre han tenido éxito, el proceso está siendo más largo y lento. No obstante, las ventajas potenciales en cuanto a una reducción muy significativa de los costes productivos derivados del uso de blockchain permisionada mantienen al alza sus expectativas. Este es el caso del proyecto **HFLines**, implementado con el objetivo de maximizar la colaboración entre empresas que comparten proyectos, sin descuidar la privacidad de cada una de ellas. Consiste en la implementación de un prototipo para el envío de mensajes entre empresas que colaboran en uno o más proyectos. **HFLines** permite disponer de un sistema de auditoría (grabado en la blockchain) de la toma de decisiones realizada (mensajes enviados) en aquellos proyectos compartidos, y donde es posible, además, mantener la privacidad de los interlocutores mediante la programación de canales privados seguros sobre una red blockchain permisionada (en la que el acceso está controlado y para participar se nos debe haber invitado primero).

En el tercer caso de uso, nos centramos en las funciones de un gestor de proyectos. En cómo debemos gestionar el diseño de un proyecto de tipo blockchain. En base a una idea de negocio establecida (la producción de productos de proximidad y marca de calidad), se muestra una solución de confianza para el consumidor final, basada en el uso de una red blockchain (cadena de bloques) pública.

**`FoodChain_Km0`** nace con la idea de conectar a sus usuarios actores (entes de la administración, productores de cultivo de proximidad, transportistas, minoristas y consumidores finales) a un sistema seguro que certifique en la cadena de bloques que la producción y venta final realmente es la de un producto de proximidad y/o marca de calidad.

Aunque los tres casos de uso son fruto de proyectos finales académicos realizados en la escuela de negocios de nuevas tecnologías EBIS Business Techschool, y seguramente aplicados al mundo real necesitarían algunos complementos más, están bien trabajados y han estado bien valorados, por lo que son una buena base de partida para iniciarse en el desarrollo de proyectos basados en blockchain.

Los objetivos primordiales de este libro son:

- Concentrar en una sola obra de nivel medio-avanzado tres proyectos sobre ámbitos de la tecnología blockchain tan diferentes como son: la blockchain pública, la blockchain empresarial permisionada y la gestión y diseño de un proyecto blockchain.
- Difundir 3 proyectos académicos realizados por el autor sobre la cadena de bloques, de un modo práctico y nada teórico, y situar al lector en un punto de partida en la elaboración de aplicaciones web conectadas al tipo de blockchain compatible con Ethereum.
- Mostrar al lector el desarrollo de código en los tres ámbitos necesarios: en la propia blockchain con contratos inteligentes (solidity), en backend utilizando librerías de conexión a blockchain (web3.js) y en frontend para la interfaz de la aplicación web (Angular Framework).
- No solo mostrar el código implementado, sino también la salida por pantalla de su ejecución, para que el lector pueda perfectamente comprender el efecto y resultado de la programación y disponer de la respuesta a su ejecución en cada sistema en la misma lectura.

Los tres casos de uso pueden abordarse de manera independiente, por lo que el lector puede sentirse libre de leerlos en el orden que más le interese.

# CAPÍTULO 1
# PROYECTO ESBRINACHAIN Y PUBLICACIÓN EN GITHUB

Frecuentemente cuando empezamos a interesarnos por alguna tecnología, queremos averiguar el núcleo diferencial respecto al resto que conocemos. Algunas tecnologías como blockchain implican la capacidad de gestionar activos y, por tanto, necesitan de cierta inversión e implican potencialmente una posible pérdida económica. La cautela es, pues, normal a la hora de gestionar billeteras digitales (en inglés, *wallets*) o fichas que representen un valor (en inglés, *tokens*), siendo un caso particular de token las criptomonedas. El primer caso de uso presentado nos permitirá conocer y practicar nuestros conocimientos sobre blockchain pública sin coste alguno.

Se utiliza una blockchain pública para almacenar tres contratos inteligentes escritos en **lenguaje `Solidity`**, e implementar una aplicación web desarrollada en **`Angular Framework v17`** (combinando `HTML` y `CSS` en diseño y estilo con `Javascript` para la programación). Para la conexión entre `Angular` y la red blockchain se han utilizado las librerías **`web3.js`**, **`bitcore-mnemonic`**, **`ethereumjs-wallet`**, **`bip39`** y **`@ethereumjs/util`**. Lo más cercano a practicar un caso real con la red Ethereum pero sin coste es desarrollar aplicaciones sobre la Testnet de Sepolia, como es el caso del proyecto **Esbrinachain**. Para el lector interesado también en conocer el funcionamiento de una base de datos documental en la nube puede ser interesante ver los desarrollos realizados sobre Firestore Cloud (Google Cloud).

En los siguientes capítulos se procederá a describir cada una de las partes en las que podemos dividir el desarrollo del proyecto. Una de las mejores ventajas al utilizar una red blockchain pública consiste en que evitamos realizar fuertes inversiones para disponer de una estructura hardware. La red Testnet de Sepolia, al ser pública, concederá acceso y conexión a cualquier usuario potencial de la aplicación. Utilizando simplemente un navegador de Internet (como Google Chrome), el lector puede probar el proyecto sin costes, aunque sí deberá tener en cuenta que para realizar transacciones en Sepolia debe disponer de *faucets*, tokens ETH propios de Sepolia que no tienen coste, pero que resulta cada vez más complicado adquirir sin haber realizado operaciones previas en la mainnet de *Ethereum*.

La aplicación web de **Esbrinachain** está alojada en Github de forma gratuita sin coste y se puede interactuar con ella simplemente dándonse de alta con una dirección de correo ficticia, y disponiendo de un frase de recuperación para una dirección Ethereum o, alternativamente, un wallet de Metamask.

Para tener acceso al proyecto completo y disponer de una primera toma de contacto en **Esbrinachain**, podemos acceder a la publicación del código en **Github** utilizando el siguiente enlace:

*https://github.com/EsbrinaChain/esbrina*

En este enlace encontraremos en su totalidad el **desarrollo de la aplicación web** en Angular Framework. El conjunto de carpetas y ficheros es, básicamente, el fiel reflejo de la estructura del desarrollo realizado en Angular Framework. En el fichero de GitHub `README.CMD` podemos leer una primera definición del proyecto ESBRINACHAIN:

**"Un sistema colaborativo de conocimiento sobre red blockchain pública"**

**Esbrinachain** proporciona un espacio en la nube para poder **preguntar lo que nos interese saber y poder contestar lo que a los demás les interesa**. Se diferencia del resto de proyectos en que basa su funcionamiento en **contratos inteligentes** almacenados en una red blockchain pública. Su propósito es la gestión del conocimiento y la gestión de **activos de valor** para cada usuario. Es capaz de realizar **transmisión de activos de valor** sin la necesidad de una tercera parte que ejerza como ente oficial reputado o certificador. Incorpora para cada usuario el uso de billeteras y autonomía para los usuarios para que ofrezcan **recompensas** económicas por sus preguntas y reciban beneficios por las respuestas que resulten ser las más votadas por el resto de los usuarios. En la figura 1, se puede ver el proyecto publicado en Github.

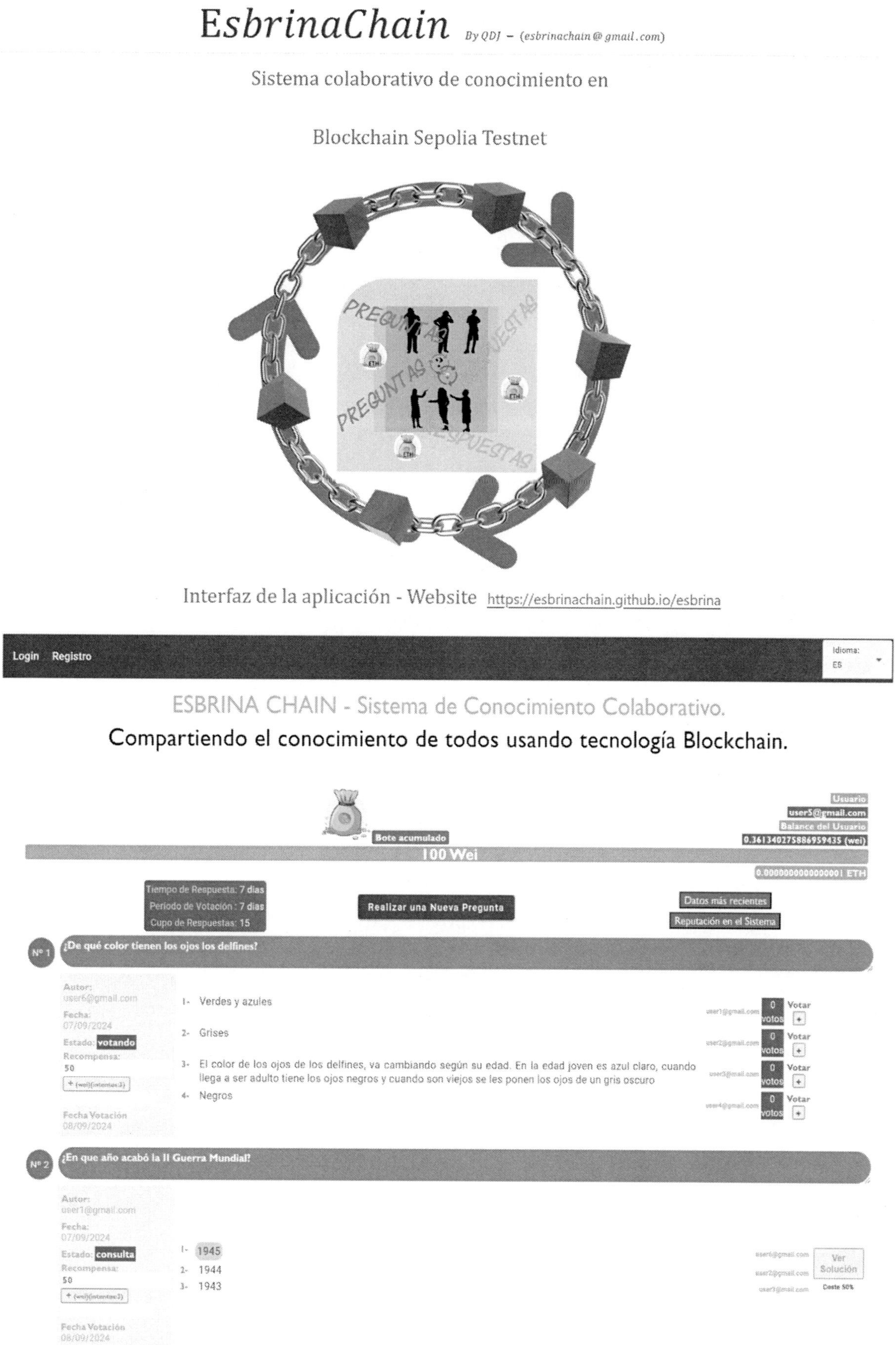


**Figura 1:** Publicación en GitHub del proyecto **Esbrinachain.**

## CAPÍTULO 2
# PROPUESTA DE PROYECTO

**ESBRINACHAIN** se pensó como un proyecto académico capaz de utilizar la tecnología blockchain de una red compatible a `Ethereum` para implementar **UN SISTEMA DE CONOCIMIENTO COLABORATIVO basado en incentivos**.

Mediante este ejemplo práctico, seremos capaces de poder utilizar los principales elementos de la teoría de la cadena de bloques: disposición de cuentas de usuarios con billetera compatible Ethereum, transmisión de valor sin validación de terceros, definición de contratos inteligentes, realizar mediante un sistema transaccional el acceso a la funcionalidad de los contratos inteligentes.

El primer paso que se debe dar siempre consiste en tener una idea clara del proyecto a implementar. Para esta tarea es indispensable disponer de una **propuesta de proyecto**, que describa con detalle sus funciones básicas. Es poco probable que sea la definitiva y seguro que, según vamos teniendo más claro el proyecto, acabaremos de pulir la propuesta hasta el más mínimo detalle; pero las funciones básicas deben estar planificadas en el momento de empezar a implementar. Entrar en metodologías de diseño queda fuera del alcance de este libro, pero sí mostraremos la evolución en el caso de Esbrinachain.

En este apartado se describe la propuesta de proyecto (figura 2) que se diseñó inicialmente, y se subrayan los cambios realizados durante la realización del proyecto, que podemos revisar en la propuesta final (figura 3).

## Sistema colaborativo de conocimiento en blockchain.

### Blockchain: EsbrinaChain token: SAP

El sistema es público y de libre acceso sobre la testnet de Ethereum (Sepolia).

Cada participante puede formular la pregunta que desee y fijar un valor en tokens, por el que está dispuesto a pagar una respuesta a modo de recompensa al usuario que la facilite. Opcionalmente se puede fijar un número de respuestas para cerrar la pregunta, sino por defecto serán 100. El valor de coste por la respuesta quedará custodiado por el depósito de capital del sistema.

Si el propietario de una pregunta no ve ninguna respuesta a su pregunta podrá realizar 3 incrementos de valor de recompensa, o eliminar la pregunta formulada. Si elimina la pregunta recibirá el valor del 50% de lo propuesto por una respuesta y el otro 50% permanecerá en el depósito del sistema.

Una pregunta que permanezca sin respuesta durante 1 semana será eliminada por el sistema y el usuario autor no recibirá el aporte realizado por una respuesta pasando al bote del sistema.

Los usuarios que estén dispuestos a ganar la recompensa de una pregunta formulada proporcionaran una única respuesta.

Una vez que se hayan recibido el cupo de respuestas para una pregunta, se inicia un proceso de votación en dónde los usuarios que no sean autores de alguna de las posibles respuestas indicarán que respuesta consideran más adecuada. En la valoración de dos respuestas similares se decantarán por la primera o de mejor detalle. El sistema después de 1 semana asignará a la pregunta la respuesta más votada.

El ganador del resultado de la votación recibirá en su wallet la cantidad estipulada por su respuesta. A partir de entonces la pregunta pasará de 'Activa' a 'Consultable' y para conocer su respuesta cada usuario deberá aportar el 50% del coste de la respuesta y la podrá ver durante el periodo de 1h.

Cada usuario dispondrá de una estadística que registrará el porcentaje sobre el número de respuestas correctas e incorrectas realizadas y el número de preguntas formuladas sobre el que se calculará su reputación en el sistema.

Si algún usuario quiere incrementar del valor de recompensa de una respuesta a una pregunta lo podrá hacer y el sistema recibirá el importe en custodia.

El sistema será capaz de realizar una clasificación de la temática de las preguntas finalizadas y su índice de participación por parte de los usuarios o alguna estadística de interés sobre los datos de funcionamiento del sistema.

Cada mes el sistema premiará de manera pseudoaleatoria a uno de entre los 5 usuarios con mayor reputación con el valor del 80% de los beneficios actuales del sistema.

La idea de marketing/venta de este sistema es que es mucho más preciso en la respuesta y devuelve la información que quiere el usuario, que no recibe un aluvión de respuestas sino un conjunto menor, casi sin errores porque están ajustadas a lo que pregunta el usuario, y además, la respuesta final es consensuada por la mayoría, y que por lo tanto, no solo puede decidir con cuál se queda, sino que obtiene cual es el parecer o criterio de la mayoría. Además se pueden generar nuevas preguntas afinando las respuestas con el resto de los usuarios.

**Figura 2**: Documento inicial de especificación técnica del proyecto **Esbrinachain**.

Como se puede observar en la propuesta de proyecto inicial, se añaden muchos complementos de aplicación. Finalmente se decidió concentrar los esfuerzos de desarrollo en las operaciones básicas:

- Gestión de **usuarios**: alta y asignación de wallet (personalizado si se facilita una semilla y contraseña) o mediante la billetera digital de Metamask.
- Crear una **pregunta** en el sistema, con su correspondiente recompensa.
- Crear una **respuesta** en el sistema.
- Implementar un sistema de **votación** que determine la respuesta idónea a una pregunta.
- Calcular la reputación de cada usuario o usuarios que sean autor/autores de la respuesta más votada.
- Control de los **estados** de cada pregunta: **abierta** (a respuestas), **votando** (cuando se ha iniciado el periodo de votación), **en consulta** (cuando la pregunta ha sido respondida y votada y los usuarios del sistema quieren conocer la respuesta) y finalmente **anulada** (casos en que no ha recibido respuestas o no ha recibido votos).
- Control de la **duración de los periodos** definidos para cada estado de una pregunta.
- Cálculo del vencedor (uno o más) en la votación de una pregunta.
- Cálculo del **pago** a cada vencedor.
- Cálculo de la **reputación** de cada usuario.
- Concentrar todos los complementos de tipo de estadísticas, por un solo caso de uso en que cada usuario puede ver su clasificación de reputación en comparación con el resto de los usuarios.

Aunque pueda parecer que la propuesta de proyecto se ha reducido, queda compensada con aspectos introducidos durante el desarrollo de la aplicación, que inicialmente no se había detectado que podían ser necesarios:

- Disponer de un backend a modo de base de datos que dé soporte al refresco de datos que, por no ser críticos, pueden no almacenarse en la cadena de bloques de Sepolia, o bien que controle la gestión de los usuarios del sistema. En nuestro caso se ha usado Firestore como base de datos cloud facilitada por Google.
- Sincronización correcta del backend con el sistema vigente en la cadena de bloques. Los posibles errores al intentar transacciones pueden ocasionar discrepancias, puesto que hay que considerar la interacción multiusuario asíncrona con la cadena de bloques.
- Diseño de la interfaz web para la aplicación.
- Desarrollo de los test unitarios para el aplicativo.
- Permitir la modificación de parámetros de configuración, como el **tiempo de respuesta**, el **tiempo de votación** y el **cupo de respuestas**.

Han quedado para versiones futuras las siguientes propuestas originales:

- El control de respuestas repetidas. En la versión actual se deja que el resultado de la votación decida y se repartan beneficios de manera equitativa en caso de empate.Los premios mensuales a final de mes por mejor reputación en el sistema.
- No se hacen valoraciones sobre las respuestas, sino que se reparte equitativamente a los ganadores de una votación.
- El **periodo de consulta** se reduce a visualizar la respuesta más votada 15 segundos, excepto para el autor de la pregunta, que es gratuito. Esta opción debería mejorarse, considerando retardos en la red.
- La única estadística considerada es la clasificación global de reputación de los usuarios del sistema. Así pues, no se han implementado clasificaciones de las temáticas de las preguntas, que bien podrían valorarse en etapas donde el diseño ya estuviera avanzado y consolidado.
- Los usuarios no pueden modificar el estado de una pregunta a anulada. Solo el sistema define qué preguntas pasan al estado de **anuladas**.

Finalmente, la propuesta de proyecto más realista, que combina rendimiento y práctica completa de los conocimientos adquiridos de la teoría, es la mostrada en la figura 3.

## Sistema colaborativo de conocimiento en blockchain.

### Blockchain: EsbrinaChain token: SAP

El sistema es público y de libre acceso sobre la testnet de Ethereum (Sepolia).

Cada participante puede formular la pregunta que desee y fijar un valor en tokens, por el que está dispuesto a pagar una respuesta a modo de recompensa al usuario que la facilite. Opcionalmente se puede fijar un número de respuestas para cerrar la pregunta, sino por defecto serán 15. El valor de la recompensa por la respuesta más votada a una pregunta quedará custodiado en el bote de capital del sistema.

Una pregunta que permanezca sin respuesta durante un periodo superior al periodo de respuesta será establecida como anulada por el sistema. El autor perderá el aporte realizado por una respuesta pasando al bote del sistema.

Los usuarios que estén dispuestos a ganar la recompensa de una pregunta formulada solo podrán proporcionar una única respuesta.

Una vez que se hayan recibido el cupo de respuestas para una pregunta, o bien se haya agotado el periodo de respuesta, se inicia un proceso de votación en dónde los usuarios que no sean autores de la pregunta ni de sus respuestas votarán la respuesta que consideran más adecuada. El sistema después de agotarse el periodo de votación asignará a la pregunta la respuesta más votada. Existe la posibilidad de que el administrador del sistema pueda iniciar o finalizar una votación.

El ganador del resultado de la votación recibirá en su 'dirección de cuenta' la cantidad estipulada por su respuesta. A partir de entonces la pregunta pasará de 'votando' a 'consulta' y para conocer su respuesta cada usuario deberá aportar el 50% del coste de la respuesta y la podrá ver durante el periodo de 15 segundos como máximo, excepto el autor de la pregunta que lo puede hacer sin restricciones.

Cada usuario podrá consultar su reputación en el sistema y compararla con la del resto de usuarios.

Si algún usuario quiere incrementar del valor de recompensa de una respuesta a una pregunta lo podrá hacer y el sistema recibirá el importe en custodia.

La innovación de esta propuesta de sistema colaborativo basado en cadena de bloques, (aplicable en su marketing de venta), reside en reforzar la idea de que es mucho más preciso en la respuesta a una pregunta por ser resultado de una valoración consensuada con los usuarios. Además el sistema facilita la información que solicita el usuario de manera más precisa, sin devolver un aluvión de respuestas. El autor de una pregunta puede decidir con cuál se queda independientemente del resultado de la votación, pero alternativamente también recibe cuál es el parecer de la mayoría. Los usuarios están incentivados a dar respuestas con criterio por recibir una recompensa y por mantener su reputación. Además se pueden generar nuevas preguntas considerando las respuestas previas de los usuarios. La innovación técnica consiste en ser compatible con la tecnología blockchain de la red pública Ethereum.

**Figura 3:** Documento final de especificación técnica del proyecto Esbrinachain.

## CAPÍTULO 3

# ESTRUCTURA DE PROYECTO

El proyecto **Esbrinachain** está publicado en Github en la dirección:

*https://github.com/EsbrinaChain/esbrina*

En las siguientes secciones se hará referencia a partes de la estructura de directorios descrita en este apartado. El proyecto se puede descargar cuando se necesite poner en funcionamiento, clonando el proyecto en la máquina o computador local.

La mayoría de los proyectos implementados en `Angular Framework` pueden completarse con las propias librerías de `Angular`, pero también es muy común que para temas específicos optemos por incluir librerías externas dedicadas a una temática. Los proyectos tienen un carpeta etiquetada con el nombre de `node_modules` que contiene estas librerías, y acostumbra a ser una carpeta de gran volumen, que se evita publicar en Github. Para el correcto funcionamiento del proyecto en local, en este caso no es suficiente con clonar el proyecto, sino que también se facilita todo el contenido de la carpeta `node_modules` comprimida en 7 volúmenes, para evitar posibles problemas de compatibilidad por la evolución de las versiones de cada librería. Clonando el proyecto en local y descomprimiendo correctamente la carpeta `node_modules`, no debería haber problemas para recompilar el código original y acceder a la aplicación en la URL local:

*https://localhost:4200*

En la figura 4, se describen las carpetas más significativas de la estructura publicada. En caso de probar el proyecto en local, el lector deberá generar por su cuenta los perfiles de usuario y un wallet para cada perfil, en caso de querer probar la aplicación con múltiples usuarios interactuando en diferentes navegadores a la vez.

Lo mismo sucede con la parte de backend creada en Firestore Cloud. El lector puede usar por defecto la existente en la aplicación o replicar una en su propia cuenta cloud. La aplicación de Esbrinachain solo necesita el acceso al espacio cloud, ya que de cero crea las colecciones que necesita. Pero todos estos detalles se comentarán más adelante y con más detalle.

En la carpeta **DB** se dispone de una copia de los ficheros de datos usados en el desarrollo y en la configuración de Firestore. En **SC**, una copia de los códigos de los tres Smart Contracts creados para la blockchain Sepolia. En **docs**, se almacena la compilación de la aplicación web publicada en Github usando Angular Framework. En **img**, imágenes usadas en la publicación web o en el fichero README.CMD de Github.

La carpeta **src**, contiene los componentes principales desarrollados en Angular Framework para implementar el sistema Esbrina:

- **get-preg**: formulario de una ventana de diálogo para la formulación de preguntas de los usuarios.
- **get-resp**: formulario de una ventana de diálogo para la generación de respuestas a preguntas.
- **pregunta**: contiene el código relacionado a la gestión de preguntas y desencadenar las posibles respuestas. Es el componente principal del interfaz del sistema Esbrina.
- **respuesta**: componente que define el aspecto y disposición de las respuestas de una pregunta, y se usa también para todo el código de implementación de la votación de respuestas.
- **wallet-in**: implementa todo el código relacionado con la generación de un wallet personalizado para un usuario. Utiliza un servicio **wallet-service.ts**.
- **registrar**: componente que implementa la variante de wallet de **Metamask**.
- **prestigio**: implementa la lista de reputación o prestigio de los usuarios de **Esbrina**.
- **app**: componente principal de la aplicación que contiene al resto de componentes y da forma al interfaz de la aplicación web de **Esbrinachain**.

**usr_test**: contine los datos de las simulaciones para los usuarios del sistema utilizados, junto con sus wallets y semillas.

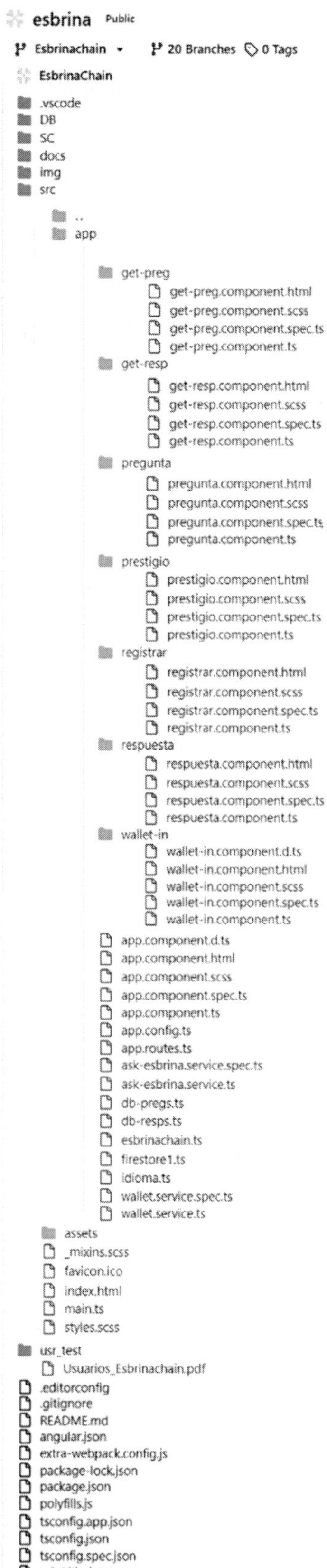


Cada componente Angular se divide en 4 ficheros diferenciables por su extensión:

**.html**: diseño html del componente.
**.scss**: especificación CSS de estilo.
**-spec.ts**: configuración adicional.
**.ts**: código typescript en Angular.

A modo de ejemplo, en el caso del componente **pregunta**:

**html**:

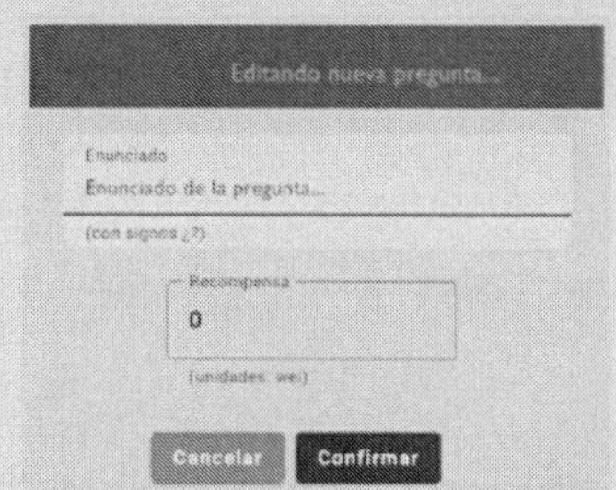


**scss**:

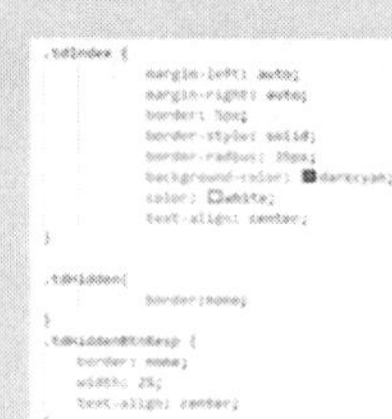

**.ts**:

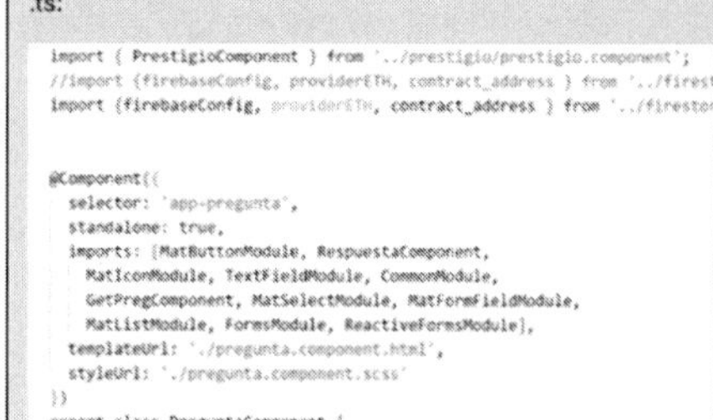

**Figura 4**: Estructura de directorios completa del proyecto **Esbrinachain**.

Además de los componentes creados en el proyecto, existe un fichero de configuración. El fichero **`Firestore1.ts`** almacena la configuración de acceso a Firestore Cloud. Se han utilizado 2 para, en caso de agotarse los límites operacionales permitidos en los perfiles gratuitos, disponer de un recambio.

Los ficheros **`dbs-preg.ts`** y **`db-resp.ts`** contienen ejemplos de preguntas y respuestas usados durante el desarrollo como base de datos de preguntas y respuestas.

Finalmente, el fichero **`idioma.ts`** implementa toda la mensajería usada en la aplicación en tres idiomas: castellano, catalán e inglés.

## 3.1. Smarts contracts

Una de las características más importantes de la red blockchain es la posibilidad de programar smarts contracts, o contratos inteligentes. En Esbrinachain, nos permiten **formalizar las relaciones contractuales del funcionamiento del sistema colaborativo de conocimiento**, gestionando **quién pregunta**, **quién responde**, **quién vota** y el contexto en que lo hacen, es decir, establecen las reglas de negocio y funcionamiento bajo las cuales el sistema funciona de manera transparente y de forma automatizada. Ejemplos de reglas son: «hay que formular una pregunta siempre ofreciendo una recompensa», «hay un periodo de respuesta», «hay un periodo de votación», «existe un administrador del sistema», «solo se puede responder una vez»... y las podemos extraer de la propuesta de proyecto. En el contrato inteligente se resolverá la votación que determina la mejor respuesta según los usuarios del sistema, y se asignará el valor de la recompensa a los autores de la respuesta más votada. El control lo establece de forma automatizada y, al ser inmutable, su código por ejecutarse en la cadena de bloques no permite cambio alguno, proporcionando un blindaje de confianza al funcionamiento del sistema.

Utilizar contratos inteligentes proporciona al sistema **Esbrinachain** seguridad, inmediatez, precisión y transparencia. El lenguaje utilizado para su definición es **`Solidity`**, y se han desarrollado utilizando el compilador *online* de REMIX.

*https://remix.ethereum.org/*

En **Esbrinachain** existen tres contratos, contenidos en los ficheros:

1. **`esb_pregunta.sol`**: se ocupa de las reglas de negocio relacionadas con la acción de «Preguntar». Contiene el código del contrato **`esbAdmin`**, que se ocupa de restringir el acceso a ciertas operaciones reservadas solo al administrador.
2. **`esb_respuesta.sol`**: se ocupa de las reglas de negocio relacionadas con la acción de «Responder».
3. **`esbrinachain.sol`**: hereda el código de los dos anteriores y se ocupa de dar soporte al proceso de votación y, en general, a todos los aspectos del sistema `Esbrinachain`.

En las tres figuras siguientes podemos visualizar el código implementado en cada uno. Existe una `EIP` (Ethereum Improvement Proposal) o propuesta de mejora, la `EIP-170`, que establece que el límite de tamaño de los smart contracts está definido en 24575 bytes. El desarrollo de Esbrinachain está cercano a este límite y, por ello, cualquier modificación implicaría una de reducción de código. Por esto es importante, al desarrollar contratos inteligentes, tener en cuenta el límite de tamaño cuando se implementan y no intentar modificarlos una vez desarrollados. Otro aspecto interesante para el lector —y no menos importante— consiste en desarrollar código que no sea potencialmente de gasto de gas infinito. Esto implica que los bucles for que se incluyan no sean infinitos, sino de número corto o finito de ciclos. En Esbrinachain, podría darse el caso de que, para un número muy elevado de preguntas, los bucles for incluidos en el código pudieran representar un coste de gas superior al soportado por la transacción. Es un ejemplo claro de que un caso de proyecto de producción debe pensarse teniendo en cuenta estos detalles con más atención, utilizando analizadores de código que revisen tanto la seguridad como el rendimiento en coste de gas de los contratos inteligentes. Por otro lado, en la mayoría de los casos en los que se ha implementado un bucle for, se ha realizado asegurando que el número de ciclos en el for es finito y corto.

Existen librerías consolidadas, como OpenZeppelin, que pueden ayudarnos a implementar patrones de código seguros y óptimos en rendimiento.

Los criterios ideales para economizar su tamaño serían:

1. Uso de bibliotecas y proxies.
2. Acortar los mensajes de error.
3. No usar las variables evitables.
4. No pasar estructuras de datos struct como parámetros, sino los propios parámetros.
5. Utilizar errores personalizados.
6. Declarar la visibilidad correcta para funciones y variables.
7. Reducir el uso de modificadores.

Esbrinachain, al ser un proyecto académico, no cumple algunas características por necesidades propias de su condición, como es el caso de acortar los mensajes de error o evitar todo tipo de código que no fuera imprescindible, debido a que estos se han utilizado para demostraciones y formación académica.

Queda claro, pues, que deberemos dedicar un tiempo a la seguridad del código y a mantener un equilibrio adecuado entre su coste en gas y su seguridad.

Cuando se empieza a programar smart contracts es fácil dejarse llevar por el código que funciona y no evitar posibles patrones no deseables en el código. Es por ello por lo que se aconseja al lector dedicar un tiempo a obtener las directrices de qué patrones no son seguros y permiten posibles ataques, como DDOS o reentrancy. En el caso de Esbrinachain, las operaciones críticas se han restringido mediante modificadores que solo permitían ejecutarlas al usuario administrador del contrato, como se verá más adelante. Tampoco se realizan llamadas a otros contratos cuando se cambia el estado de la blockchain ni se integran librerías de terceros. En estos aspectos, el código tiene margen de mejora, e incluso una estructura distribuida de los contratos podría ser una buena estrategia.

En la figura 5, se muestra el código fuente del contrato inteligente `preguntar`.

```
//SPDX-License-Identifier:GPL-3.0
pragma solidity < 0.9;

contract esbAdmin {
    address public _admin;
    constructor(){    73765 gas 49400 gas
        _admin = msg.sender;
    }
    modifier soloAdmin() {
        require(msg.sender == _admin, unicode"Debe ser ADMIN para realizar esta operación.");
        _;
    }
}

contract preguntar is esbAdmin {

    enum estado_preg {abierta, votando, consulta, anulada}

    uint constant num_incr_recompensa = 3;
    uint public total_preg;

    event PreguntaCreada(uint indexed _id_preg, address indexed _autor);
    event SubidaRecompensaPreg(uint indexed id_preg);
    event GanadorPregunta(uint indexed id_preg, address[] indexed autor_s);

    struct Usuario {
        string nom;
        string app;
        string aliase;
        bool vetado;
        bool existe;
        int prestigio;
    }
    struct Pregunta {
        estado_preg estado;
        uint recompensa;
        uint creada;
        uint fecha_votacion;
        address autor;
        string enunciado;
        bool votada;
    }

    uint public total_usuarios;
    mapping (uint=>Pregunta) public preguntas;
    mapping(address => Usuario) public usuarios;

    function creaPregunta(string memory texto,     infinite gas
                          string memory nombre, string memory apellidos,
                          string memory alia) public payable {
        require(bytes(texto).length>0,"Enunciado inexistente");
        require(!usuarios[msg.sender].vetado, "El usuario esta vetado.");
        require(msg.value > 0,"No se ha enviado recompensa para resolver la pregunta.");
        if (!usuarios[msg.sender].existe){
            require(bytes(nombre).length>0 ||
                bytes(apellidos).length>0 ||
                bytes(alia).length>0," No se ha facilitado ni nombre, ni apellidos, ni alias.");
            total_usuarios++;
            usuarios[msg.sender] = Usuario(nombre, apellidos, alia, false, true, 0);
        }
        total_preg++;
        preguntas[total_preg] = Pregunta(estado_preg.abierta, msg.value,
                                         block.timestamp, 0, msg.sender, texto, false);
        emit PreguntaCreada(total_preg, msg.sender);

    }

    // Esta función permite a cualquier usuario incrementar el valor de la recompensa.
    function subirRecompensaPreg(uint idx_preg) public payable {    infinite gas
        require(total_preg > 0, "No existen preguntas en en el sistema.");
        require(preguntas[idx_preg].estado == estado_preg.abierta, "La pregunta no esta abierta a respuestas.");
        if (msg.value > 0){
            preguntas[idx_preg].recompensa += msg.value;
            emit SubidaRecompensaPreg(idx_preg);
        }
    }

    // Retorna el estado de una pregunta: abierta, votandose, consulta o anulada.
    function estadoPreg(uint idx_preg) public view returns(string memory){    infinite gas
        string memory estado;
        if(preguntas[idx_preg].estado == estado_preg.abierta)  estado = "Abierta.";
        if(preguntas[idx_preg].estado == estado_preg.votando)  estado = "Votando.";
        if(preguntas[idx_preg].estado == estado_preg.consulta) estado = "Consulta.";
        if(preguntas[idx_preg].estado == estado_preg.anulada)  estado = "Anulada.";

        return estado;
    }


}
```

**Figura 5**: Código fuente del contrato inteligente «preguntar» (`esb_preguntar.sol`).

El contrato **preguntar** incluye un contrato sencillo llamado **esbAdmin**, que establece qué wallet de usuario se asigna como administrador del sistema cuando se despliega el contrato, y contiene el modificador **soloAdmin**, que se define para permitir el acceso solo al administrador a ciertas operaciones exclusivas de su rol.

En el contrato **preguntar** se define el conjunto de estados posibles para las preguntas: **abierta**, **votando**, **consulta** y **anulada**. También las estructuras funcionales de una pregunta, una respuesta y de los usuarios del sistema. En la figura 6, se muestran todas las estructuras usadas en los contratos inteligentes:

```
struct Pregunta {
    estado_preg estado;
    uint recompensa;
    uint creada;
    uint fecha_votacion;
    address autor;
    string enunciado;
    bool votada;
}

struct Respuesta {
    uint id_resp;
    uint id_preg;
    uint votos;
    address autor;
    string enunciado;
    bool ganadora;
}

struct Usuario {
    string nom;
    string app;
    string aliase;
    bool vetado;
    bool existe;
    int prestigio;
}
```

**Figura 6**: Estructura de una pregunta, una respuesta y de un usuario.

Cada pregunta almacena su **estado**, la **recompensa** asociada a contestarla de manera óptima, la **fecha en que se crea**, la **fecha en que se inicia su votación**, su **autor**, su **enunciado** y si ha sido **votada** o no.

Cada respuesta almacena su **identificador único**, el **identificador único de su pregunta**, el **número de votos** recibidos en la votación de la pregunta, su **autor**, su **enunciado** y si ha resultado **ganadora** en la votación.

Cada usuario está definido por un **nombre, apellido, alias**, si ha sido **vetado**, y su **prestigio**.

Hay que tener en cuenta que el compilador de Solidity considera un espacio para guardar cada variable, pero en el caso de las estructuras de tipo struct **se debe tener en cuenta el orden y agrupar los campos del mismo tipo**. Como se puede observar, los tipos uint, string y bool están juntos, para optimizar el espacio ocupado. Solidity empaqueta las subvariables del mismo tipo para rellenar espacios de 256 bits. Por eso, una buena práctica para ahorrar su coste en gas consiste en ajustar los campos del mismo tipo al mínimo posible, y colocarlos juntos en la estructura. Hay que tener en cuenta que toda la funcionalidad del contrato la hereda el contrato **Esbrinachain**, que es el principal.

En el contrato inteligente **preguntar**, se definen las siguientes variables:

```
enum estado_preg {abierta, votando, consulta, anulada}
uint constant num_incr_recompensa = 3;
uint public total_preg;
uint public total_usuarios;
mapping (uint=>Pregunta) public preguntas;
mapping(address => Usuario) public usuarios;
```

**Figura 7**: Variables globales declaradas en el contrato inteligente **preguntar**.

En el contrato **preguntar** se han definido dos mappings:

a. **preguntas**: su función es almacenar todas la preguntas struct incluidas en Esbrinachain por orden de llegada. Para acceder a una pregunta, utilizamos su índice **preguntas[i]**. Para acceder a la información de la pregunta, **preguntas[i].campo**. Es de tipo public; por tanto, la podremos consultar fácilmente desde el aplicativo web sin coste.

b. **usuarios**: igual funcionamiento pero utilizamos como índice el address o **dirección pública del usuario**. También es **public** y, por ello. consultable sin coste.

La variable **total_preg** mantiene un registro del total de preguntas existentes en el sistema de conocimiento; un comportamiento parecido con los usuarios lo realiza la variable **total_usuarios**. El contrato dispone de una variable para definir cuántos **incrementos de recompensa** están permitidos en una pregunta. A continuación, se muestra una relación de las funciones definidas en este contrato.

En la figura 8, podemos observar las tres funciones definidas en el contrato **`preguntar`**:

```
function creaPregunta(string memory texto,          infinite gas
                      string memory nombre, string memory apellidos,
                      string memory alia) public payable
function subirRecompensaPreg(uint idx_preg) public payable
function estadoPreg(uint idx_preg) public view returns(string memory)
```

**Figura 8**: Declaración de las funciones y parámetros del contrato **preguntar**.

Para incluir una pregunta en el contrato, solo debemos usar la función **creaPregunta**, y pasarle como parámetro el enunciado y tres campos de tipo string, nombre, apellido y alias del autor de la pregunta. Podemos dejar alguno vacío, pero no los tres. Es importante identificar que esta función es **`public`** y **`payable`**, lo cual significa que la podemos ejecutar externamente y que, al hacerlo, se debe pasar una cantidad o valor en la transacción que servirá como **recompensa**. La recompensa se almacenará en el balance del contrato **`esbrinachain`**, que en el sistema representa el bote acumulado de los activos generados.

Para subir la recompensa de una pregunta, podemos ejecutar la función **subirRecompensa**, que también es de tipo **`payable`** y el incremento de recompensa funciona de igual forma que la recompensa.

La última función es de tipo **`view`**, lo que significa que no consume gas y puede ejecutarse de forma gratuita simplemente con una llamada **call**. Con solo indicar el índice de la pregunta, nos retorna el **estado actual** de la misma en el sistema.

La función **`estadoPreg`** nos será muy útil en la programación de la aplicación web, ya que los cambios de estado modifican las pantallas visualizadas.

Es muy importante poder consultar el estado de las variables y saber qué acciones realiza un contrato internamente para mantener sincronizada la interfaz web de la aplicación. Para este cometido en los contratos inteligentes se definen los **eventos**.

Cuando el contrato **preguntar** inserta una pregunta en el mapping de preguntas, **emite** un evento **`PreguntaCreada`**; cuando se hace efectivo el incremento de una recompensa se emite el evento **`SubidaRecompensaPreg`**; y cuando una pregunta tiene un vencedor, por ser el autor de la respuesta más votada, se emite el evento **`GanadorPregunta`**.

En la figura 9 podemos observar las declaraciones de cada evento y la información que registran para que el aplicativo web conozca la información necesaria. Es la red blockchain la que se encarga de mantener toda esta información indexada asociada al contrato y accesible, si así lo especificamos en las declaraciones.

```
event PreguntaCreada(uint indexed _id_preg, address indexed _autor);
event SubidaRecompensaPreg(uint indexed id_preg);
event GanadorPregunta(uint indexed id_preg, address[] indexed autor_s);
```

**Figura 9**: Declaración de los eventos del contrato inteligente **preguntar**.

El segundo contrato inteligente heredado por el contrato principal Esbrinachain es el contrato inteligente **`responder`**.

En el contrato **`responder`** se ha programado toda la funcionalidad correspondiente al proceso de responder a una pregunta. Existe un **tiempo de respuesta** predefinido a **1 semana**, que puede ser configurado por el administrador del sistema. Otro valor predefinido es el **cupo de respuestas** posibles, fijado en **15**. El tiempo de respuesta finaliza cuando una pregunta se quiere responder y el contrato inteligente comprueba que el periodo de respuesta se ha agotado. Entonces, **el contrato no tiene en cuenta la respuesta** y cambia el estado de la pregunta: de estar **abierta** a respuestas a **votando**. En la figura 10, se puede observar el código fuente del contrato **`responder`**.

```
//SPDX-License-Identifier:GPL-3.0
pragma solidity <0.9;

import "./esb_preguntas.sol";

contract responder is preguntar {
    uint public tiempo_respuesta = 1 weeks;
    uint public cupo_respuestas = 15;
    uint public total_resp;

    struct Respuesta {
        uint id_resp;
        uint id_preg;
        uint votos;
        address autor;
        string enunciado;
        bool ganadora;
    }

    mapping(uint => mapping(uint => Respuesta)) public preg_resp;
    mapping(uint => uint) public pregNumResp;

    event InicioVotacion(uint indexed id_preg);
    event RespuestaCreada(
        uint indexed id_preg,
        uint indexed id_resp,
        address indexed autor
    );
    event RespuestaFueraDeTiempo(
        uint indexed idx_preg,
        uint indexed id_resp,
        address indexed autor
    );
    event RespuestaFueraDeCupo(
        uint indexed idx_preg,
        uint indexed cupo_max,
        address indexed autor
    );
    event PreguntaAnulada(uint indexed id_preg, string motivo);

    // Mira si un usuario a respondido ya a una pregunta
    function calcAdrRespuestasAPregunta(    infinite gas
        uint id_preg,
        address _adr
    ) public view returns (bool _existe) {
        _existe = false;
        for (uint i = 1; i <= pregNumResp[id_preg]; i++) {
            if (preg_resp[id_preg][i].autor == _adr) _existe = true;
        }
    }
    // devuelve el conjunto de respuestas a una pregunta
    function calcRespAPreg(uint id_preg) public view returns (uint[] memory) {    infinite gas
        uint[] memory _resp = new uint[](pregNumResp[id_preg]);
        for (uint i = 1; i <= pregNumResp[id_preg]; i++) {
            _resp[i - 1] = preg_resp[id_preg][i].id_resp;
        }
        return _resp;
    }

    function adrRespondeVence(uint idx_preg, address _adr) internal view returns (bool, bool) {    infinite gas
        if (preguntas[idx_preg].estado == estado_preg.consulta) {
            uint[] memory rsp = calcRespAPreg(idx_preg);
            for (uint i = 1; i < rsp.length + 1; i++) {
                if (
                    preg_resp[idx_preg][i].ganadora &&
                    preg_resp[idx_preg][i].autor == _adr
                ) {
                    return (true, true);
                }
                if (
                    !preg_resp[idx_preg][i].ganadora &&
                    preg_resp[idx_preg][i].autor == _adr
                ) {
                    return (true, false);
                }
            }
        }
        return (false, false);
    }
    // Para consultar la respuesta mas votada de una pregunta se debe enviar el 50% de su recompensa
    // excepto que sea el autor de la pregunta que podrá consultarla sin coste.
    function consultaRespuestaVotada(uint idx_preg) public payable returns(uint){    infinite gas
        string memory estado = estadoPreg(idx_preg);
        require(preguntas[idx_preg].estado == estado_preg.consulta,
        string(abi.encodePacked("La pregunta debe ser consultable, pero su estado es ",estado)));
        uint precio = preguntas[idx_preg].recompensa / 2;
        if (msg.sender != preguntas[idx_preg].autor){
            require(msg.value >= precio,"Se debe enviar el coste de la consulta para ver la respuesta votada");
        }
        return RespMasVotada(idx_preg);
    }

    // Devuelve un array con la opción más votada o opciones en caso de empate.
    function RespMasVotada(uint idx_preg) internal view returns(uint _votada){    infinite gas
        if(preguntas[idx_preg].estado == estado_preg.consulta){
            uint[] memory rsp = calcRespAPreg(idx_preg);
            for (uint i=1; i < rsp.length+1; i++){
                if(preg_resp[idx_preg][i].ganadora){
                    _votada = i;
                }
            }
        }
        return _votada;
    }

```

```
    function creaRespuesta(    infinite gas
        uint id_preg,
        string memory texto,
        string memory nombre,
        string memory apellidos,
        string memory alia
    ) public {
        require(total_preg > 0, "No existen preguntas en en el sistema.");
        require(
            preguntas[id_preg].creada > 0,
            "No existe una pregunta con Fecha de creacion 0."
        );
        require(
            preguntas[id_preg].estado == estado_preg.abierta,
            "La pregunta ya no puede recibir respuestas porque NO esta abierta."
        );
        uint num_resp_act = calcRespAPreg(id_preg).length;
        // Pasado el periodo de respuestas, si no se han proporcionado se anula la pregunta.
        if (
            num_resp_act == 0 &&
            (block.timestamp - preguntas[id_preg].creada) >= tiempo_respuesta
        ) {
            preguntas[id_preg].estado = estado_preg.anulada;
            emit PreguntaAnulada(id_preg, "Anulada por falta de respuestas.");
            return;
        }
        if (block.timestamp - preguntas[id_preg].creada >= tiempo_respuesta) {
            preguntas[id_preg].estado = estado_preg.votando;
            preguntas[id_preg].fecha_votacion = block.timestamp;
            emit RespuestaFueraDeTiempo(
                id_preg,
                (block.timestamp - preguntas[id_preg].creada) % 86400,
                preguntas[id_preg].autor
            );
            emit InicioVotacion(id_preg);
        } else if (num_resp_act >= cupo_respuestas) {
            preguntas[id_preg].estado = estado_preg.votando;
            preguntas[id_preg].fecha_votacion = block.timestamp;
            emit RespuestaFueraDeCupo(
                id_preg,
                cupo_respuestas,
                preguntas[id_preg].autor
            );
            emit InicioVotacion(id_preg);
        } else {
            // El usuario no debe estar vetado
            require(!usuarios[msg.sender].vetado, "El usuario esta vetado.");
            // El autor de la respuesta no puede ser el autor de la pregunta
            require(
                preguntas[id_preg].autor != msg.sender,
                "El usuario autor no puede responder a sus preguntas."
            );
            // El usuario solo puede responder 1 vez a una pregunta
            require(
                !calcAdrRespuestasAPregunta(id_preg, msg.sender),
                "No se puede responder mas de 1 vez."
            );
            // Si no es usuario tenemos que recibir un nombre o un apellido o un alias
            if (!usuarios[msg.sender].existe) {
                require(
                    keccak256(abi.encodePacked(nombre)) !=
                        keccak256(abi.encodePacked("")) ||
                        keccak256(abi.encodePacked(apellidos)) !=
                        keccak256(abi.encodePacked("")) ||
                        keccak256(abi.encodePacked(alia)) !=
                        keccak256(abi.encodePacked("")),
                    "Hace falta indicar nombre o apellidos o alias."
                );
                total_usuarios++;
                usuarios[msg.sender] = Usuario(
                    nombre,
                    apellidos,
                    alia,
                    false,
                    true,
                    0
                );
            }
            total_resp++;
            pregNumResp[id_preg]++;
            preg_resp[id_preg][pregNumResp[id_preg]] = Respuesta(
                pregNumResp[id_preg],
                id_preg,
                0,
                msg.sender,
                texto,
                false
            );
            emit RespuestaCreada(id_preg, pregNumResp[id_preg], msg.sender);
        }
    }
}
```

**Figura 10:** Código fuente del contrato inteligente **responder**.

El contrato **responder** tiene definidas las siguientes variables, mostradas en la figura 11:

```
uint public tiempo_respuesta = 1 weeks;
uint public cupo_respuestas = 15;
uint public total_resp;
mapping(uint=>mapping(uint=>Respuesta)) public preg_resp;
mapping(uint=>uint) public pregNumResp;
```

**Figura 11**: Variables definidas en el contrato inteligente **responder**.

El **tiempo de respuesta** se define a 1 semana, el **cupo_respuestas** a 15 y existe una variable que registra el número de respuestas incluidas en el contrato. Todas las variables son public, lo que permitirá consultarlas desde el aplicativo web sin coste de gas.

En este contrato se han definido dos mappings:

1. **pregNumResp**: registra el número de respuestas que tiene cada pregunta.
2. **preg_resp**: anida un segundo mapping. El primero indexa las preguntas por un índice numérico y este da acceso a la estructura de sus respuestas indexada también numéricamente por el orden de llegada. Así pues, **preg_resp[i]** da acceso al mapping de respuestas de la pregunta i, y **preg_resp[i][j]** a la respuesta j-ésima de la pregunta **preg_resp[i]**. Si decidimos acceder al contenido de campos de la estructura struct que define una respuesta (figura 6), utilizaremos la notación **preg_resp[i][j].campo**.

Los eventos definidos en el contrato **responder**, y que serán de vital importancia en el desarrollo web, se muestran en la figura 12:

```
event InicioVotacion(uint indexed id_preg);
event RespuestaCreada(uint indexed id_preg, uint indexed id_resp, address indexed autor);
event RespuestaFueraDeTiempo(uint indexed idx_preg, uint indexed id_resp, address indexed autor);
event RespuestaFueraDeCupo(uint indexed idx_preg, uint indexed cupo_max, address indexed autor);
event PreguntaAnulada(uint indexed id_preg, string motivo);
```

**Figura 12**: Eventos definidos en el contrato inteligente **responder**.

El contrato emite un evento **RespuestaCreada** cuando una respuesta es incluida en el contrato o, lo que es lo mismo, registrada en el mapping **preg_resp**, indicando un índice para la pregunta que responde, un índice de llegada de la respuesta dentro del conjunto de respuestas de la pregunta y una dirección del autor de la respuesta.

Cuando una respuesta está **fuera de tiempo**, el contrato debe pasar la pregunta a estado **votando** y emitir un evento **RespuestaFueraDeTiempo**. Si la respuesta excede el límite de respuestas definido en el momento actual del contrato, entonces se emite un evento **RespuestaFueraDeCupo**.

En el contrato se define un evento **InicioVotacion**. Solo se usa si el administrador decide iniciar el proceso de votación para una pregunta. Esencialmente esta acción no es necesaria pero, a efectos de realizar la demostración del proyecto, permite agilizar la presentación cambiando el estado de la pregunta y finalizando el proceso de respuestas. El evento **PreguntaAnulada** lo emite el contrato cuando o bien se agota el periodo de respuestas y no se ha respondido a la pregunta, o existen respuestas pero durante el periodo de votación nadie las ha votado.

Es importante observar que el contrato **responder** hereda la funcionalidad del contrato **preguntar** y toda su funcionalidad está disponible mediante la instrucción:

**import "./esb_preguntas.sol".**

La herencia se consigue con la instrucción de definición del contrato:

**contract responder is preguntar**

A continuación, mostramos, en la figura 13, las declaraciones de las funciones definidas en el contrato:

```
function calcAdrRespuestasAPregunta(uint id_preg,address _adr) public view returns (bool _existe)
function calcRespAPreg(uint id_preg) public view returns (uint[] memory)
function adrRespondeVence(uint idx_preg, address _adr) internal view returns (bool, bool)
function creaRespuesta(uint id_preg,string memory texto,string memory nombre,
                    string memory apellidos,string memory alia) public
function consultaRespuestaVotada(uint idx_preg) public payable returns(uint)
function RespMasVotada(uint idx_preg) internal view returns(uint _votada)
```

**Figura 13:** Funciones definidas en el contrato inteligente **responder**.

La función **`calcAdrRespuestasAPreguntar`** recibe como parámetros el **id** de la pregunta a considerar y la **dirección** de un usuario, y devuelve **true** si el usuario ha respondido a esa pregunta. Cuando se calcula el prestigio de un usuario, se realiza un conteo de las preguntas a las que un usuario ha respondido o no y si lo ha hecho con acierto, para lo cual se usa en el proceso esta función, y también, la función **`adrRespondeVence`**, que realiza el conteo y cálculo del prestigio del usuario puntuándolo entre 0 y 10. Como se puede observar, está definida como **internal**, lo que significa que no es accesible desde fuera del contrato, y que es de uso interno. La complejidad de la fórmula del prestigio es testimonial y podría actualizarse en futuras versiones. En esta primera versión, simplemente se califica teniendo en cuenta el porcentaje de aciertos.

La función **`calcRespAPreg`** es **`public`** y nos retorna el número de respuestas de una pregunta, y es muy útil al desarrollar el aplicativo porque en Solidity se pueden devolver arrays enteros, pero no si contienen estructuras **struct** como elementos. Por ello, saber el número de respuestas nos permitirá recuperarlas, una a una, conociendo el límite del **for** a implementar con coste de gas limitado.

La función **`creaRespuesta`** nos permite registrar respuestas indicando a qué pregunta **id** corresponden, el texto o enunciado de la respuesta y los datos string (nombre, apellido, alias) asociados a su autor.

La función **creaRespuesta** la analizamos en detalle, línea a línea, por ser de las más importantes:

El contrato inteligente mantiene el número de respuesta en cada caso de cada pregunta, y solo necesita recibir el **id** de la pregunta a la que responde, el **enunciado texto** de la respuesta y los **datos del autor**, que puede ser uno de tres posibles (nombre, apellidos, alias). Para poder responder deben cumplirse una serie de condiciones; si no se cumplen todas las condiciones de las instrucciones **require**, se anula la acción de responder y se devuelve el error en cada caso:

Línea 113: Si no existen preguntas, no se cumple la condición: **total_preg >0.**

Línea 119: La pregunta no está en estado con valor 0 o **abierta** a respuestas.

Línea 122: Se calcula cuántas respuestas tiene actualmente la pregunta.

Líneas 124-131: Si el tiempo de respuesta para la pregunta ha vencido, si no ha recibido respuestas se anulará, pasa a estado=3 o **anulada**, y se emite un evento **`PreguntaAnulada`**.

Líneas 132-141: Si el tiempo de respuesta ha vencido pero la pregunta ha recibido respuestas, entonces se debe ignorar esa respuesta y pasar la pregunta a estado **votando** (línea 133), emitiendo un evento **`RespuestaFueraDeTiempo`** (línea 135) y un evento

**InicioVotacion** (línea 140). Es en este momento cuando una pregunta actualiza su fecha de votación al tiempo actual (línea 134) y empieza a contar el tiempo de votación.

Líneas 141-148: En el caso de que el cupo de respuestas se haya sobrepasado, entonces igualmente se pasa al estado de **votando** (línea 142), se actualiza la fecha de votación (línea 143) y se emite un evento **RespuestaFueraDeCupo** (línea 144-148), y un evento **InicioVotacion** (línea 149).

Líneas 152-162: Se controla que el usuario no haya sido vetado por el administrador, que es una opción que no está programada pero sí preparada para su implementación en futuras versiones. Se controla que el usuario que responde no sea el autor de la pregunta (línea 154), y que no intente responder más de una vez (línea 159).

El contrato requiere que se proporcione alguno de los campos de identificación de usuario (nombre, apellidos, alias), pues en caso de no existir en el sistema se le da de alta incrementado la variable **total_usuarios**.

Línea 174: Se incrementa la variable que controla el número de respuestas.

Línea 184: Se incrementa el número de respuestas de la pregunta respondida.

Líneas 186-193: Se actualiza el mapping de preguntas-respuestas insertando la estructura completa de la respuesta en el índice de la pregunta.

Línea 194: Se emite el evento **RespuestaCreada** indicando la pregunta, el índice de orden de la respuesta y su autor.

El contrato **responder** hereda del contrato **preguntar**. Mientras que el contrato principal **esbrinachain** hereda del contrato **responder** e, indirectamente, del contrato **preguntar**, por lo que dispone de acceso a toda la funcionalidad. La división en tres contratos nos proporciona una ordenación por temática de la funcionalidad del proyecto.

El contrato **esbrinachain** enlaza los procesos de crear preguntas y asignar respuestas a las preguntas con el proceso de votación de cada pregunta, la resolución de la votación y la determinación de uno o más ganadores (en caso de que tengan el mismo número de votos en sus respuestas). Este desenlace genera dos procesos finales:

a. Pago de la recompensa por realizar la respuesta más votada a una pregunta.
b. Cálculo y asignación de la reputación o prestigio del usuario en el sistema **Esbrinachain**.

En la figura 16, se puede revisar el código fuente completo del contrato inteligente **esbrinachain**.

El contrato **esbrinachain** incluye las siguientes variables, mostradas en la figura 14:

```
uint public tiempo_votacion = 1 weeks;
// address usuario, mapeo id_preg_votada, id_resp_votada
mapping(address => mapping(uint => uint)) public votaciones;
address[] private usr_premio_mensual;
```

**Figura 14**: Variables declaradas en el contrato inteligente **esbrinachain**.

El tiempo de votación, por defecto, se fija a 1 semana, aunque el administrador lo puede modificar.

Se define un mapping para almacenar las **votaciones**. Dada una dirección de un usuario, podemos disponer de todas la preguntas a las que ha votado: **`votaciones[address][i]`**, y saber qué respuesta ha votado en cada pregunta **votaciones[address][i][j]**, donde j indica el índice de la respuesta votada. Como solo se puede votar una respuesta, no deberán existir nunca dos valores iguales en **`votaciones[address][i]`**.

La variable **`usr_premio_mensual`** queda definida para futuras versiones.

Las funciones definidas en el contrato están listadas en la figura 15:

```
function valoresVariables() public view returns (uint, uint, uint, uint, uint, uint)
function votarRespuesta(uint idx_preg, uint idx_resp) public
function resolucionVotacion(uint idx_preg) internal
function resolucionPagosBeneficios(uint idx_preg,uint num_resp,uint conPremio) internal
function iniciaVotacion(uint idx_preg) public soloAdmin
function finalizaVotacion(uint idx_preg) public soloAdmin
function admCfgTiempoRespuesta(uint num,uint t,string memory units) external soloAdmin
function calcPrestigio(address _usr) internal returns (int)
function calcPrestigioPreg(int venceUsr,int noVenceUsr) internal pure returns (int)
function consUsrPrestigio(address _usr) external payable returns (int)

                    // 1 Hour 3600 Sec   1 Day  86400 Sec
                    // 1 Week 604800 Sec 1 Month 2629743 Sec
```

**Figura 15**: Funciones declaradas en el contrato inteligente **esbrinachain**.

La función **`valoresVariables`** se utiliza para obtener los valores de constantes fijas y variables como **`tiempo_respuesta`**, **`tiempo_votacion`**, **`cupo_respuestas`**, **`total_pregs`**, **`total_resps`** y **`num_incr_recompensa`**.

La función `votarRespuesta` la describimos en detalle por ser de las más importantes.

Acepta como parámetros el índice de la pregunta que se está votando **`idx_preg`** y el índice de la respuesta que se quiere votar **`idx_resp`**; es public y no retorna valores.

Líneas 32-39: Para poder votar una respuesta, el usuario no debe ser autor de la pregunta, ni haber proporcionado ninguna respuesta. Para hacer efectivo el voto se debe hacer dentro del periodo de votación.

Líneas 36-40: Si el periodo de votación ha vencido y la pregunta no está en estado **1** (**votando**), entonces se informa al usuario de que «No se puede votar» y se genera error para abandonar la función. En el caso de estar en estado votando, como el periodo de votación ha vencido, se actualiza el estado de la pregunta a estado **2** (**consulta**).

Líneas 41-44: Si se ha cambiado el estado a 2 y la pregunta tiene la propiedad **`votada`** a **`true`**, significa que se ha estado votando y el periodo ha finalizado y se debe **resolver la votación**, además de emitir el evento `FinalVotacion`.

Líneas 45-51: Si la propiedad **votada** no está a true, significa que durante todo el periodo de votación nadie ha votado, y por ello se actualiza la pregunta a estado **3** (**`anulada`**), y se emite un evento **`PreguntaAnulada`**.

Línea 52: Implementa el caso en que el periodo de votación no ha vencido.

Líneas 53-57: Podemos votar siempre que el estado de la pregunta sea 1 (**`votando`**); en caso de no ser así, se informa al usuario y se genera error para abandonar la función.

Líneas 58-59: Se considera el caso de que el usuario no esté vetado. Si así fuera, también se informa y finaliza la ejecución. En la actual versión, los usuarios no se pueden vetar y es una estructura para futuras versiones.

Líneas 60-64: El usuario autor de una pregunta no puede votarla; si se da este caso, se informa y se finaliza la ejecución de la función.

Líneas 65-69: Se considera el caso de que **solo se vote 1 sola vez**. Se comprueba que no existe una entrada en el mapping para **`votaciones`** y, si existe, se informa y se finaliza la ejecución de la función.

Líneas 70-74: Se valida que el **`idx_preg`** facilitado se corresponda con el índice de una pregunta existente en el sistema.

Líneas 75-78: Se comprueba que el **`idx_resp`** facilitado se corresponda con uno de los posibles índices de las respuestas a la pregunta que se está votando.

Líneas 79-81: Una vez realizadas todas las comprobaciones, se materializa el voto incrementando en una unidad la propiedad **votos** de la respuesta con índice **`idx_resp`** de la pregunta con índice **`idx_preg`**. Se reafirma el estado true de la propiedad **votada** de la pregunta y se registra la votación en el mapping de **votaciones** para el usuario **sender** (de la transacción que ejecuta la función **`votarRespuesta`**), asignando al elemento **`votaciones[sender][idx_preg]`** el valor **`idx_resp`**).

Hemos visto que cuando el contrato inteligente determina que el periodo de votación ha finalizado se resuelve la votación. Esta acción la realiza la función **resolucionVotación**, que acepta como parámetro el índice de la pregunta. Veamos el detalle de esta función:

Línea 86: Se calcula un vector (**array**) con los índices de las respuestas de la pregunta con índice **`idx_preg`** declarándolo con el nombre **`rsp`**.

Líneas 87-88: Si la pregunta no tiene respuestas se actualiza su estado al valor **3** (**`anulada`**), y se finaliza la ejecución de la función.

Líneas 89-105: Se procede a resolver la votación. Para resolver la votación se utiliza un bucle **for** para encontrar el **valor del máximo** de la propiedad **`votos`** de entre todas las respuestas, y luego de nuevo otro bucle **for** para actualizar todas aquellas respuestas con número de votos igual al valor máximo calculado. La propiedad que nos interesa actualizar es **`ganadora`** a **`true`**, y cada vez que lo hagamos lo anotaremos, incrementado el valor de la variable **j** a modo de contador, registrando el número total de ganadores.

La manera de reseguir la lista y actualizar cada respuesta es utilizando el mapping **`preg_resp`**, que enlaza preguntas y respuestas: **`preg_resp[idx_preg]`** identifica a la pregunta y, para obtener los datos de cada una de sus respuestas, utilizamos **`preg_resp[idx_preg][i]`** dándole valores a **i** para cada uno de los posibles índices de respuestas calculados y disponibles en el vector **`rsp`**. Otro objetivo de esta función consiste en facilitar la dimensión del vector de índice de respuestas **`rsp`** (número total de respuestas de la pregunta) y el número de respuestas ganadoras (almacenado en la variable **j**) a la función **`resolucionPagosBeneficios`**. Describimos con detalle esta función a continuación, por ser de las importantes:

La función **resolucionPagosBeneficios** recibe tres parámetros, los comentados en el párrafo anterior y el índice de la pregunta para la cual se realiza el pago de su recompensa al autor de la respuesta más votada.

Línea 113: Se realiza el cálculo de la cantidad a pagar. Si hay más de un ganador, se divide la recompensa por el número de ganadores.

Líneas 114-119: Se recorre el mapping **preg_resp** y, para cada respuesta ganadora, se realiza el pago al autor de la respuesta mediante la función de pago **transfer** de tipo **payable**.

Línea 117: Se calcula la reputación del autor de la respuesta más votada utilizando la función **calcPrestigio**.

La función **calcPrestigio** recibe como parámetro la dirección del usuario cuya reputación queremos definir y funciona juntamente con la función **calcPrestigioPreg**. La intención en esta primera versión del sistema no ha sido implementar una función de reputación compleja, pero sí definir una función **calcPrestigioPreg** donde hacer la implementación y llamarla desde **calcPrestigio**. En esta primera versión se le asigna al usuario una calificación entre 0 y 10 según su promedio de aciertos a preguntas respondidas. Sirva de ejemplo que si un **usuario solo contesta 1 pregunta y es la más votada**, su prestigio será de **10** y, si por ejemplo, responde tres preguntas y solo resulta ser el más votado en una, recibe un prestigio o reputación con valor 3. El sistema valora que el usuario no responda porque sí a las preguntas, y su prestigio es penalizado cuando comete errores.

En el contrato inteligente **esbrinachain** se han definido **dos funciones** solo ejecutables por el administrador, y por ello llevan el modificador **soloAdmin**. Son **iniciaVotacion** y **finalizaVotacion**. Han sido utilizadas durante el desarrollo del aplicativo y pensadas para la demo presentación del proyecto, para poder cambiar el estado de las preguntas a **1** (**votando**) sin tener que esperar que se agoten los tiempos de respuesta. Como podrían ser de utilidad para el administrador en el mantenimiento del sistema, finalmente se han mantenido.

En el caso de la función **iniciaVotacion**, se cambia el **estado de la pregunta** con el índice pasado como parámetro y se **modifica la fecha de votación** de la pregunta a un minuto antes del tiempo de la transacción.

En el caso de la función **finalizaVotacion**, se cambia el **estado** de la pregunta y se **resuelve la votación**.

Otra función que se mantiene derivada del desarrollo y que está en el mismo caso de las dos anteriores es **admCfgTiempoRespuesta**. Inicialmente se creó para modificar el tiempo de respuesta de una pregunta y, finalmente, se amplió a tres variables: **tiempo_respuesta**, **tiempo_votacion** y **cupo_respuestas**.

Solo hay que tener en cuenta que el **tiempo_respuesta** va asociado a la fecha de creación de una pregunta (atributo **creada** de una pregunta), y el **tiempo_votacion** al periodo definido cuando finaliza el tiempo de respuesta.

Como se ha mencionado ya, el usuario de la tecnología blockchain deberá disponer de competencias en varios entornos de programación y no debe amedrentarse por ello. En la medida en que aparece la necesidad de programar en algún entorno nuevo, el lector habrá de dedicar el tiempo necesario para adquirir las habilidades mínimas necesarias. En el caso particular de **Solidity** y el manejo de su editor de código **REMIX**, se puede afirmar que es un lenguaje sencillo de aprender.

Ser experto en cada entorno es complicado; por eso, en todos los ejemplos ofrecidos, solo se pretende mostrar una versión posible. El lector puede elegir en cada caso librerías o código alternativo teniendo claro cuáles son los objetivos finales.

En la figura 16, se muestra el código completo del contrato inteligente **`esbrinachain`**, y en los apartados siguientes procederemos a describirlo en detalle.

```
//SPDX-License-Identifier:GPL-3.0
pragma solidity <0.9;

import "./esb_respuestas.sol";

contract esbrinachain is responder {
    uint public tiempo_votacion = 1 weeks;

    event FinalVotacion(uint indexed id_preg, address indexed autor, uint indexed respGanadora);

    // address usuario, mapeo id_preg_votada, id_resp_votada
    mapping(address => mapping(uint => uint)) public votaciones;
    address[] private usr_premio_mensual;

    // Devuelve valores variables globales
    function valoresVariables()    infinite gas
        public
        view
        returns (uint, uint, uint, uint, uint, uint)
    {
        return (
            tiempo_respuesta,
            tiempo_votacion,
            cupo_respuestas,
            total_preg,
            total_resp,
            num_incr_recompensa
        );
    }

    function votarRespuesta(uint idx_preg, uint idx_resp) public {    infinite gas
        if (
            (block.timestamp - preguntas[idx_preg].fecha_votacion) >=
            tiempo_votacion
        ) {
            require(
                preguntas[idx_preg].estado == estado_preg.votando,
                "La pregunta no se puede VOTAR."
            );
            preguntas[idx_preg].estado = estado_preg.consulta;
            if (preguntas[idx_preg].votada) {
                // Resolucion votación
                resolucionVotacion(idx_preg);
                emit FinalVotacion(idx_preg, preguntas[idx_preg].autor, RespMasVotada(idx_preg));
            } else {
                preguntas[idx_preg].estado = estado_preg.anulada;
                emit PreguntaAnulada(
                    idx_preg,
                    "Pregunta anulada por falta de votaciones"
                );
            }
        } else {
            // El estado de la pregunta tiene que estar en 'Votando'
            require(
                preguntas[idx_preg].estado == estado_preg.votando,
                "La pregunta no se puede VOTAR."
            );
            // El usuario no debe estar vetado
            require(!usuarios[msg.sender].vetado, "El usuario esta vetado.");
            // El autor de la pregunta no puede votarla
            require(
                preguntas[idx_preg].autor != msg.sender,
                "El autor no puede VOTAR sus preguntas."
            );
            // como solo puede votar 1 vez no debe existir un elemento dado una address y un id_preg
            require(
                votaciones[msg.sender][idx_preg] == 0,
                "Un usuario solo puede votar 1 vez una pregunta."
            );
            uint[] memory rsp = calcRespAPreg(idx_preg);
            require(
                preguntas[idx_preg].creada != 0,
                "No existe una pregunta con este ID."
            );
            require(
                idx_resp > 0 && idx_resp <= rsp[rsp.length - 1],
                "No existe ese ID de respuesta para esa pregunta."
            );
            preg_resp[idx_preg][idx_resp].votos++;
            preguntas[idx_preg].votada = true;
            votaciones[msg.sender][idx_preg] = idx_resp;
        }
    }
```

```

    function resolucionVotacion(uint idx_preg) internal {     infinite gas
        uint[] memory rsp = calcRespAPreg(idx_preg);
        if (rsp.length == 0) {
            preguntas[idx_preg].estado = estado_preg.anulada;
        } else {
            uint max=0;
            for (uint i = 1; i <= rsp.length; i++) {
                if (preg_resp[idx_preg][i].votos > max) {
                    max = preg_resp[idx_preg][i].votos;
                }
            }
            uint j=0;
            for (uint i = 1; i <= rsp.length; i++) {
                if(preg_resp[idx_preg][i].votos == max){
                    preg_resp[idx_preg][i].ganadora=true;
                    j++;
                }
            }
        resolucionPagosBeneficios(idx_preg, rsp.length, j);
      }
    }
    // Pago de la recompensa al ganador/ganadores con la respuesta más votada.
    // En caso de varios ganadores el premio se divide entre todos a partes iguales.
    function resolucionPagosBeneficios(     infinite gas
        uint idx_preg,
        uint num_resp,
        uint conPremio
    ) internal {
        uint pago = preguntas[idx_preg].recompensa / conPremio;
        for (uint i = 1; i <= num_resp; i++) {
            if (preg_resp[idx_preg][i].ganadora) {
                payable(preg_resp[idx_preg][i].autor).transfer(pago);
                calcPrestigio(preg_resp[idx_preg][i].autor);
            }
        }
    }
    // El administrador puede iniciar la votación de cualquier pregunta.
    function iniciaVotacion(uint idx_preg) public soloAdmin {     infinite gas
        require(
            preguntas[idx_preg].estado == estado_preg.abierta,
            "La pregunta no esta abierta."
        );
        require(
            calcRespAPreg(idx_preg).length > 0,
            "No se han dado respuestas a esta pregunta."
        );
        preguntas[idx_preg].estado = estado_preg.votando;
        preguntas[idx_preg].fecha_votacion = block.timestamp - 1 minutes;
    }

    // Función utilizada por el administrador para forzar la finalización de la votación
    // Pero pasado el intervalo de votación el contrato finalizará la votación de una pregunta,
    // cuando se intente votar fuera del periodo de votación.
    function finalizaVotacion(uint idx_preg) public soloAdmin {     infinite gas
        require(
            preguntas[idx_preg].estado == estado_preg.votando,
            "La pregunta no se esta votando."
        );
        preguntas[idx_preg].estado = estado_preg.consulta;
        //preguntas[idx_preg].fecha_votacion = block.timestamp - 2 weeks;
        resolucionVotacion(idx_preg);
    }

```

```
    // Función que permite al admin configurar los parámetros del contrato
    function admCfgTiempoRespuesta(   infinite gas
        uint num,
        uint t,
        string memory units
    ) external soloAdmin {
        // 1 Hour   3600 Seconds
        // 1 Day    86400 Seconds
        // 1 Week   604800 Seconds
        // 1 Month (30.44 days) 2629743 Seconds
        // 1 Year (365.24 days) 31556926 Seconds
        uint valor;
        if (
            keccak256(abi.encodePacked(string(units))) ==
            keccak256(abi.encodePacked("m"))
        ) valor = t * 60;
        if (
            keccak256(abi.encodePacked(string(units))) ==
            keccak256(abi.encodePacked("h"))
        ) valor = t * 3600;
        if (
            keccak256(abi.encodePacked(string(units))) ==
            keccak256(abi.encodePacked("d"))
        ) valor = t * 86400;

        if (num == 1) tiempo_respuesta = valor;
        else if (num == 2) tiempo_votacion = valor;
        else {
            if (num == 3) cupo_respuestas = t;
        }
    }

    // Fórmula para el cálculo de prestigio de un usuario en el sistema EsbrinaChain:
    // Prestigio = ((RespuestasAcertadas)*10) / (totalRespuestas)
    // El prestigio califica a un usuario entre 0-10 puntos.



    function calcPrestigio(address _usr) internal returns (int) {   infinite gas
        require(
            preguntas[1].creada != 0,
            "No existen preguntas en el sistema."
        );
        require(
            preg_resp[1][1].autor != address(0),
            "No existen respuestas en el sistema."
        );
        int venceUsr = 0;
        int noVenceUsr = 0;
        int prestigio = 0;
        for (uint i = 1; i <= total_preg; i++) {
            if (
                preguntas[i].estado == estado_preg.consulta &&
                calcAdrRespuestasAPregunta(i, _usr)
            ) {
                (bool resp, bool vence) = adrRespondeVence(i, _usr);
                if (resp) {
                    if (vence) {
                        venceUsr++;
                    } else noVenceUsr++;
                }
            }
        }
        prestigio += calcPrestigioPreg(venceUsr, noVenceUsr);
        usuarios[_usr].prestigio = prestigio;
        return prestigio;
    }
```

```
    function calcPrestigioPreg(     infinite gas
        int venceUsr,
        int noVenceUsr
    ) internal pure returns (int) {
        if (venceUsr + noVenceUsr == 0) return 0;
        else return ((venceUsr) * 10) / (venceUsr + noVenceUsr);
    }
    // 0.0005 ETH aprox. 1.5$
    function consUsrPrestigio(address _usr) external payable returns (int) {     infinite gas
        require(
            preguntas[1].creada != 0,
            "No existen preguntas en el sistema."
        );
        require(
            preg_resp[1][1].autor != address(0),
            "No existen respuestas en el sistema."
        );
        require(
            msg.value >= 0.0005 ether,
            unicode"Para conocer su prestigio debe enviar 0.0005 ETH."
        );
        int venceUsr = 0;
        int noVenceUsr = 0;
        int prestigio = 0;
        for (uint i = 1; i <= total_preg; i++) {
            if (
                preguntas[i].estado == estado_preg.consulta &&
                calcAdrRespuestasAPregunta(i, _usr)
            ) {
                (bool resp, bool vence) = adrRespondeVence(i, _usr);
                if (resp) {
                    if (vence) {
                        venceUsr++;
                    } else noVenceUsr++;
                }
            }
        }
        prestigio += calcPrestigioPreg(venceUsr, noVenceUsr);
        usuarios[_usr].prestigio = prestigio;
        return prestigio;
    }

// Recupera fondos del Bote
    function BoteGotGod() public soloAdmin {     infinite gas
        payable(_admin).transfer(address(this).balance);
    }

}
```

**Figura 16:** Código fuente del contrato inteligente **esbrinachain**.

### 3.1.1. Test unitarios

Parte importante en el desarrollo de la funcionalidad de los contratos inteligentes (smart contracts) es disponer de un conjunto de test unitarios que valide las funciones. Para el proyecto **`Esbrinachain`** se han definido utilizando el software **`Mocha`**.

En la figura 17, se puede observar la salida por pantalla, que valida la carga y despliegue del contrato **`esbrinachain`**, como parte del código integrado posteriormente en las pruebas unitarias de **`Mocha`**. También se puede observar la estructura de directorios, dispuesta a tal efecto cumpliendo las directrices de **`Mocha`**. Luego, mirando el código de los test unitarios, se puede comprobar que se corresponde con el código de las líneas 1-23, que muestra la conexión a la red, la obtención de direcciones de test, datos de la red que originan el despliegue y, finalmente, la dirección del contrato que se usará para llamar a las funciones definidas en su interior (figura 18).

```
  Esbrinachain tests
eth_accounts
[
  '0xC97BEfA0D937E9b03500d65be0D7450A80e6C385',
  '0x8fbFa19c0eF4B22DFA9210562d342E6d5416480f',
  '0x789e510ba9EdD71df97C6cbE69EFF36B0b7d1Fa5',
  '0xD5215a0ce9243D191f7DE70535919fCdB8AeE5e9',
  '0x91C172eF550a8c1e18aa1C4701Aa2014601bEc11',
  '0x8575fB7d904ebcf2d10E9267512e5DE6BdC0D3d1',
  '0x48FCd5a155D025Ea9613ced79485DaDf3896BD03',
  '0x3A45aFD2070e63ad1Ed9e65DF3bB051E521B2B75',
  '0x0a9fD422Da2644bAF06a7874E8be55d2a15183e6',
  '0x4b312F25683B4a7d890FbFDe223249124c40de0E'
]
eth_getBlockByNumber
eth_gasPrice
eth_sendTransaction

  Transaction: 0xec05bf17ceb00de5f25fdf8e245be80abad3dfcc091440f0bab8d99339ad5371
  Contract created: 0xc6a5e18d026c7f41f351fd200c6f6f184b143dd7
  Gas usage: 5217448
  Block number: 1
  Block time: Thu Aug 29 2024 19:37:07 GMT+0200 (hora de verano de Europa central)

eth_getTransactionReceipt
eth_getCode
Dirección del contrato:  0xc6a5e18d026C7F41F351fd200c6F6f184B143dd7
Dirección del contrato:  0xc6a5e18d026C7F41F351fd200c6F6f184B143dd7
    √ Desplegar contrato


  1 passing (94ms)


c:\atest> dir
 El volumen de la unidad C es OS
 El número de serie del volumen es: 0467-1005

 Directorio de C:\atest

29/08/2024  19:16    <DIR>          .
29/08/2024  18:40             1.541 compile.js
29/08/2024  18:52    <DIR>          contracts
29/08/2024  19:58    <DIR>          node_modules
29/08/2024  19:58           329.043 package-lock.json
29/08/2024  19:58               281 package.json
29/08/2024  13:05    <DIR>          test
               3 archivos        330.865 bytes
               4 dirs  514.022.830.080 bytes libres

C:\atest>
```

**Figura 17**: Carga del contrato **esbrinachain** para los test unitarios **Mocha**.

En la figura 18, se muestran los **test unitarios** implementados para el proyecto **Esbrinachain**.

Si el lector está interesado en los test unitarios integrados en Angular Framework, puede consultar documentación sobre el uso de la librería @angular/core/testing y desarrollar test unitarios sobre el código de Angular utilizando el framework Jasmine.

esbrina_test.js × compile.js esbrinachain.sol

test > esbrina_test.js > describe("Esbrinachain tests") callback > it('Resolucion del ganador/res de la votacion') callback

```
const assert = require('assert');
const ganache = require('ganache');
const Web3 = require('web3');
const web3 = new Web3(ganache.provider());
const { abi, bytecode } = require("../compile");


console.log(abi);
console.log(bytecode);

let accounts;
let esbrinachain;

Run | Debug | Show in Test Explorer
describe("Esbrinachain tests", () => {

    before("Obtener cuentas en la red: ", async () => {
        accounts = await web3.eth.getAccounts();
        console.log(accounts);
        esbrinachain = await new web3.eth.Contract(abi).
            deploy({ data: bytecode, arguments: [] }).
            send({ from: accounts[0], gas: 10000000 });
        console.log('Dirección del contrato: ',esbrinachain.options.address);
    });
    Run | Debug | Show in Test Explorer
    it("Desplegar contrato", () => {
        console.log('Dirección del contrato: ', esbrinachain.options.address);
        assert.ok(esbrinachain.options.address);
    });

    Run | Debug | Show in Test Explorer
    it('Crear pregunta', async () => {
        const enunciado = "De qué color tienen los ojos los delfines?";
        const autor = "user1@gmail.com";
        await esbrinachain.methods.creaPregunta(enunciado, autor,"","").send({ from: accounts[1], value:10, gas:7000000 }).
            on('transactionHash', (transactionHash) => { console.log('TxId:', transactionHash); }).
            then((receipt) => { console.log("Receipt: ", receipt); });
        const pregunta = await esbrinachain.methods.preguntas(1).call();
        assert.equal(pregunta.enunciado,enunciado,"Enunciado de la pregunta 1 no se ha registrado!");
        assert.equal(pregunta.autor, accounts[1], "autor de la pregunta 1 no se ha registrado!");

    });

    Run | Debug | Show in Test Explorer
    it('Crear respuesta', async () => {
        const enunciado = "Verdes y azules?";
        const autor = "user2@gmail.com";
        const haRespondidoAPreg = await esbrinachain.methods.calcAdrRespuestasAPregunta(1, accounts[2]).call();
        assert.notEqual(haRespondidoAPreg,true,"No se puede responder más de una vez una pregunta.");
        await esbrinachain.methods.creaRespuesta(1,enunciado, autor,"","").send({ from: accounts[2], gas:7000000 }).
            on('transactionHash', (transactionHash) => { console.log('TxId:', transactionHash); }).
            then((receipt) => { console.log("Receipt: ", receipt); });
        const pregunta = await esbrinachain.methods.preguntas(1).call();
        assert.notEqual(pregunta.autor,accounts[2],"El autor de la pregunta es el autor de la respuesta.");
        const resp1 = await esbrinachain.methods.preg_resp(1, 1).call();
        assert.equal(resp1.autor, accounts[2], "El autor de la respuesta no ha quedado registrado.");
    });

    Run | Debug | Show in Test Explorer
    it('Inicio del periodo de Votación (caso admin)', async () => {
        const pregunta = await esbrinachain.methods.preguntas(1).call();
        assert.equal(pregunta.estado, 0, "La pregunta ha de estar 'abierta' para poder pasar a 'votando'.");
        try {
            await esbrinachain.methods.iniciaVotacion(1).send({ from: accounts[0], gas: 7000000 }).
                on('transactionHash', (transactionHash) => { console.log('TxId:', transactionHash); }).
                then((receipt) => { console.log("Receipt: ", receipt); });

        } catch(error) {
            console.log(error.message);
        }
        const admin = await esbrinachain.methods._admin().call();
        assert.equal(accounts[0],admin,"Solo el administrador del sistema puede iniciar la votación manualmente.")
        const tieneRespuestas = await esbrinachain.methods.calcRespAPreg(1).call();
        assert.notEqual(tieneRespuestas.length, 0, "La pregunta no tiene respuestas que votar.");

        const resp1 = await esbrinachain.methods.preg_resp(1, 1).call();
        assert.equal(resp1.autor, accounts[2], "El autor de la respuesta no ha quedado registrado.");

        assert.equal(pregunta.estado, 0, "La pregunta NO estaba en estado 0 (abierta)");
        const pregunta1 = await esbrinachain.methods.preguntas(1).call();
        assert.equal(pregunta1.estado, 1, "La pregunta ahora no está en estado 1 (votando)");

    });

```

```
    Run | Debug | Show in Test Explorer
    it("Votar una respuesta de una pregunta en periodo de Votación", async () => {
        const pregunta = await esbrinachain.methods.preguntas(1).call();
        assert.equal(pregunta.estado, 1, "La pregunta ha de estar en estado 'votando'.");
        assert.ok(pregunta.votada == false, "Para poder votar una pregunta no puede haberse resuelto la votación (votada=true)");
        const usuario = await esbrinachain.methods.usuarios(accounts[2]).call();
        assert.ok(usuario.vetado == false, "Para poder votar una pregunta el usuario no debe estar vetado.");
        const haRespondidoAPreg = await esbrinachain.methods.calcAdrRespuestasAPregunta(1, accounts[3]).call();
        assert.notEqual(haRespondidoAPreg, true, "No se puede VOTAR una pregunta si se es autor de una respuesta.");
        assert.notEqual(pregunta.autor, accounts[3], "El creador de la pregunta no la puede votar.");
        try {
            await esbrinachain.methods.votarRespuesta(1,1).send({ from: accounts[3], gas: 7000000 }).
                on('transactionHash', (transactionHash) => { console.log('TxId:', transactionHash); }).
                then((receipt) => { console.log("Receipt: ", receipt); });

        } catch (error) {
            console.log(error.message);
        }
    });

    Run | Debug | Show in Test Explorer
    it('Final del periodo de Votación (caso admin)', async () => {
        const pregunta = await esbrinachain.methods.preguntas(1).call();
        assert.equal(pregunta.estado, 1, "La pregunta ha de estar en estado 'votando' para poder pasar a 'consulta'.");
        try {
            await esbrinachain.methods.finalizaVotacion(1).send({ from: accounts[0], gas: 7000000 }).
                on('transactionHash', (transactionHash) => { console.log('TxId:', transactionHash); }).
                then((receipt) => { console.log("Receipt: ", receipt); });

        } catch(error) {
            console.log(error);
        }
        const admin = await esbrinachain.methods._admin().call();
        assert.equal(accounts[0],admin,"Solo el administrador del sistema puede FINALIZAR la votación manualmente.")

        assert.equal(pregunta.estado, 1, "La pregunta NO estaba en estado 1 (votando)");
        const pregunta1 = await esbrinachain.methods.preguntas(1).call();
        assert.equal(pregunta1.estado, 2, "La pregunta ahora no está en estado 2 (consulta)");

    });

    Run | Debug | Show in Test Explorer
    it('Resolucion del ganador/res de la votacion', async () => {
        let pregunta = await esbrinachain.methods.preguntas(1).call();
        assert.notEqual(pregunta.estado, 3, "La pregunta está anulada.");
        assert.ok(pregunta.votada==true,"Para resolver la votación la pregunta debe estar votada (campo votada=true)");
        const respAntesVoto = await esbrinachain.methods.preg_resp(1, 1).call();
        assert.equal(respAntesVoto.autor, accounts[2], "El autor de la respuesta no ha quedado registrado.");
        const votos = respAntesVoto.votos;
        const usuarioAntes = await esbrinachain.methods.usuarios(accounts[2]).call();

        try {
            await esbrinachain.methods.votarRespuesta(1,1).send({ from: accounts[4], gas: 7000000 }).
                on('transactionHash', (transactionHash) => { console.log('TxId:', transactionHash); }).
                then((receipt) => { console.log("Receipt: ", receipt); });

        } catch (error) {
            console.log(error.message);
        }

        const respDespuesVoto = await esbrinachain.methods.preg_resp(1, 1).call();
        assert.ok(respAntesVoto.votos == respDespuesVoto.votos, "La resolución de la votación no se ha producido, el voto se ha contabilizado."
        const usuarioDesp = await esbrinachain.methods.usuarios(accounts[2]).call();
        assert.notEqual(usuarioAntes.prestigio, usuarioDesp.prestigio, "El usuario ganador no ha incrementado su reputación.");

    });





});
```

**Figura 18**: Código fuente de los test unitarios del proyecto **Esbrinachain**.

En la figura 19, se puede observar la salida de los `test unitarios` superados satisfactoriamente, y mostrando al final un caso de error.

Para su ejecución se ha usado la herramienta **`Mocha`**, que no se describe en detalle, por quedar fuera del alcance de este libro, pero que sí se menciona por si es de interés para el lector testear el código programado en un contrato inteligente.

```
  Esbrinachain tests
eth_accounts
[
  [illegible]
]
eth_getBlockByNumber
eth_gasPrice
eth_sendTransaction

  Transaction: 0xe014f7e97b2c53fce3364bda100425856caf68f54cc3bb3af39fd4fe3fce5907
  Contract created: 0x52c8f9b1112af1971e1c288882361f7145d1cdb1
  Gas usage: 4964687
  Block number: 1
  Block time: Wed Sep 04 2024 22:39:29 GMT+0200 (hora de verano de Europa central)

eth_getTransactionReceipt
eth_getCode
Dirección del contrato:  0x52c8f9B1112Af1971E1c288882361f7145d1cDb1
Dirección del contrato:  0x52c8f9B1112Af1971E1c288882361f7145d1cDb1
  ✓ Desplegar contrato
eth_getBlockByNumber
eth_gasPrice
eth_sendTransaction

  Transaction: 0xa9c834398278497b280f2440db5917d589dcd88069c9391a58ceaf3ee8584008
  Gas usage: 267232
  Block number: 2
  Block time: Wed Sep 04 2024 22:39:29 GMT+0200 (hora de verano de Europa central)

TxId: 0xa9c834398278497b280f2440db5917d589dcd88069c9391a58ceaf3ee8584008
eth_getTransactionReceipt
Receipt:  {
 transactionHash: [illegible],
 transactionIndex: 0,
 blockNumber: 2,
 blockHash: [illegible],
 from: [illegible],
 to: [illegible],
 cumulativeGasUsed: 267232,
 gasUsed: 267232,
 contractAddress: null,
 logsBloom: [illegible],
 status: true,
 effectiveGasPrice: 3301825843,
 type: '0x2',
 events: {
   PreguntaCreada: {
     address: [illegible],
     blockHash: [illegible],
     blockNumber: 2,
     logIndex: 0,
     removed: false,
     transactionHash: [illegible],
     transactionIndex: 0,
     id: [illegible],
     returnValues: [Result],
     event: 'PreguntaCreada',
     signature: [illegible],
     raw: [Object]
   }
 }
}
eth_call
  ✓ Crear pregunta (59ms)
eth_call
eth_getBlockByNumber
eth_gasPrice
eth_sendTransaction

  Transaction: 0x345516e10b8bb709c779f8eea47a80280a5d8bdab66942c208342b85360188b3
  Gas usage: 242063
  Block number: 3
  Block time: Wed Sep 04 2024 22:39:29 GMT+0200 (hora de verano de Europa central)

TxId: 0x345516e10b8bb709c779f8eea47a80280a5d8bdab66942c208342b85360188b3
eth_getTransactionReceipt
Receipt:  {
  transactionHash: [illegible],
  transactionIndex: 0,
  blockNumber: 3,
  blockHash: [illegible],
  from: [illegible],
  to: [illegible],
  cumulativeGasUsed: 242063,
  gasUsed: 242063,
  contractAddress: null,
  logsBloom: [illegible],
  status: true,
  effectiveGasPrice: 3203383226,
  type: '0x2',
  events: {
    RespuestaCreada: {
      address: [illegible],
      blockHash: [illegible],
      blockNumber: 3,
      logIndex: 0,
      removed: false,
      transactionHash: [illegible],
      transactionIndex: 0,
      id: [illegible],
      returnValues: [Result],
      event: 'RespuestaCreada',
      signature: [illegible],
      raw: [Object]
    }
  }
}
eth_call
eth_call
  ✓ Crear respuesta (59ms)
eth_call
eth_getBlockByNumber
eth_gasPrice
eth_sendTransaction

  Transaction: 0x5d2cfe5bcfd0876cf44e4db2af186fb0b21172ea5c72acf24c3b4fbd9e78100f
  Gas usage: 74317
  Block number: 4
  Block time: Wed Sep 04 2024 22:39:29 GMT+0200 (hora de verano de Europa central)

TxId: 0x5d2cfe5bcfd0876cf44e4db2af186fb0b21172ea5c72acf24c3b4fbd9e78100f
eth_getTransactionReceipt
Receipt:  {
  transactionHash: [illegible],
  transactionIndex: 0,
  blockNumber: 4,
  blockHash: [illegible],
  from: [illegible],
  to: [illegible],
  cumulativeGasUsed: 74317,
  gasUsed: 74317,
  contractAddress: null,
  logsBloom: [illegible],
  status: true,
  effectiveGasPrice: 3116879182,
  type: '0x2',
  events: {}
}
eth_call
eth_call
eth_call
eth_call
  ✓ Inicio del periodo de Votación (caso admin) (41ms)
```

```
eth_call
eth_call
eth_call
eth_getBlockByNumber
eth_gasPrice
eth_sendTransaction

  Transaction: 0xa777795ccf3e748a9f817491f91be79fedf1bb58d9b3bd099f8f1d3386b0b431
  Gas usage: 108417
  Block number: 5
  Block time: Wed Sep 04 2024 22:39:29 GMT+0200 (hora de verano de Europa central)

TxId: 0xa777795ccf3e748a9f817491f91be79fedf1bb58d9b3bd099f8f1d3386b0b431
eth_getTransactionReceipt
Receipt:  {
  transactionHash: '0xa777795ccf3e748a9f817491f91be79fedf1bb58d9b3bd099f8f1d3386b0b431',
  transactionIndex: 0,
  blockNumber: 5,
  blockHash: '0xae864615861bd0c27b08450d70d382b384396b0dc327b5807bf0913b49c472db',
  from: '0xb22deda50e49a44c51f5d016e7eea3988beeceeb',
  to: '0x52c8f9b1112af1971e1c200882361f7145d1cdb1',
  cumulativeGasUsed: 108417,
  gasUsed: 108417,
  contractAddress: null,
  logsBloom: '0x00000000000000000000000000000000000000000000000000000000000000000000000000000000000000000000000000000000000000000000000000000000000000000000000000000000000000000000000000000000000000000000000000000000000000000000000000000000000000000000000000000000000000000000000000000000000000000000000000000000000000000000000000000000000000000000000000000000000000000000000000000000000000000000000000000000000000000000000000000000000000000000000000000000000000000000000000000000000000000000000000000000000000000000000000000000',
  status: true,
  effectiveGasPrice: 3040151323,
  type: '0x2',
  events: {}
}
    ✓ Votar una respuesta de una pregunta en período de Votación
eth_call
eth_getBlockByNumber
eth_gasPrice
eth_sendTransaction

  Transaction: 0x3a1200bb47daa3061f52f5df08e07de9ac667630da2aee418cbd41e6fb8aeed7
  Gas usage: 39735
  Block number: 6
  Block time: Wed Sep 04 2024 22:39:29 GMT+0200 (hora de verano de Europa central)
  Runtime error: revert

TxId: 0x3a1200bb47daa3061f52f5df08e07de9ac667630da2aee418cbd41e6fb8aeed7
eth_getTransactionReceipt
Error: Transaction has been reverted by the EVM:
{
  "transactionHash": "0x3a1200bb47daa3061f52f5df08e07de9ac667630da2aee418cbd41e6fb8aeed7",
  "transactionIndex": 0,
  "blockNumber": 6,
  "blockHash": "0xaa40a52d4fc2d3873122d9e90c44f70f5d3e959d201bb99db967dab66cbdbd3f",
  "from": "0xc3190fd171e026c140d9b48f074d0fba7700bc30",
  "to": "0x52c8f9b1112af1971e1c200882361f7145d1cdb1",
  "cumulativeGasUsed": 39735,
  "gasUsed": 39735,
  "contractAddress": null,
  "logsBloom": "0x00000000000000000000000000000000000000000000000000000000000000000000000000000000000000000000000000000000000000000000000000000000000000000000000000000000000000000000000000000000000000000000000000000000000000000000000000000000000000000000000000000000000000000000000000000000000000000000000000000000000000000000000000000000000000000000000000000000000000000000000000000000000000000000000000000000000000000000000000000000000000000000000000000000000000000000000000000000000000000000000000000000000000000000000000000000",
  "status": false,
  "effectiveGasPrice": 2973120421,
  "type": "0x2",
  "events": {}
}
    at Object.TransactionError (C:\atest\node_modules\web3-core-helpers\lib\errors.js:90:21)
    at Object.TransactionRevertedWithoutReasonError (C:\atest\node_modules\web3-core-helpers\lib\errors.js:101:21)
    at C:\atest\node_modules\web3-core-method\lib\index.js:396:57
    at process.processTicksAndRejections (node:internal/process/task_queues:95:5) {
  receipt: {
    transactionHash: '0x3a1200bb47daa3061f52f5df08e07de9ac667630da2aee418cbd41e6fb8aeed7',
    transactionIndex: 0,
    blockNumber: 6,
    blockHash: '0xaa40a52d4fc2d3873122d9e90c44f70f5d3e959d201bb99db967dab66cbdbd3f',
    from: '0xc3190fd171e026c140d9b48f074d0fba7700bc30',
    to: '0x52c8f9b1112af1971e1c200882361f7145d1cdb1',
    cumulativeGasUsed: 39735,
    gasUsed: 39735,
    contractAddress: null,
    logsBloom: '0x00000000000000000000000000000000000000000000000000000000000000000000000000000000000000000000000000000000000000000000000000000000000000000000000000000000000000000000000000000000000000000000000000000000000000000000000000000000000000000000000000000000000000000000000000000000000000000000000000000000000000000000000000000000000000000000000000000000000000000000000000000000000000000000000000000000000000000000000000000000000000000000000000000000000000000000000000000000000000000000000000000000000000000000000000000000',
    status: false,
    effectiveGasPrice: 2973120421,
    type: '0x2',
    events: {}
  }
}
eth_call
eth_call
    1) Final del período de Votación (caso admin)
eth_call
eth_call
eth_call
eth_getBlockByNumber
eth_gasPrice
eth_sendTransaction

  Transaction: 0x7962d90495d9ef3f0ac22aac284058dde6ee4009ba58f826eee7aa5f6618a0a7
  Gas usage: 71417
  Block number: 7
  Block time: Wed Sep 04 2024 22:39:29 GMT+0200 (hora de verano de Europa central)

TxId: 0x7962d90495d9ef3f0ac22aac284058dde6ee4009ba58f826eee7aa5f6618a0a7
eth_getTransactionReceipt
Receipt:  {
  transactionHash: '0x7962d90495d9ef3f0ac22aac284058dde6ee4009ba58f826eee7aa5f6618a0a7',
  transactionIndex: 0,
  blockNumber: 7,
  blockHash: '0x5f3545e5fc8b26ffb8831941e28c2ca98f1efa31bd51a187df36fa75fcd480bb',
  from: '0xb2d8d93f133e1ae87130c998b363f1406914c093',
  to: '0x52c8f9b1112af1971e1c200882361f7145d1cdb1',
  cumulativeGasUsed: 71417,
  gasUsed: 71417,
  contractAddress: null,
  logsBloom: '0x00000000000000000000000000000000000000000000000000000000000000000000000000000000000000000000000000000000000000000000000000000000000000000000000000000000000000000000000000000000000000000000000000000000000000000000000000000000000000000000000000000000000000000000000000000000000000000000000000000000000000000000000000000000000000000000000000000000000000000000000000000000000000000000000000000000000000000000000000000000000000000000000000000000000000000000000000000000000000000000000000000000000000000000000000000000',
  status: true,
  effectiveGasPrice: 2914137031,
  type: '0x2',
  events: {}
}
eth_call
    2) Resolucion del ganador/res de la votacion


  5 passing (419ms)
  2 failing

  1) Esbrinachain tests
       Final del período de Votación (caso admin):
     AssertionError [ERR_ASSERTION]: La pregunta ahora no está en estado 2 (consulta)
      at Context.<anonymous> (test\esbrina_test.js:115:16)
      at process.processTicksAndRejections (node:internal/process/task_queues:95:5)

  2) Esbrinachain tests
       Resolucion del ganador/res de la votacion:

      AssertionError [ERR_ASSERTION]: La resolución de la votación no se ha producido, el voto se ha contabilizado
      + expected - actual

      -false
      +true

      at Context.<anonymous> (test\esbrina_test.js:138:16)
      at process.processTicksAndRejections (node:internal/process/task_queues:95:5)
```

Figura 19: Resultado obtenido en la ejecución de los **`test unitarios`**.

Aunque el lector pueda visualizar el error final, solo es una muestra de funcionamiento de los test con **Mocha**, y de la importancia del concepto de que no solo sirven para validar nuestro código *a posteriori*, sino también para **desarrollarlo** con más fiabilidad cuando se incorporan sucesivas funciones y cambios y necesitamos una herramienta que nos siga validando la coherencia del código anterior.

Una buena definición de los contratos inteligentes es una parte crucial en el desarrollo de una aplicación web sobre una red blockchain. No solo porque el código debe ajustarse a un tamaño limitado, sino porque es fácil incurrir en dobles desarrollos de las mismas comprobaciones. En el proyecto Esbrinachain se ha considerado que la independencia del código de los smarts contracts debía ser autosuficiente y no depender de la interfaz del cliente web implementado, y por eso se ha mantenido algún código que también está implementado en el aplicativo web. Esta dualidad se debe a su uso final académico, pero en una aplicación en producción, hay que ajustar al mínimo el código y dejar para la interfaz de la aplicación todo lo que sea posible implementar fuera del contrato inteligente.

## 3.2. Angular Framework

Para el desarrollo de la interfaz de la aplicación web, se ha utilizado el entorno de desarrollo de Angular Framework en su versión 17. Se puede consultar en el siguiente enlace:

*https://github.com/EsbrinaChain/esbrina*

y ejecutar la publicación del proyecto en:

*https://esbrinachain.github.io/esbrina*

**Angular Framework** es un entorno de desarrollo web de una sola página que permite el desarrollo de frontend y backend para un aplicativo web. Es gratuito y de código abierto y está basado en **Typescript, HTML** y **CSS**. Utiliza un modelo basado en la **View** compuesta de plantillas **HTML** y **CSS** para el diseño de la interfaz de la aplicación web, y en código **Typescript** para la comunicación entre la interfaz y el modelo de datos **Model**. Permite actualizar de forma instantánea la vista a partir de los cambios en el modelo de datos de manera bidireccional (**binding**). Mediante esta característica se puede incorporar en una sola página diferentes diseños de página web llamados «componentes», que pueden ser actualizados de manera independiente. Para la edición y desarrollo de la programación del proyecto se ha utilizado el editor **Visual Studio Code**. Como componente complementario, se ha utilizado una variante de base de datos de Firebase llamada **Firestore Cloud**, que nos ha permitido crear un backend basado en caché, almacenado en la nube. El resultado ha sido una mejora de rendimiento en el acceso y visualizado de datos, que es más rápido y ágil que el obtenido si accedemos directamente a la red blockchain de test de Sepolia.

### 3.2.1. Estructura del proyecto

El proyecto **Esbrinachain** incluye, en la implementación de la aplicación web, un **componente principal** para la ejecución del proyecto, siete **componentes adicionales** y un **servicio** (que implementa la gestión del wallet digital). La estructura del proyecto es la misma que está replicada en Github en la branch **Esbrinachain**; por tanto, es la misma que se puede consultar en la figura 4.

### 3.2.2. Descripción de los componentes

#### 3.2.2.1. Componente get-preg

Para la implementación de la adquisición de los datos de las preguntas del sistema se ha utilizado un componente de Angular llamado **`matDialog`**, que permite abrir una ventana emergente sobre el diseño de la página web, para la introducción del **enunciado de la pregunta** y su **recompensa**. Este componente necesita que se le pase como parámetro la plantilla **`HTML+CSS`** que defina el aspecto de la ventana y, para gobernar todo lo que sucede en la ventana, un código Typescript asociado. Para todo ello, se ha creado el componente **`get-preg`**.

Analizando cómo se ha implementado este componente, también se puede comprender de manera sencilla cómo se ha implementado la introducción de las respuestas a cada pregunta.

En la figura 20, se puede observar la plantilla (**`template`**) del componente y la visualización.

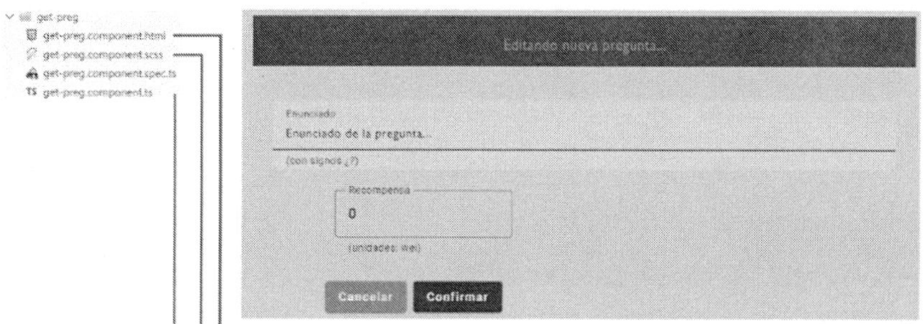


```html
<div class="fondo">
<div class="centrado globals">

    <div class="titulo" mat-dialog-title>Editando nueva pregunta...</div><br>
    <mat-dialog-content>
        <div class="enunciado">
            <mat-form-field appearance="fill" class="textarea">
                <mat-label>Enunciado</mat-label>
                <textarea matInput type="text" cdkTextareaAutosize [(ngModel)]="dataPreg.enunciado" class="textarea"
                        placeholder="Enunciado de la pregunta..."></textarea>
                <mat-hint>(con signos ¿?)</mat-hint>
            </mat-form-field>
        </div><br>
        <div>
            <mat-form-field appearance="outline" width="30" class="recompensa globals">
                <mat-label>Recompensa</mat-label>
                <input matInput type="text" [(ngModel)]="dataPreg.recompensa" class="recompensa" placeholder="valor de la recompensa...">
                <mat-hint>(unidades: wei)</mat-hint>
            </mat-form-field>
        </div>
    </mat-dialog-content>
    <mat-dialog-actions class=" globals">
        <button mat-raised-button color="accent" (click)="cancelado()">Cancelar</button>
        <button mat-raised-button [mat-dialog-close]="dataPreg" color="primary" (click)="confirmado()">Confirmar</button>
    </mat-dialog-actions>
</div>
</div>
```

```scss
.globals{
    margin-left: 10%;
    margin-right: 10%;
}

.textarea {
    border: 1px;
    border-radius: 10px;
    border-color: blueviolet;
    width: 100%;
    background-color: gainsboro;
    font-family: 'Gill Sans', 'Gill Sans MT', Calibri, 'Trebuchet MS', sans-serif;
    font-size: 15px;
    color: rgb(26, 113, 236);

}

.titulo{
    text-align: center;
    font-family: 'Gill Sans', 'Gill Sans MT', Calibri, 'Trebuchet MS', sans-serif;
    font-size: 18px;
    color: coral,
    background-color: blueviolet;
}

.fondo{
    background-color: rgb(189, 219, 244);
}

.button{
    background-color: rgb(30, 60, 180);
    border-radius: 5px;
    color: white;
    padding:3%;
    text-shadow: 1cap;

}

.enunciado {
    font-family: 'Gill Sans', 'Gill Sans MT', Calibri, 'Trebuchet MS', sans-serif;
    font-size: 18px;
    color: rgb(20, 50, 220);
}
```

```typescript
import { Component, Inject } from '@angular/core';
import { FormBuilder, FormsModule, ReactiveFormsModule, Validators } from '@angular/forms';
import { MatDialogRef, MatDialogModule, MatDialogContent, MatDialogActions, MatDialogClose, MAT_DIALOG_DATA } from '@angular/material/dialog';
import { MatButtonModule } from '@angular/material/button';
import { MatFormFieldModule} from '@angular/material/form-field';
import { MatInputModule } from '@angular/material/input';


@Component({
  selector: 'app-get-preg',
  standalone: true,
  imports: [FormsModule, ReactiveFormsModule, MatDialogContent, MatDialogActions, MatFormFieldModule,
    MatButtonModule, MatDialogModule, MatInputModule,MatDialogClose],
  templateUrl: './get-preg.component.html',
  styleUrl: './get-preg.component.scss'
})
export class GetPregComponent {

  dataPreg: any;

  constructor(
    private dialog: MatDialogRef<GetPregComponent>,
    @Inject(MAT_DIALOG_DATA) public data: any) {
    this.dataPreg = data;
  }

  cancelado() {
    this.dialog.close();
  }

  confirmado() {
    this.dialog.close(this.dataPreg);
  }

}
```

**Figura 20**: Componente **`get-preg`**.

#### 3.2.2.2. Componente get-resp

En la figura 21, mostramos el componente **`get-resp`**, que se utiliza para recoger los parámetros de una respuesta.

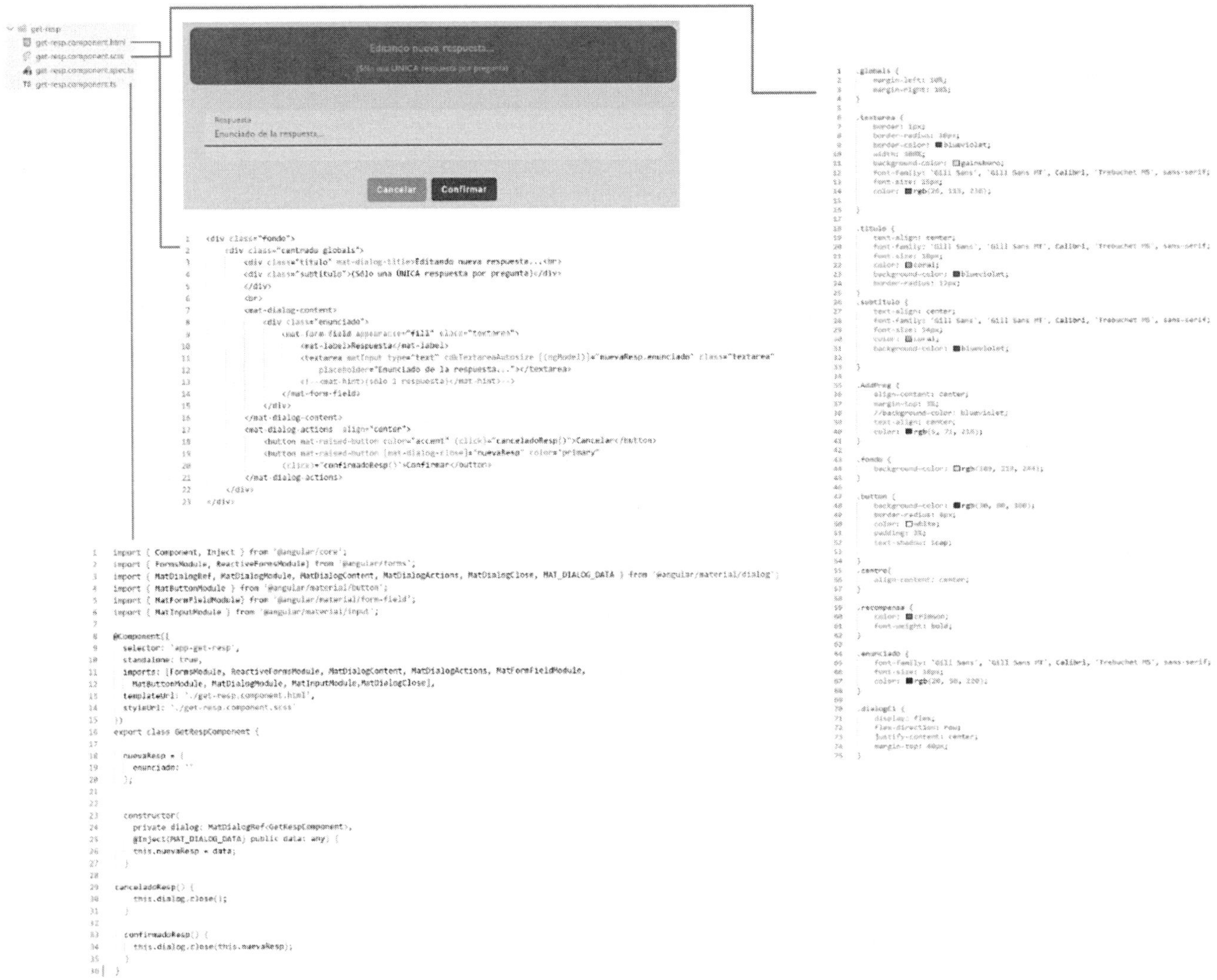

**Figura 21:** Componente **get-resp**.

#### 3.2.2.3. Componente pregunta

El componente **pregunta** se ha diseñado para representar cada pregunta registrada en **`Esbrinachain`** (ver figura 22).

Cada pregunta está registrada tanto en el contrato inteligente (blockchain) como en el backend (**`Firestore Cloud`**), pero no tienen estructuras iguales. En el contrato inteligente se restringen los datos a los mínimamente necesarios, mientras que en el backend se puede tener más información si es de utilidad para el aplicativo web. El proyecto **`Firestore`** es gratuito hasta cierto punto, por eso es mejor evitar excederse en el tráfico de datos, pues se contabilizan el número de lecturas, escrituras y borrados, disponiendo de un máximo de 15 000 Kb diarias.

Los datos utilizados para describir cada pregunta son: **índice** por orden de llegada al sistema, **enunciado** de la pregunta, **autor** (address y email), **fecha de creación**, **estado** (abierta, votando, consulta, anulada), **recompensa**, **fecha de votación** y número de **incrementos de recompensa**.

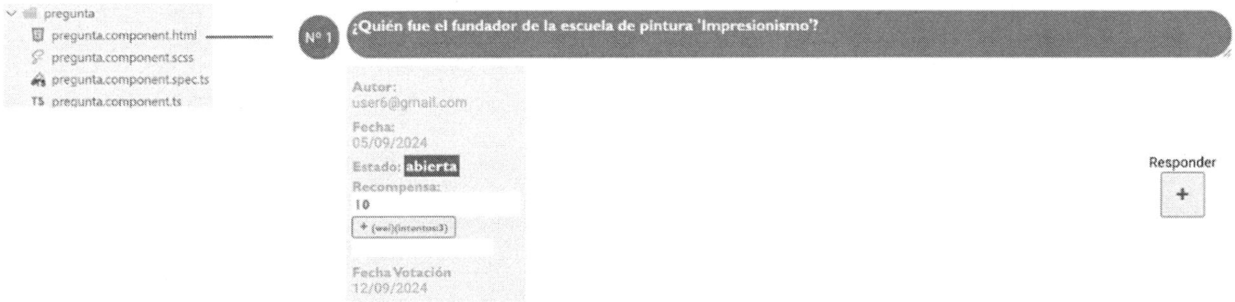


**Figura 22**: Visualización en el aplicativo web del componente **pregunta**.

En el componente **`pregunta`**, se ha realizado la mayor parte de la programación del aplicativo e implementa la programación de todo lo que sucede en el espacio de la pregunta, incluso contener el componente **respuesta**:

1. Controla la recepción de datos de preguntas y respuestas.
2. Controla que los datos de una pregunta se guarden en el contrato inteligente **Esbrinachain** mediante la ejecución de funciones para la construcción, envío y gestión de la recepción de transacciones, utilizando funciones asíncronas.
3. Controla que los datos de una respuesta se almacenen también en el contrato **Esbrinachain.**
4. Se ocupa de mantener la recepción de parámetros de entrada de otros componentes. Ejemplos de estos parámetros son el **`wallet` del usuario** (modalidades: interno de la aplicación y Metamask) y el objeto contenedor del **cliente `web3.js`** para la conexión a la red blockchain de Sepolia.
5. Gestiona una lista de todas las preguntas incluidas en el sistema y refresca sus datos cada 30 segundos.
6. Se ocupa de sincronizar los datos existentes en la red blockchain y en el backend de la nube.
7. Según el estado de la pregunta, ajusta los controles necesarios para cada acción, como responder a una pregunta, votar una respuesta o consultar la respuesta más votada (ver figura 23).

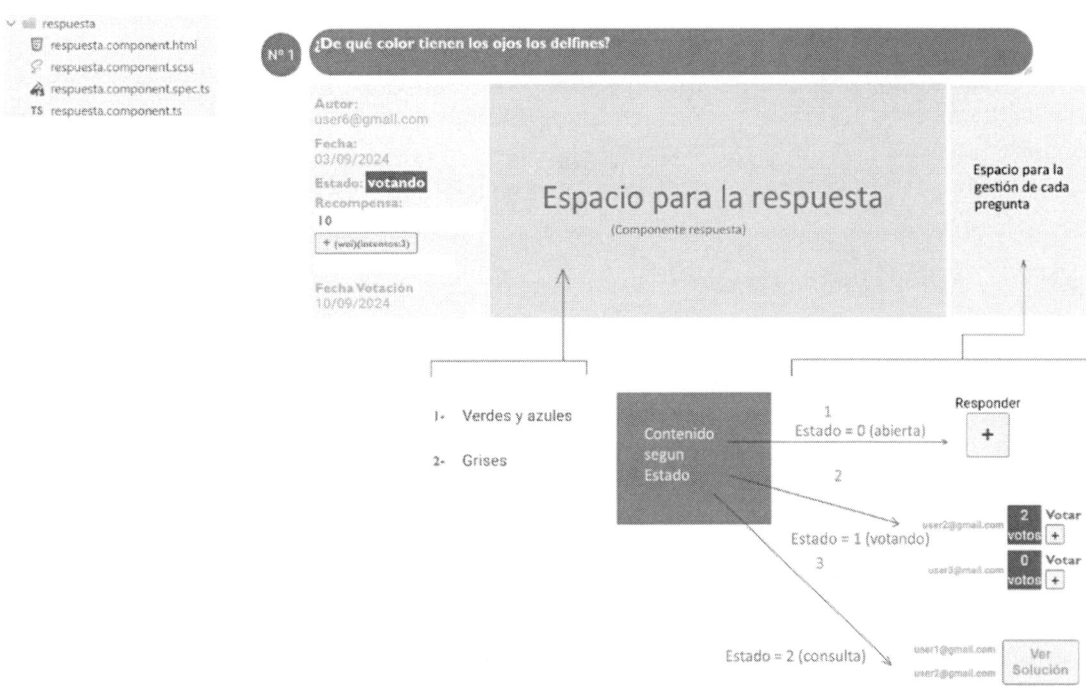


**Figura 23**: Visualización de los componente **pregunta** y **respuesta**.

#### 3.2.2.4. Componente respuesta

Como se puede observar en la figura 24, el espacio de respuesta a una pregunta contiene los datos representativos de una respuesta, como **índice de la respuesta** por orden de llegada, **enunciado** de la respuesta, el **autor** de la respuesta (email), el **número de votos** recibidos en la votación, **si está anulada** o no y **si es la más votada** en el proceso de votación.

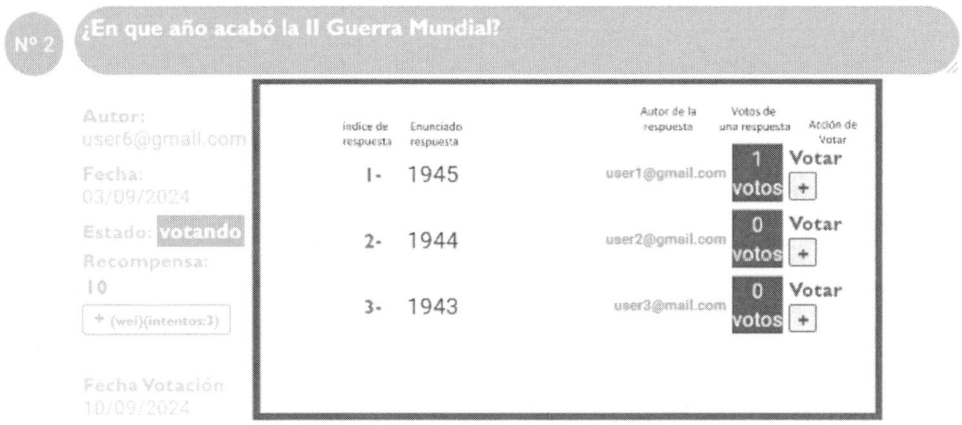


**Figura 24**: Visualización del componente **respuesta**.

El componente **`respuesta`** recibe como **input el número de pregunta** al que va asociado y gestiona la visualización de todas las respuestas a una pregunta por estar incrustado dentro de la plantilla del componente **`pregunta`**.

Como en el backend de **`Firestore`** disponemos de las preguntas y las respuestas en una colección de documentos, se pueden visualizar con mayor velocidad que si se tuviera que realizar una llamada de lectura a la red blockchain, en donde cada petición necesita de un procesamiento de llamada a un contrato.

El criterio seguido para **enlazar de manera inequívoca preguntas y respuestas** es almacenar el **`blockNumber`** **y el** **`transactIndex`** de la pregunta en la respuesta. Esta estrategia nos permite liberarnos de indexar numéricamente los elementos de una colección en el backend (tanto preguntas como respuestas), aspecto que **no es menor** porque **la respuesta de la red blockchain es asíncrona y puede no conservar nuestra ordenación inicial.**

#### 3.2.2.5. Componente prestigio

El componente **prestigio** se ha generado para mostrar, a modo de ventana emergente, la lista de reputación del sistema **`Esbrinachain`** y que el usuario pueda comparar en qué **posición se encuentra** respecto al resto de los usuarios.

Solo mencionar que, por la sencillez del caso de uso, se ha probado acceder directamente al contrato y **aplicar un bucle sobre una llamada call (lectura)**. No se necesita leer nada del backend ni actualizar datos y por eso es un buen caso de uso para ver cómo responde el aplicativo en su rendimiento, actuando de esta forma. Queda, para el futuro, comprobar el rendimiento cuando el número de usuarios sea elevado, aunque previsiblemente será bajo, lo que confirma la necesidad de un backend para la aplicación.

En la figura 25, se puede observar cómo visualiza el aplicativo web la **reputación del usuario en el sistema**, resaltando al usuario activo de la lista completa de reputaciones.

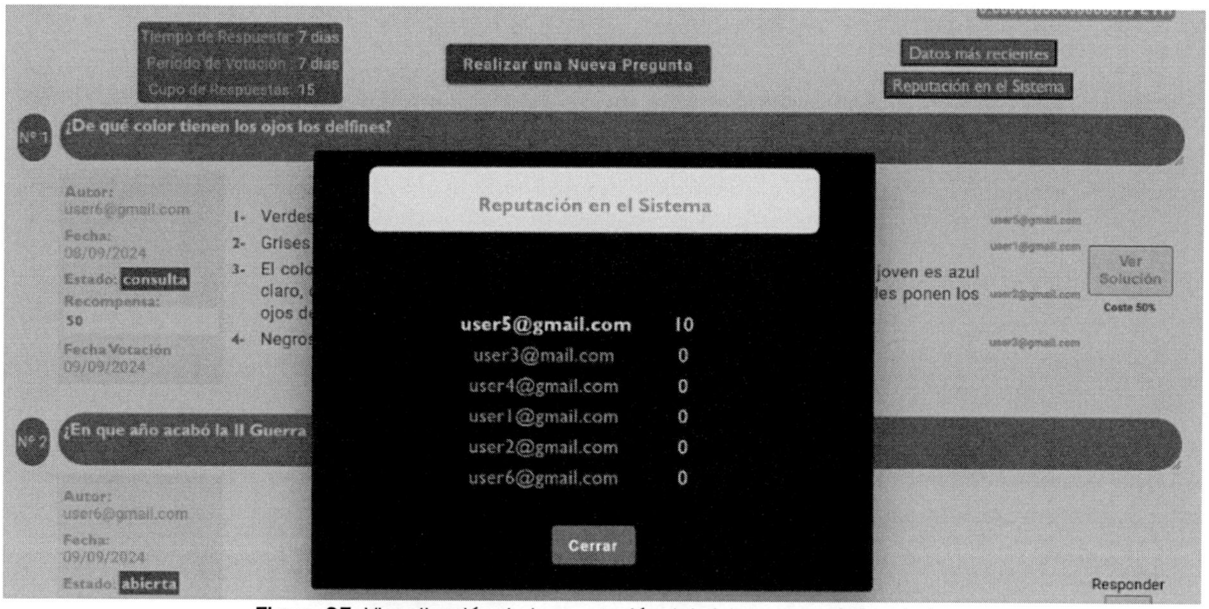


Figura 25: Visualización de la reputación del sistema en **esbrinachain**.

### 3.2.2.6. Componentes registrar y wallet-in

Los componentes `registrar` y `wallet-in` son los encargados, al iniciar la aplicación, de asignar el wallet al usuario. En primer lugar, se da de alta al usuario en el backend (solo se requiere una dirección de correo electrónico). Es el caso de la figura 26:

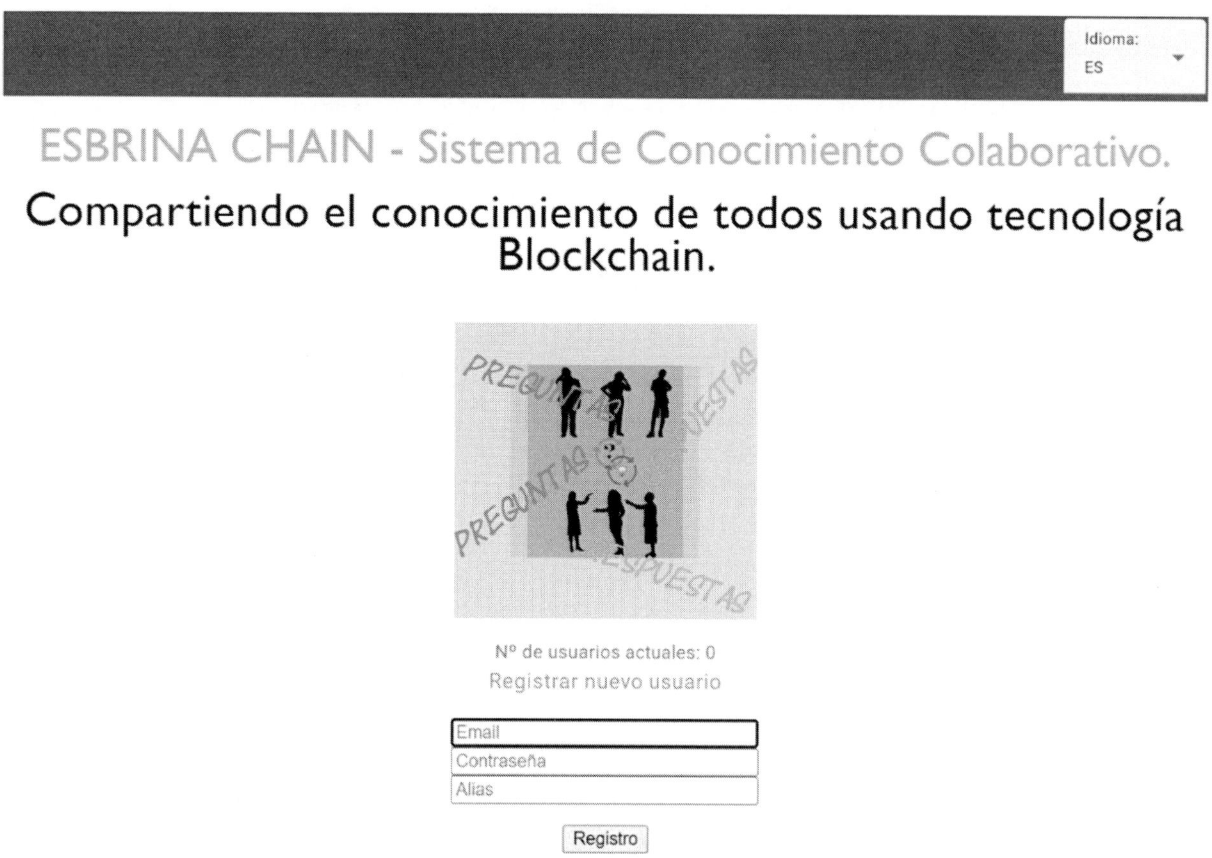


Figura 26: Pantalla para el alta de nuevos usuarios en **Esbrinachain**.

La aplicación comprueba que los datos de la dirección de correo estén en un formato correcto, y acepta una contraseña para el usuario en la aplicación, además de un alias.

A continuación, el aplicativo web solicita la frase de recuperación de alguna dirección que disponga el usuario, y se integra el **`wallet`** en el sistema, de manera que se podrá operar sin usar la billetera de **`Metamask`** (figura 27). La contraseña que se debe proporcionar no es la misma que la indicada en la figura 26, sino la que utilizó el usuario para generar su dirección de red blockchain y que calza con su **frase de recuperación.**

**Figura 27**: Pantalla de generación de wallet para un usuario recién registrado.

Si el usuario se siente más cómodo utilizando la billetera **`Metamask`**, puede pulsar en la opción **`Login`** de la barra del **MENÚ horizontal** situada en la parte superior de la pantalla, y acceder mediante la opción **Login con `Metamask`**, figura 28:

**Figura 28**: Pantalla de acceso para utilizar el wallet Metamask.

Resumiendo, se han configurado dos posibilidades para asignar el wallet (billetera digital) a un usuario:

1. El usuario ya tiene wallet y dispone de una frase de recuperación y quiere integrar su billetera en la aplicación.
2. El usuario está acostumbrado a usar **`Metamask`** (debe estar integrado ya en su dispositivo PC).

Como ejemplo de implementación de wallets de usuario, se ha desarrollado el **`wallet integrado`**, utilizando las mismas librerías mostradas en la figura 29:

```
// Librerias de Ethereum y DApp
import * as Mnemonic from 'bitcore-mnemonic';
import { hdkey } from 'ethereumjs-wallet';
import * as bip39 from 'bip39';
import * as util from '@ethereumjs/util';
import Web3  from 'web3';
import * as CryptoJS from 'crypto-js';
```

**Figura 29**: Librerías para la generación del wallet de usuario.

El código se puede consultar fácilmente, porque se ha implementado un servicio en **`Angular Framework`** para poderlo servir a futuros componentes (fichero wallet.service.ts). En la práctica se da el servicio al componente **`wallet-in`**, mientras que el resto de los componentes lo reciben utilizando un decorador tipo **`@Input`**.

Al lector que le interese profundizar en cómo se generan las claves públicas y privadas sin depender de una billetera estándar como Metamask, le resultará interesante consultar el código contenido en el fichero **`wallet-in.component.ts`**.

El componente **`registrar`** se utiliza para asignar el wallet de Metamask a los usuarios que elijan esta opción. Para este caso, la aplicación utiliza el cliente 'web3.js' integrado por **Metamask** en su billetera (objeto**`'window.ethereum'`**).

Una vez obtenida la dirección Ethereum contenida en el **wallet** de **Metamask**, la aplicación no diferencia sus flujos operacionales y trabaja con el objeto **wallet** y con las direcciones pública y privada contenidas en su interior. Para los envíos de transacciones, como se verá más adelante en el código, si estamos usando una billetera **Metamask**, la variable **metamask** estará a true y los envíos de transacciones no hará falta firmarlos, simplemente se usará la función **sendTransaction**. En caso de usar un wallet integrado, se firmará primero el contenido de la transacción con la función **signTransaction** y, luego, se enviará con la función **sendSignedTransaction**.

### 3.2.2.7. Componente app

El componente **app** se utiliza para presentar el contenido global de toda la aplicación web del proyecto **Esbrinachain**. Integra el resto de los componentes, mostrándolos por pantalla según el valor de variables lógicas que controlan cada caso de uso:

1. El usuario **no ha utilizado nunca la aplicación**, se ha de **registrar** y ha de definir **variables locales** y su **wallet** (ver figura 26).
2. El usuario **ya está dado de alta**, pero **no ha definido sus variables locales ni su wallet** (ver figura 27).
3. El usuario **se ha dado de alta y tiene variables locales y wallet**. En ese momento, el usuario decide si inicia la aplicación usando un wallet integrado o el **wallet** de **Metamask**, pulsando en la palabra **Login** del menú superior (ver figura 28). Si, en cambio, accede a la opción **Registro**, se le permite eliminar su cuenta si lo cree conveniente. De esta manera, la aplicación cumplirá con la ley de protección de datos, en el aspecto de poder eliminar sus datos cuando lo crea oportuno.

Es importante aclarar que, en el párrafo anterior, por variables locales se refiere a las variables locales definidas en el contexto de sesión del navegador por la aplicación. En la figura 30, se muestran las definidas en el caso del aplicativo **Esbrinachain**.

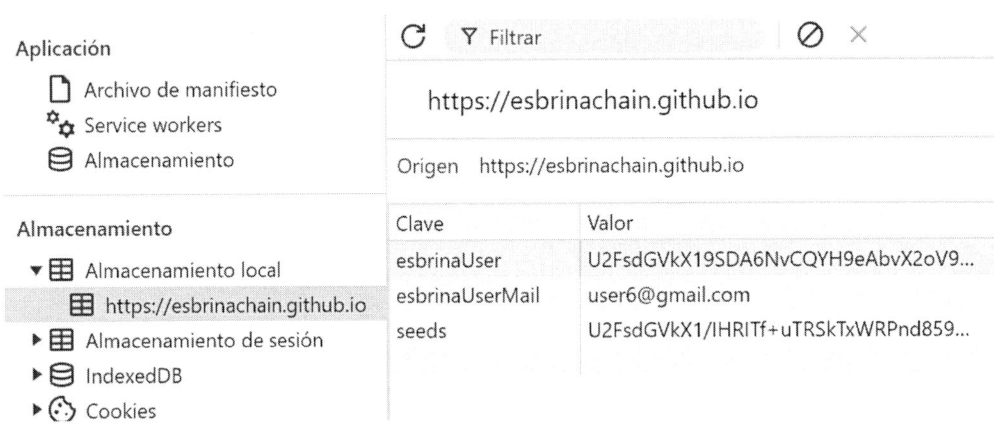


**Figura 30**: Variables locales de sesión identificativas del usuario.

Si el aplicativo no detecta la variable **esbrinaUser**, considera que **se ha de dar de alta el usuario**. Y si no encuentra la variable **seeds**, entonces considera que **se debe asignar un wallet al usuario**. La variable **esbrinaUserMail** también es necesaria y no debe borrarse. El aplicativo web está diseñado para sincronizar la existencia de estas variables con los datos de usuario almacenados en el backend. La gestión de usuarios se realiza básicamente en el backend y solo se aplica el registro de usuario en los contratos inteligentes guardando la dirección de red blockchain pública del usuario que está operando y realizando las transacciones.

### 3.2.3. Particularidades en la funcionalidad de Esbrinachain

El concepto más importante aprendido durante la programación del proyecto **`Esbrinachain`** es, quizás, el hecho de que, al programar para una cadena de bloques, el orden de las peticiones no tiene por qué conservarse en la respuesta de la red. Que existe un **`tiempo de latencia`** en la consecución de la transacción y que no siempre la respuesta va a ser inmediata. Es por ello por lo que hay que programar creando **funciones `asíncronas`** que esperen a que la respuesta llegue por parte de la red blockchain. También es importante conocer cómo funciona la programación con **`Promesas`**, como las que utiliza la **librería `web3.js`**. La promesa es una estrategia mediante la cual la respuesta nos llega de manera asíncrona y que se adapta a las necesidades que se requieren en Esbrinachain.

Especial cuidado hay que poner en aspectos cruciales, como construir una transacción con los campos adecuados, y utilizar las funcionalidades facilitadas por el **cliente `web3.js`**, para calcular el precio de la **`unidad de gas`** y disponer del **`gas estimado`** para la realización de la transacción. El correcto uso de las **unidades y cantidades** usadas en el envío de la transacción también es esencial. Y, finalmente, saber **captar la respuesta de la cadena de bloques a nuestra transacción** (lo que se conoce en la jerga blockchain como el **`receipt`**). El receipt es el objeto de datos devuelto por la red blockchain como respuesta a una transacción que solicita la ejecución de una función de escritura (aquellas que modifican los valores de alguna variable en el contrato inteligente). En el objeto de datos 'receipt' están descritos los datos de los eventos desencadenados en la ejecución de la función. Las llamadas a funciones de modificación o escritura del contrato inteligente no reportan parámetros de salida; es por ello necesario **utilizar los eventos de manera eficiente**, para recuperar información de los cambios sucedidos en nuestro contrato desplegado en la cadena de bloques.

En el proyecto **`Esbrinachain`**, se ha adoptado un criterio restrictivo que quizás no llegue a ser muy popular en un caso real. Consiste en cambiar el estado de las preguntas a medida que hay un acceso para realizar una acción y se detecta la finalización de un periodo para esa acción (aplicado a los tiempos de respuesta y votación). Eso implica:

1. Querer responder, consumir gas para responder y no poder hacerlo, sino que se recibe una notificación de la finalización del tiempo de respuesta.
2. Querer votar, consumir gas para votar y no poder hacerlo, sino que se recibe una notificación de la finalización del tiempo de votación.

En futuras versiones es posible que se deba habilitar soluciones diferentes, si afecta al funcionamiento del sistema por generar un disgusto, rechazo o falta de motivación en el usuario.

A continuación, se proporciona un detalle del flujo en las operaciones y las transacciones enviadas en el aplicativo web a la hora de **crear una pregunta**, **responder una pregunta**, **votar una pregunta**, **resolver una votación** y **calcular la reputación del autor de la respuesta más votada**.

En los tres casos, cuando se crea una pregunta, o una respuesta, o se hace efectivo el voto por una respuesta, primero se realiza una transacción al contrato y, si esta funciona bien, se reflejan esos datos en el backend, **siempre esperando la resolución de la transacción para no grabar datos equívocos en el backend.**

El sufijo SC en la notación del nombre de las funciones indica que gestiona el acceso al **`Smart Contract`**. En la figura 31, se muestra el primero de los tres casos.

### 3.2.3.1. Caso crear pregunta

**Figura 31**: Código implementado para la creación de una pregunta.

Línea 526: Ejecutaremos la función **showDialog** para abrir el diálogo de crear una pregunta, obtendremos los datos y, si no se ha pulsado el botón **Cancelar**, utilizaremos estos datos (**enunciado**, **recompensa**) para ejecutar la función **creaPreguntaSC**.

Línea 534: Ejecutamos la función **creaPreguntaSC** pasando como parámetros, el enunciado de la pregunta y su recompensa asociada.

Línea 255: Obtenemos el email del usuario de las variables locales.

Línea 256-263: Obtenemos de la cadena de bloques el **precio de gas** y el **gas límite estimado** usando ejecuciones asíncronas con la palabra **await**. Esto significa que se esperará al resultado de la promesa para disponer de los valores más actuales.

Líneas 264-274: Construimos un objeto **JSON**, que represente una transacción.

Línea 273: Se rellena el campo **data** del objeto **JSON** con el **encodeABI** del método a ejecutar, que en nuestro caso es `creaPregunta(enunciado, recompensa, email, email, email)`. Se ha tomado esta estrategia para evitar al usuario estar introduciendo datos personales. A efectos reales siempre se gestiona todo con la dirección del emisor de la transacción más su correo electrónico.

Líneas 280-290: Si se usa **Metamask** no hace falta firmar la transacción porque lo hace el **wallet**, y utilizamos el método **sendTransaction**, mientras que si gestionamos internamente el wallet, firmamos el objeto transacción con el método **signTransaction** y enviamos la transacción firmada, con el método **sendSignedTransaction**. Tanto en un caso como en otro es siempre de forma asíncrona y recibimos el resultado en la variable **receipt**. Si no salta un error por el **try-catch**, significa que la transacción ha ejecutado la función en el contrato y se ha generado un evento **PreguntaCreada**. Si se produce error, puede ser **por falta de fondos en el wallet**.

Línea 289: Del objeto de respuesta **receipt** tenemos acceso a la información **logs**, que contiene cada evento emitido por el contrato durante la ejecución de la transacción por la red blockchain. En el caso de evento **PreguntaCreada**, se indica el identificador de orden de la pregunta en el contrato (**idp**), y este es el valor que nos interesa para actualizar en el backend con una pregunta nueva.

Línea 291: Ejecutamos la función **insertaPregunta** diseñada para actualizar el backend y dar de alta la pregunta.

Líneas 298-327:Se actualiza el backend en **Firestore Cloud** y se refresca la lista de preguntas con la función **conPregsQuery()**, que ejecuta la consulta de todas las preguntas incluyendo la nueva pregunta y, por ser la lista diferente de la anterior, **Angular Framework** actualiza el modelo de datos en la **View** y los datos son actualizados en la pantalla.

#### 3.2.3.2. Caso crear respuesta

El caso de crear una respuesta tiene un flujo de operaciones muy parecido. Solo cambian las condiciones que deben cumplirse para que un usuario pueda responder a una pregunta. Estas condiciones ya las mostramos al analizar la función del contrato inteligente **responder**:

1. No ser autor de la pregunta.
2. Solo responder 1 sola vez en cada pregunta.
3. Que la pregunta esté en estado **abierta** para recibir respuestas.

En el caso de crear una respuesta, se añade una dificultad. Cuando el periodo de respuesta ha finalizado, el contrato no crea la respuesta y se informa al usuario del error en la transacción y automáticamente se muestra el nuevo estado en el aplicativo web. Observando el código de la figura 32, el lector puede comprobar que, en este caso, es necesario recuperar el índice de respuesta del evento **RespuestaCreada** para actualizar la respuesta en el backend. Pero la operativa es similar a la de crear una pregunta.

Variaciones que el lector puede detectar:

1. Se utiliza el componente **get-resp** para la recogida de datos de la respuesta.
2. Se arrastran los parámetros de **blockNumber** y **transactionIndex** de la pregunta, para después actualizar el backend.
3. Se mira, una vez hecha la transacción, si ha variado el estado de la pregunta. Un cambio de estado implica que la respuesta no se ha registrado en el contrato y, o bien el tiempo de respuesta ha finalizado pasando la pregunta a estado **votando**, o bien si no ha recibido respuestas se ha anulado.

También se **ha implementado una línea de notificaciones** en cada pregunta para que el usuario conozca en cada momento lo que va sucediendo, funciones **LinEstadoPreg** y **LinEstadoResp**. La primera está destinada al momento en que se crean preguntas y en el aplicativo web se utiliza el botón **Realizar una nueva pregunta** y va mostrando las notificaciones en el espacio ocupado por la primera pregunta cuando esta existe. La segunda va mostrando las notificaciones en el mismo espacio indicado pero situándolas en la pregunta en que estemos operando.

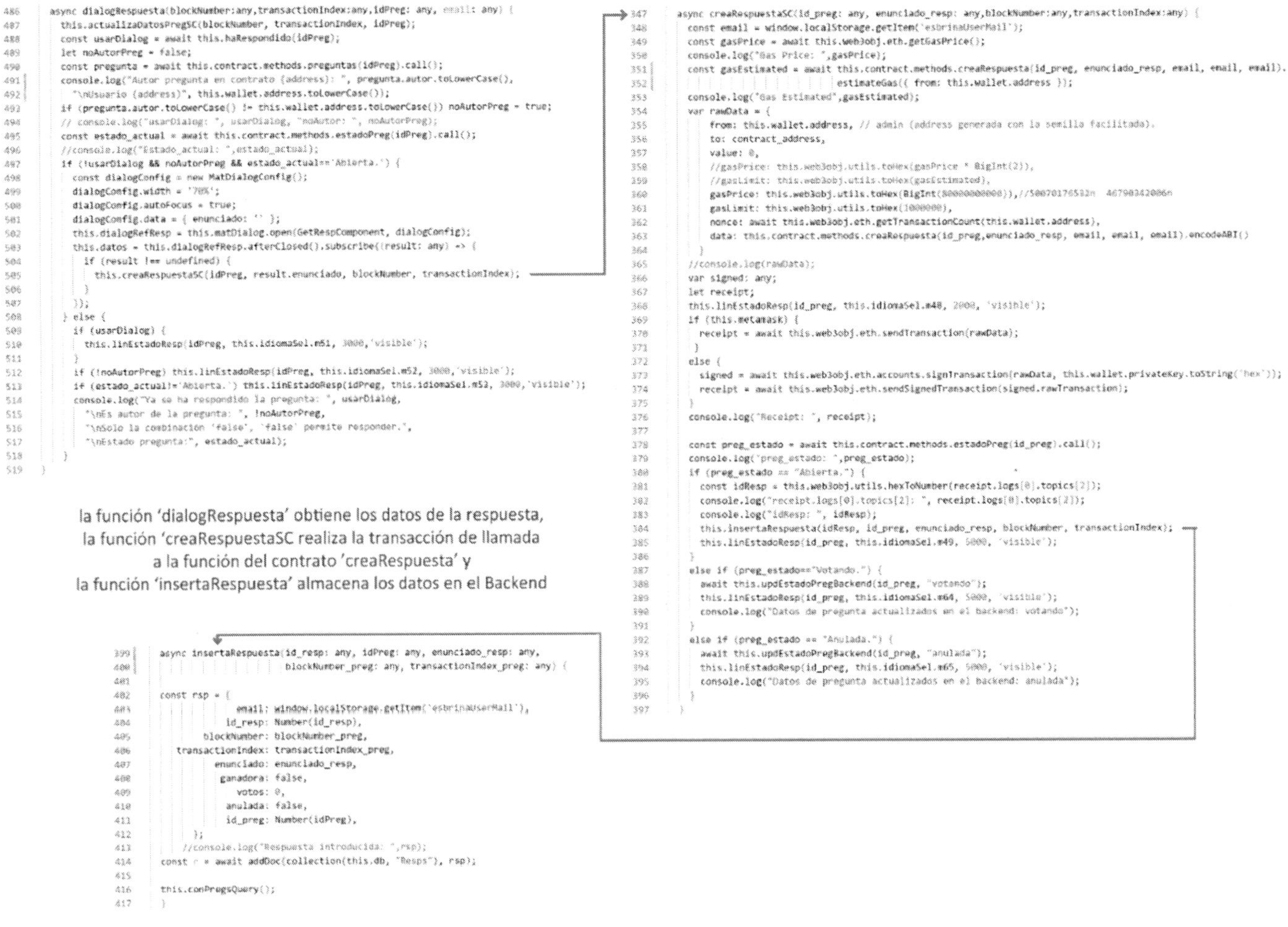


**Figura 32**: Código implementado para la creación de una respuesta.

### 3.2.3.3. Caso realizar el voto por una respuesta

En cada caso de uso que hemos revisado, podemos observar que el flujo de operaciones contempla la existencia de un wallet. A este nivel de la aplicación, el usuario ya ha sido creado y ya se le ha asignado un wallet o billetera digital. A estas alturas de operativa, solo nos hemos de preocupar por si el wallet es **`Metamask`** o uno **interno creado con la aplicación**. En realidad, si disponemos del software de Metamask instalado, utilizaremos el cliente **`web3.js`**, que lleva integrado (window.ethereum); si no, utilizaremos el objeto **`web3`** extraído de la librería **`web3.js`** importada en el proyecto **`Angular Framework`** como dependencia.

En la figura 34, se muestra el código de implementación del voto a una respuesta. La operación de votar la puede hacer cualquier usuario registrado y con billetera digital que no sea autor de la pregunta, ni autor de sus respuestas. Al votar por una respuesta enviará una transacción que incrementará el valor del campo **`votos`** de la estructura que representa a una respuesta en el contrato inteligente. Si la transacción funciona bien y no tiene errores, entonces también actualizaremos el mismo campo pero de la estructura utilizada en el backend, para poder actualizar los datos mostrados por pantalla.

Para sincronizar los datos del backend y del contrato se trabaja también con funciones asíncronas que esperan el resultado de la respuesta hasta que se produce. En este caso es más fácil, porque las estructuras de datos ya existen y solo se trata de actualizar los valores. Utilizamos la misma técnica que en los casos anteriores, pero es importante conocer que todas las acciones se desencadenan desde el componente **`respuesta`**, que recibe mediante parámetros @Input las mismas variables globales definidas en el componente **`pregunta`**:

1. La variable **`this.DB`** que contine acceso al entorno de Firestore o backend.
2. La variable **`this.webObj`** que contiene el wallet.
3. El **`id_preg`** y **`estado`** (mostrado en el componente pregunta, donde está incrustado el componente respuesta).
4. El **tipo de `wallet`** (**`Metamask=true`** o no).
5. Los campos que enlazan la lista de preguntas con las respuestas: **`blockNumber`** y **`transactionIndex`**.
6. El idioma activo.
7. Y, finalmente, dos variables **`@Output`** que utilizan eventos de Angular Framework para comunicar un componente 'hijo'(**respuesta**) con uno 'padre' (**pregunta**). El parámetro de salida (**`@Output`**) **refresh** emite un evento para refrescar la lista de preguntas, y el parámetro de salida (**notifica**) emite un evento para mostrar un mensaje informativo de lo que va pasando en la línea de notificaciones del componente **`pregunta`**.

En la figura 33, se muestra el tag o marca HTML del componente **`respuesta`**, incrustado en el template del componente **`pregunta`** con toda esta información:

```
<app-respuesta (refresh)="actualizaListaPregs()"
(notifica)="notificacio(item.idp,$event)" [id_preg]="item.idp"
[web3obj]="web3obj" [wallet]="wallet" [estado_actual]="item.estado"
[metamask]="metamask" [idiomaSel]="idiomaSel"
[blockNumber]="item.blockNumber" [transactionIndex]="item.transactionIndex"></app-respuesta>
```

**Figura 33**: Código HTML del componente **respuesta** incrustado en el de **pregunta**.

El componente **`respuesta`** detecta cuándo un periodo de respuesta se ha agotado y el usuario está intentando responder, y en ese momento el diseño de la plantilla HTML cambia para mostrar el aspecto adecuado del componente respuesta, cuando la pregunta está en estado **`votando`**. Se incluyen unos contadores de voto y un botón para votar para cada respuesta asociada a la pregunta visitada.

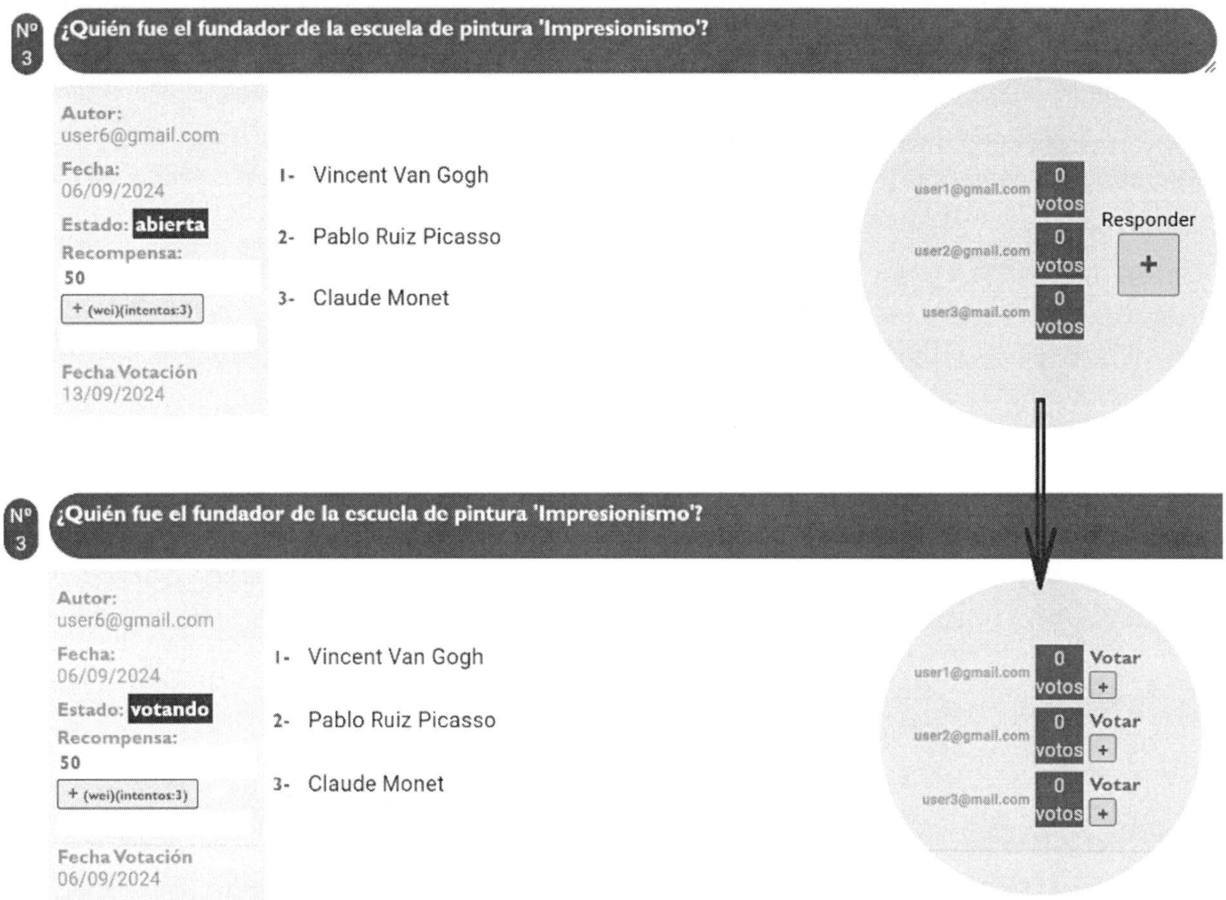


**Figura 34**: Detección automática del cambio al estado **votando** en una pregunta.

A continuación, se describe el conjunto de acciones que se desencadenan cuando pulsamos el botón **+** (votar) de una respuesta, hasta que finalmente el voto queda contabilizado (ver la dirección de las flechas para obtener el flujo de la ejecución en la figura 35).

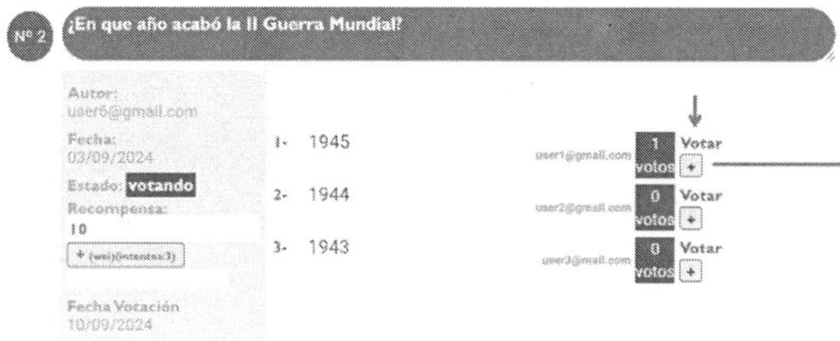


```
async selectVoto(id_preg: any, id_resp: any) {
  let noAutorPreg = false;
  const pregunta = await this.contract.methods.preguntas(id_preg).call();
  if (pregunta.autor.toLowerCase() != this.wallet.address.toLowerCase())
    noAutorPreg = true;
  console.log("Pregunta a Votar: ",pregunta);
  // No es autor de ninguna respuesta en la pregunta
  const EsAutorResp = await this.haRespondido(id_preg);
  console.log("EsAutorResp: ",EsAutorResp);
  // No ha votado otras respuestas => solo puede votar 1 vez
  const noHaVotado = await this.sinVoto(id_preg);
  console.log("noHaVotado: ",noHaVotado);
  const estado_actual_preg = await this.contract.methods.estadoPreg(id_preg).call();
  console.log("estado_actual: ",pregunta.estado,"=",estado_actual_preg);
  if (!EsAutorResp && noHaVotado && noAutorPreg && pregunta.estado == 1) {
    console.log("Votando por la resp ", id_resp, " de la pregunta ", id_preg);
    await this.votarRespuestaSC(id_preg, id_resp);
    this.refresh.emit();
  } else if (pregunta.estado == 1 && (EsAutorResp || !noHaVotado || !noAutorPreg)) {
   console.log("La pregunta", id_preg,
             " está en estado 'votando', pero este usuario no puede votarla.");
   if (!noAutorPreg) this.notifica.emit(this.idiomaSel.m66);
   if (EsAutorResp) this.notifica.emit(this.idiomaSel.m67);
   if (!noHaVotado) this.notifica.emit(this.idiomaSel.m68);
  } else if(estado_actual_preg=="Consulta.") {
   console.log("La pregunta", id_preg,
             " no está en estado 'votando' sino en estado de '",
    estado_actual_preg, "'");
    this.estado_actual = "consulta";
   this.updEstadoPregBackend(id_preg, "consulta");
  }
}
```

```
async votarRespuestaSC(id_preg:any, id_resp:any) {
  //console.log("Parametros votacion: ", id_preg, id_resp);
  const gasPriceResp = await this.web3obj.eth.getGasPrice();
  this.notifica.emit(this.idiomaSel.m58 + gasPriceResp.toString());
  console.log("Gas Price: ",gasPriceResp);
  const gasEstimatedResp = await this.contract.methods.
   votarRespuesta(id_preg, id_resp).estimateGas({ from: this.wallet.address });
  console.log("Gas Estimated", gasEstimatedResp);
  this.notifica.emit(this.idiomaSel.m58 + gasEstimatedResp.toString());
   var rawData = {
    from: this.wallet.address,
    to: contract_address,
    value: 0,
    gasPrice: this.web3obj.utils.toHex(BigInt(80000000000)),
    gasLimit: this.web3obj.utils.toHex(1000000),
    nonce: await this.web3obj.eth.getTransactionCount(this.wallet.address),
    data: this.contract.methods.votarRespuesta(id_preg,id_resp).encodeABI()
   }
  //console.log(rawData);
  let receipt;
  var signed: any;
  try{
    this.notifica.emit(this.idiomaSel.m60);
    if (this.metamask) {
     receipt = await this.web3obj.eth.sendTransaction(rawData);
    }
    else {
     signed = await this.web3obj.eth.accounts.signTransaction(rawData,
              this.wallet.privateKey.toString('hex'));
     receipt = await this.web3obj.eth.sendSignedTransaction(signed.rawTransaction);
    }
    console.log("Receipt: ", receipt);
    if (receipt.logs.length == 0) {
     await this.updVotoBackend(id_preg, id_resp);
     this.notifica.emit(this.idiomaSel.m63);
    }
    else if (receipt.logs.length == 3) {
     console.log("Se ha intentado votar y la pregunta ha cambiado ha estado 'consulta'");
     await this.updEstadoPregBackend(id_preg, "consulta");
     this.notifica.emit(this.idiomaSel.m61);
    }
    else if (receipt.logs.length == 2) {
     await this.updEstadoPregBackend(id_preg, "anulada");
     this.notifica.emit(this.idiomaSel.m62);
    }

  }catch (error) {
   console.log(error);
   this.notifica.emit(this.idiomaSel.m50);
  }
  this.refresh.emit();
}
```

```
async updVotoBackend(id_preg: any, id_resp: any) {
  console.log("updVotoBackend: id_preg:",id_preg," id_resp:", id_resp);
  const queryResps = query(collection(this.db, '/Resps'),
   where("id_preg", "==", Number(id_preg)),
   where("id_resp", "==", Number(id_resp)));
  const usSnapshot = await getDocs(queryResps);
  const id = usSnapshot.docs.map(doc => doc.ref.id);
  const item = doc(this.db, "Resps", id[0]);
  let docSnap = await getDoc(item);
  let updData: any;
  if (docSnap.exists()) {
   updData = docSnap.data();
   updData.votos += 1;
   console.log("updData: ", updData);
   await setDoc(item, updData);
   this.refresh.emit();
  }
}
```

Al pulsar el botón '+' se vota por esa respuesta, y se ejecuta la función 'selectVoto', se analiza que el usuario cumpla los requerimientos de voto y se usa la función 'votarRespuestasSC' para enviar la transacción que ejecuta la función 'votarRespuesta del contrato y si la transacción se realiza se actualiza el Backend con 'updVotoBackend'

**Figura 35**: Código implementado para ejecutar un voto por una respuesta.

Entender la operativa una vez explicados los dos casos anteriores es sencillo. Cuando se pulsa el botón **`votar`** se ejecuta la función **`selectVoto()`**, se obtienen del contrato los datos más actuales de la pregunta actual y se comprueba que el usuario que quiere votar no incumpla las siguientes reglas:

a. No ser el propietario de la pregunta.
b. No haber votado la pregunta anteriormente.
c. Que la pregunta esté en estado **`votando`**.
d. No ser el autor de alguna de las respuestas.

Si se incumple alguno de los condicionantes para poder votar, se muestra una notificación por pantalla y no se deja votar. En caso contrario, se llama a la función **`votarRespuestaSC`**, que se encarga de enviar una transacción para ejecutar la función del contrato **`votarRespuesta`** pasando como parámetro el índice de la pregunta y el índice de la respuesta.

Como en los anteriores casos de uso, los eventos desencadenados en el contrato nos determinarán las acciones que debe ejecutar el aplicativo:

a. Si al votar, el periodo de votación se ha agotado pero existen respuestas realizadas, la pregunta cambiará a estado **`consulta`** y no se contabilizará el voto, generándose dos eventos en el contrato, que significa un registro de **tres** entradas en el vector de **`logs`** del recibo (**`receipt`**) devuelto por la transacción. De todo ello se notifica al usuario en la línea de notificación.
b. Si al votar, el periodo de votación se ha agotado y no existen respuestas realizadas, la pregunta cambiará a estado **`anulada`** y no se contabilizará el voto, generándose un evento **`PreguntaAnulada`** en el contrato, que significa un registro de **dos** entradas en el vector de **`logs`** del recibo (**`receipt`**) devuelto por la transacción. De todo ello se notifica al usuario en la línea de notificación.

Si el vector **`logs`** del recibo (**`receipt`**) devuelto por la transacción no tiene ninguna entrada (length=0), entonces significa que se ha podido votar correctamente y se actualiza el backend en **`Firestore`**, ejecutando la función **`updVotoBackend`**. Una actualización del backend siempre se acompaña en la aplicación web con una ejecución del evento **`refresh`**, que actualiza en pantalla los datos de la lista de preguntas.

### 3.2.4. Complementos destacables del proyecto Esbrinachain

En este apartado recogemos algunos complementos importantes, ya sea para el funcionamiento de la aplicación web del proyecto **`Esbrinachain`**, o para tener en cuenta en otros desarrollos en la cadena de bloques:

1. Se ha creado un fichero de configuración de nombre **`Firestore1.ts`** para:
    a. Definir el objeto **`firebaseConfig`** para la conexión a Firestore.
    b. Almacenar la URL al proveedor usado para acceder a la red Sepolia.
    c. Almacenar en la variable **`contract_address`** (dirección **`Ethereum`** del contrato inteligente) desplegado en a la red **`Sepolia`** (ver figura 36).

```
export const firebaseConfig = {
        apiKey: "AIzaSyAHz9zSUk258f3CyoMA2cvE8Kf2BnF442c",
        authDomain: "esbrinachain-777.firebaseapp.com",
        projectId: "esbrinachain-777",
        storageBucket: "esbrinachain-777.appspot.com",
        messagingSenderId: "825098637790",
        appId: "1:825098637790:web:1c3930b7e4033004c70d4f",
        measurementId: "G-Y0VFSVPTBC"
      };

//export const providerETH = 'https://sepolia.drpc.org';
export const providerETH = 'https://lb.drpc.org/ogrpc?network=sepolia&dkey=AvUhdnE0lEOFnfamA-Vzcgm0fMHgbcsR773QUh7cII5S';
export const contract_address: any = "0x26748Da13d70D2FBEa73ff4a7BEe84bFce94bad0";
```

**Figura 36**: Fichero de configuración **Firestore1.ts**.

2. El proyecto **`Esbrinachain`** ofrece un soporte en tres idiomas (castellano, inglés y catalán) para la interfaz web. Existe el fichero **`idioma.ts`**, que contiene los mensajes mostrados por pantalla. Los mensajes existentes se pueden modificar dinámicamente, o bien se pueden añadir nuevos idiomas. Si bien es cierto que la interfaz tiene soporte en tres idiomas, los autores de las preguntas son los que deciden el idioma que utilizan y en ese idioma se almacenan las preguntas. El contenido del fichero **`idioma.ts`** está en formato JSON y se puede observar en la figura 37.

```
export const es = {
    m0: "Idioma:",
    m1: "ESBRINA CHAIN - Sistema de Conocimiento Colaborativo.",
    m2: "Compartiendo el conocimiento de todos usando tecnología Blockchain.",
    m3: "Preguntar",
    m4: "Responder",
    m5: "Votar",
    m6: "Opinar",
    m7: "Estadísticas",
    m8: "Configuración",
    m9: "Login",
    m10: "Login con Metamask",

            ⋮

    m67: "Si ha respondido a la pregunta, no puede votarla",
    m68: "Solo se puede votar 1 respuesta.",
    m69: "12 Palabras reservadas...",
    m70: "Enviando Tx - Obteniendo las respuestas más votadas...",
    m71: "Coste = ",
    m72: " Usuario ",
    m73: " Balance del Usuario",
    m74: "",
    m75: "",
    m76: "",
    m77: "",
};

export const en = {
    m0: "Language:",
    m1: "ESBRINA CHAIN - Collaborative Knowledge System",
    m2: "Sharing everyone's knowledge with blockchain technology.",
    m3: "Asking",
    m4: "Answering",
    m5: "Voting",
    m6: "Opinions",
    m7: "Statistics",
    m8: "Configuration",
    m9: "Login",
    m10: "Login with Metamask",

            ⋮

    m68: "One vote per question is permitted.",
    m69: "12 reserved words...",
    m70: "Sending Tx - getting the most voted answers...",
    m71: "Cost = ",
    m72: " User ",
    m73: " User Balance ",
    m74: "",
    m75: "",
    m76: "",
    m77: "",
};

export const cat = {
    m0: "Idioma:",
    m1: "ESBRINA CHAIN - Sistema de Coneixement Col.laboratiu.",
    m2: "Compartint el coneixement de tots amb tecnología Blockchain.",
    m3: "Preguntar",
    m4: "Respondre",
    m5: "Votar",
    m6: "Opinar",
    m7: "Estadístiques",
    m8: "Configuració",
    m9: "Login",
    m10: "Login amb Metamask",

            ⋮
```

**Figura 37:** Fichero de configuración para el soporte en varios idiomas (**idioma.ts**).

3. Se ha implementado un **backend** en la nube, utilizando la tecnología de bases de datos de Firebase **`Firestore Cloud`**.
4. El lector deberá disponer de un **juego de usuarios** y **billeteras digitales** con los que probar el aplicativo web, que puede generar utilizando **`Metamask wallet`**.
5. Gestión del acceso a la red TestNet Sepolia y adquisición de Faucets (ver figura 38).

**Figura 38**: Recursos para la adquisición de faucets y estado de la red Sepolia.

Es importante identificar los enlaces de mayor rendimiento a la red blockchain. Si una red no está disponible y coincide con una petición realizada en ese momento por la aplicación web, esta fallará, y no siempre se devolverá una descripción clara del motivo. Para estos casos, en el sistema **`Esbrinachain`** se ha optado por mostrar el error —aunque sea indeterminado— y permitir que el usuario vuelva a intentar la transacción en otro momento. Los errores puntuales no suelen ser un problema, pero cuando el proveedor usado es el causante de múltiples errores, es una buena opción disponer de alternativas de servicio que permitan salvar el rendimiento de la aplicación web cuando esté en producción. Por esta razón, ficheros de configuración dinámicos al margen del código de la aplicación pueden ayudar a solventar su mantenimiento. Se podrían efectuar los cambios de configuración de forma dinámica, y compilar y publicar el proyecto en pocos minutos.

## 3.3. Firestore Cloud - (Google Firebase)

**`Firebase`** Google pone a disposición de cualquier usuario suyo un servicio de base de datos documental en la nube llamado **`Firestore Cloud`**. Para el desarrollo de aplicaciones como **`Esbrinachain`**, es gratuito y útil, si no se hace un uso intensivo. En nuestro sistema se ha incluido este servicio para implementar la base de datos del backend, por no tener coste, y por servir eficientemente en el soporte de datos.

En la figura 39, se muestra un ejemplo de uso para la **actualización de los datos de una pregunta.** Se da este ejemplo, ya que el resto de las entidades (como las respuestas y los usuarios) se gobiernan de manera muy parecida. Siempre se accede al elemento de la colección mediante una consulta y se actualiza el elemento.

```
async updEstadoPregBackend(id_preg: any, estado_actual: any) {
    const queryPreg = query(collection(this.db, '/Pregs'), where("idp","==",Number(id_preg)));
    const usSnapshot = await getDocs(queryPreg);

    const id = usSnapshot.docs.map(doc => doc.ref.id);
    const item = doc(this.db, "Pregs", id[0]);
    let docSnap = await getDoc(item);
    let updData: any;
    if (docSnap.exists()) {
      updData = docSnap.data();
      if (estado_actual == 'anulada') updData.anulada = true;
      updData.estado = estado_actual;
      await setDoc(item, updData);
      console.log("La pregunta ", id_preg, " ha cambiado a estado", updData.estado);
      this.conPregsQuery();
    }
  }
```

**Figura 39**: Código de actualización de estado para una pregunta en Cloud Firestore.

En la figura 40, se muestra el uso de recursos utilizado durante un día normal de programación, para que el lector tenga la información de la capacidad del rendimiento de este servicio respecto a sus limitaciones.

**Figura 40**: Gráfica representativa de uso y límites de Firestore Cloud.

### 3.3.1. Colecciones de datos en Firestore Cloud

En Firestore se han almacenado tres colecciones de datos: **`Usuarios`**, **`Pregs`** y **`Resps`**. Las estructuras de las colecciones en el backend no tienen por qué coincidir con las de los contratos inteligentes, aunque sí comparten lógicamente los datos más importantes.

Las claves generadas de manera automática son de mucha utilidad en la programación asíncrona. El lector que quiera más prestaciones, como disponer de campos autonuméricos, tiene que buscar usos en una base de datos alternativa. Para las consultas de datos se han tenido que generar índices compuestos que permiten aumentar la velocidad en la recuperación de datos; los índices simples, por defecto, están ya implementados. En la figura 41 podemos observar un ejemplo de documento para cada una de las colecciones definidas y, en la parte inferior, una tabla con los índices compuestos definidos. Estos índices son requeridos en el código de programación cuando se genera un error si no existen. En la notificación del error, se nos facilita un link a Firestore, donde se pueden generar los índices mediante la interfaz de Google Cloud para Firestore. El nombre de cada índice informa de la composición de campos que lo forman.

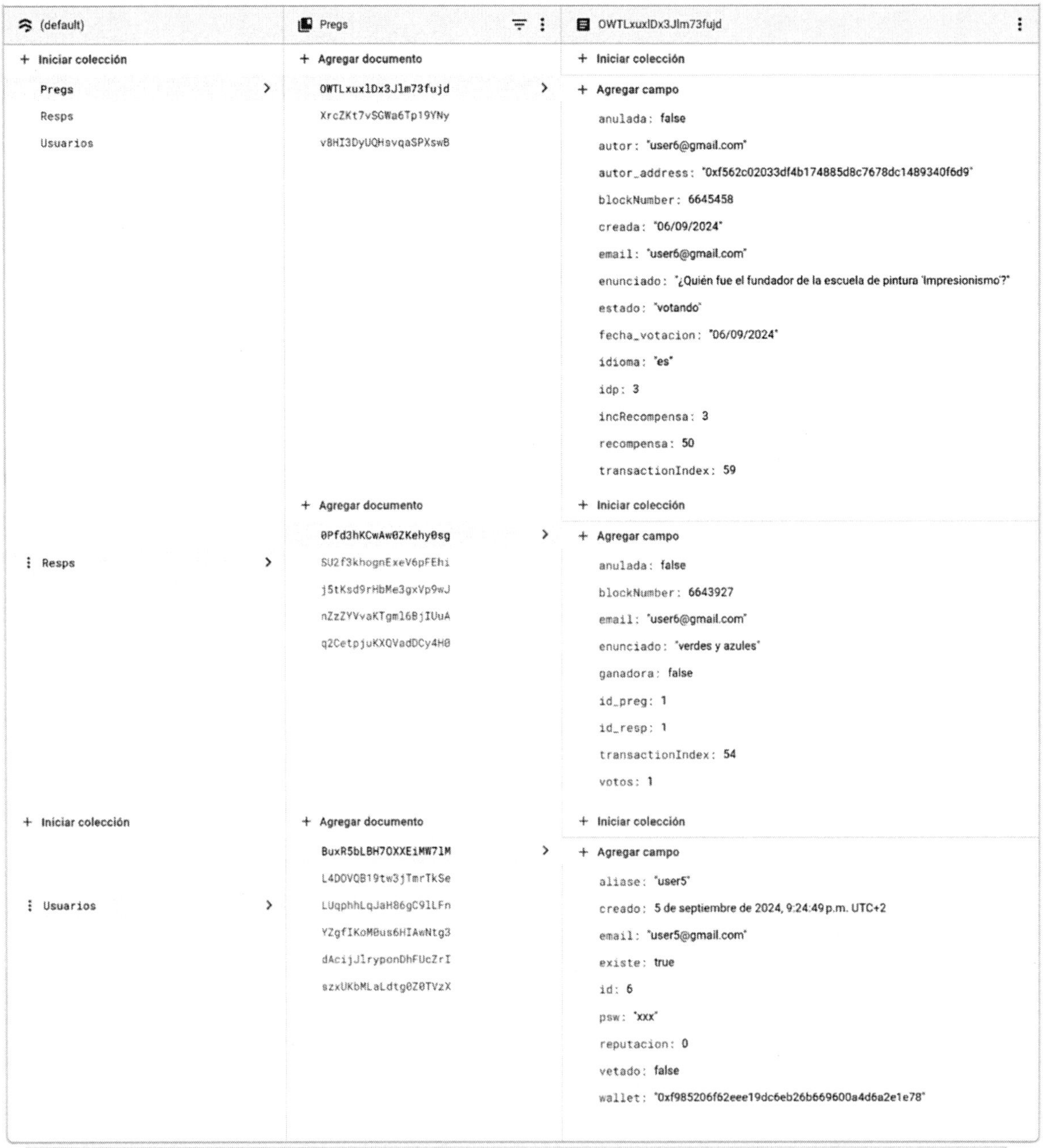


| | | | |
|---|---|---|---|
| Resps | blockNumber Ascendente transactionIndex Ascendente id_resp Ascendente __name__ Ascendente | Colección | Habilitado |
| Pregs | blockNumber Ascendente transactionIndex Ascendente __name__ Ascendente | Colección | Habilitado |
| Resps | id_preg Ascendente id_resp Ascendente __name__ Ascendente | Colección | Habilitado |

**Figura 41**: Relación de colecciones e índices compuestos en Firestore.

# CAPÍTULO 4
# CASOS DE USO IDENTIFICABLES EN EL PROYECTO ESBRINACHAIN

En este apartado se van a mostrar las prestaciones más importantes del sistema de conocimiento colaborativo. El repaso de todos los casos de uso implementados nos permitirá aprender cómo se utiliza el aplicativo web de Esbrinachain al mismo tiempo que se describen las pantallas que lo componen.

## 4.1 Gestión de alta de usuarios

Para el aprendizaje de la programación de aplicaciones web con conexión a una cadena de bloques, el módulo de la gestión de usuarios podría adaptarse a cualquier módulo preprogramado que el lector haya utilizado anteriormente. Es un módulo en el que podríamos evitarnos código y utilizar librerías existentes para implementar el primer apartado de la siguiente lista. No obstante, aquí mostraremos todo el proceso implementado en el aplicativo de Esbrinachain, teniendo en cuenta que se han registrado usuarios, con la idea de asignarles una billetera digital (en inglés, wallet) para operar en la red blockchain con identidad única. En concreto, el aspecto de borrado de datos es siempre un tema a estudiar y resolver de la manera más conveniente en cada caso, porque uno de los problemas que se nos plantean es que la red blockchain es inmutable y, si el usuario nos pide que borremos sus datos, para cumplir con la ley vigente deberemos haber pensado de antemano cómo cifrarlos correctamente para preservar su anonimato aunque los datos no puedan ser borrados.

La gestión de los usuarios requiere de varias operaciones:

a. Alta de un usuario en el backend.
b. Asignación de wallet cuando se dispone de frase de recuperación. El aplicativo ofrece dos posibilidades: `wallet integrado` y `Metamask`.
c. Baja de un usuario y eliminación de sus datos en el proyecto.

En el proceso de alta, como se puede observar en la figura 42, el nuevo usuario no existe en el backend ni en la aplicación. En nuestro caso de uso, existen 4 usuarios y vamos a crear el quinto. El aplicativo detecta que no tiene registrada en el **Almacenamiento local** del navegador ninguna de las variables identificativas de un usuario.

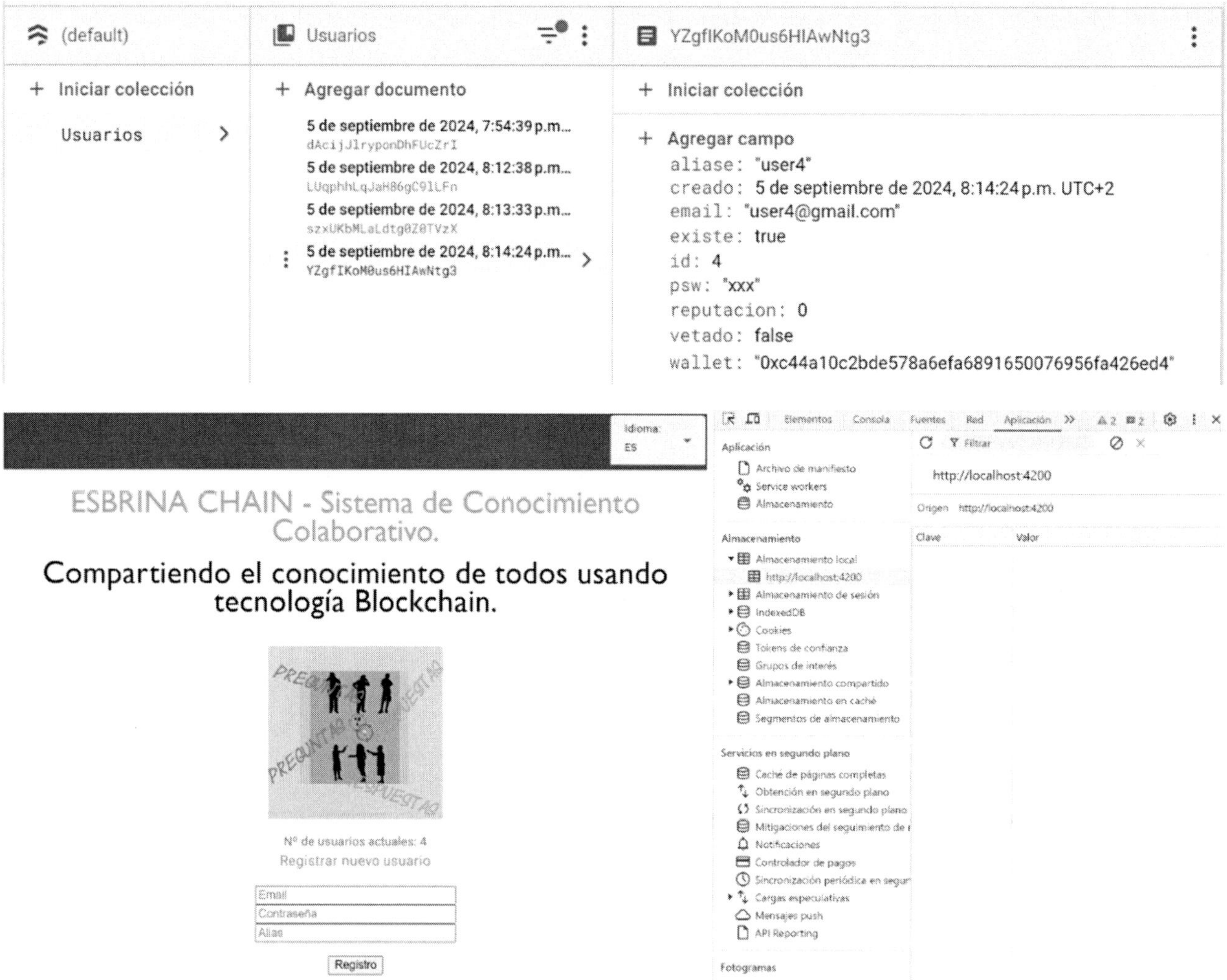


**Figura 42**: Fase1: Alta de un nuevo usuario: no existe en el backend ni en la aplicación.

Si rellenamos los campos de datos del formulario inicial (email, contraseña y alias), la aplicación web comprobará que el `email` proporcionado tiene un formato correcto y aceptará la contraseña y el alias, procediendo a **registrar al usuario** en la aplicación cuando pulsemos el botón **`Registro`**. Todo este proceso nos conduce al estado de la figura 43.

**Figura 43**: Fase 2: El usuario está registrado pero no dispone de wallet.

En estos momentos, el usuario no dispone de wallet, pero sí está dado de alta en el backend, y la aplicación dispone de las variables **`esbrinaUser`** y **`esbrinaUserMail`** registradas en el almacenamiento local del navegador. Para disponer de **`wallet`**, deberá introducir la frase de recuperación para generar su par de claves pública y privada. El aplicativo web puede generar el wallet del usuario e integrarlo en el aplicativo como se realizaría en el caso de darse de alta en **`Metamask`**.

En el caso de que el usuario ya se hubiera dado de alta previamente en Metamask, dispone también de esos datos. Se solicita **la frase de recuperación** (que debe pertenecer a un conjunto controlado de palabras), y la **contraseña** que se asoció al wallet. Todo este proceso se consigue usando la librería **`bitcore-mnemonic`**. Al pulsar el botón **`Wallet`** sin **`Metamask`** se generará el wallet y se cifrará su frase de recuperación en la variable **`seeds`**. De esta manera, el usuario, cada vez que entre a la aplicación, solo facilitando su contraseña permitirá al aplicativo generar su par de claves pública y privada que se utilizarán en el envío de transacciones (sin usar el wallet de Metamask), aunque tenga la extensión instalada en el navegador. En la figura 44, se puede comprobar el estado de la aplicación web cuando tiene **el usuario registrado** y con **`wallet`** potencialmente disponible. De esta manera, el usuario nunca expone sus claves pública y privada, sino que se generan en tiempo de ejecución.

**Figura 44**: Fase 3: El usuario está registrado y dispone de wallet.

En este momento, si el usuario desea realizar la operación de **`Login`**, dispone, en el menú horizontal situado en la parte superior de la pantalla, de las dos opciones de wallet con tan solo hacer clic en la palabra **`Login`**.

En la figura 45, se visualiza la pantalla para usar el **`wallet integrado`** en la aplicación y, en la figura 46, la que permite usar el **`wallet de Metamask`**, siempre que ya esté disponible su extensión en el navegador de Internet.

**Figura 45**: Fase 4: El usuario está registrado, dispone de wallet y utiliza el wallet integrado.

**Figura 46**: Fase 3: El usuario está registrado con wallet y utiliza el wallet de Metamask.

Si el usuario utiliza la opción **`Registro`** del menú horizontal situado en la parte superior de la pantalla (ver figura 47), dispondrá de la opción de eliminar su cuenta (eliminando las variables locales del navegador y los datos del backend) y dejar de estar registrado en la aplicación web y el backend.

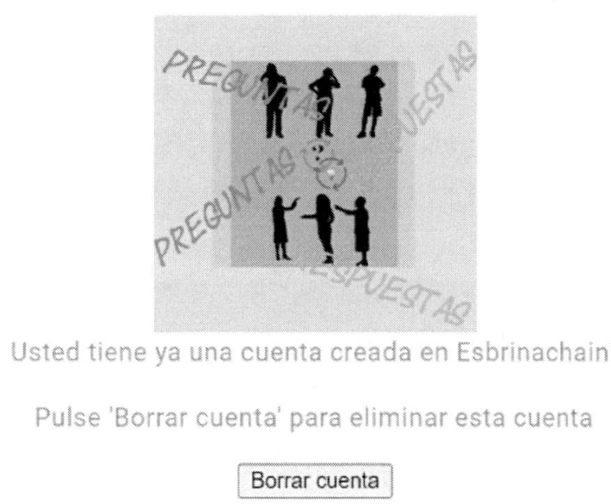


**Figura 47**: Fase 4: Cualquier usuario registrado puede darse de baja del sistema.

## 4.2 Crear una pregunta

Cuando el usuario está registrado y dispone de wallet, está en condiciones para utilizar el sistema colaborativo de conocimiento **`Esbrinachain`**. En la figura 48, se muestra la pantalla de la interfaz de usuario de la aplicación web de **`Esbrinachain`**. Se ha mantenido la consola de programación a efectos de mostrar detalles del proceso de **`Login`** en este manual técnico, pero en ningún caso es necesario para un usuario de la aplicación.

**Figura 48**: Interfaz de usuario de la aplicación web del sistema **Esbrinachain**.

Como se ha podido comprobar en la figura 48, el sistema **no tiene preguntas registradas, ni efectivo** en el **Bote** (balance del contrato inteligente). El usuario actual es `user6@gmail.com`, que dispone de un balance efectivo de **0.70 `wei`**. Si efectúa una pregunta, el **tiempo de respuesta** fijado por el sistema para responder es de **7 días**; cuando disponga de respuestas, **pasada una semana**, entrará en **periodo de votación** y el **cupo de respuestas** actual está fijado en **15 respuestas** como máximo.

Para crear una pregunta, el usuario solo necesita 3 requisitos:

1. Efectivo suficiente en su billetera digital para **efectuar la transacción** más **el coste de la recompensa** ofrecida por la pregunta, que se enviará como valor en la transacción.
2. Pulsar el botón **Realizar una Nueva Pregunta**.
3. Facilitar el **enunciado** y la **recompensa** ofrecida por una respuesta.

En la figura 49, se muestra la ventana emergente que permite introducir el enunciado de la pregunta y la recompensa ofrecida por el autor de la pregunta. En este caso, estamos utilizando el **`wallet`** de **`Metamask`** y emerge para enviar la transacción. Una vez enviada la transacción, el usuario debe esperar un tiempo breve (o, en algún caso, no tan breve) a que la red blockchain la procese y la registre en un bloque de la cadena de bloques. En cuanto este proceso finaliza, quedará registrada en el sistema. Si la transacción falla, se deberá probar de nuevo.

La interfaz de la aplicación muestra todos los metadatos de la pregunta:

1. `Autor`.
2. `Fecha de creación` (la fecha de creación marca el inicio del tiempo de respuesta).
3. `Estado` de la pregunta. Inicialmente está **`abierta`** a respuestas.
4. `Recompensa` ofrecida.
5. El botón para incrementar la recompensa inicial. Se dispone de tres tentativas.
6. `Fecha de votación`, calculada sumando fecha de creación y periodo de respuesta fijado en el sistema.

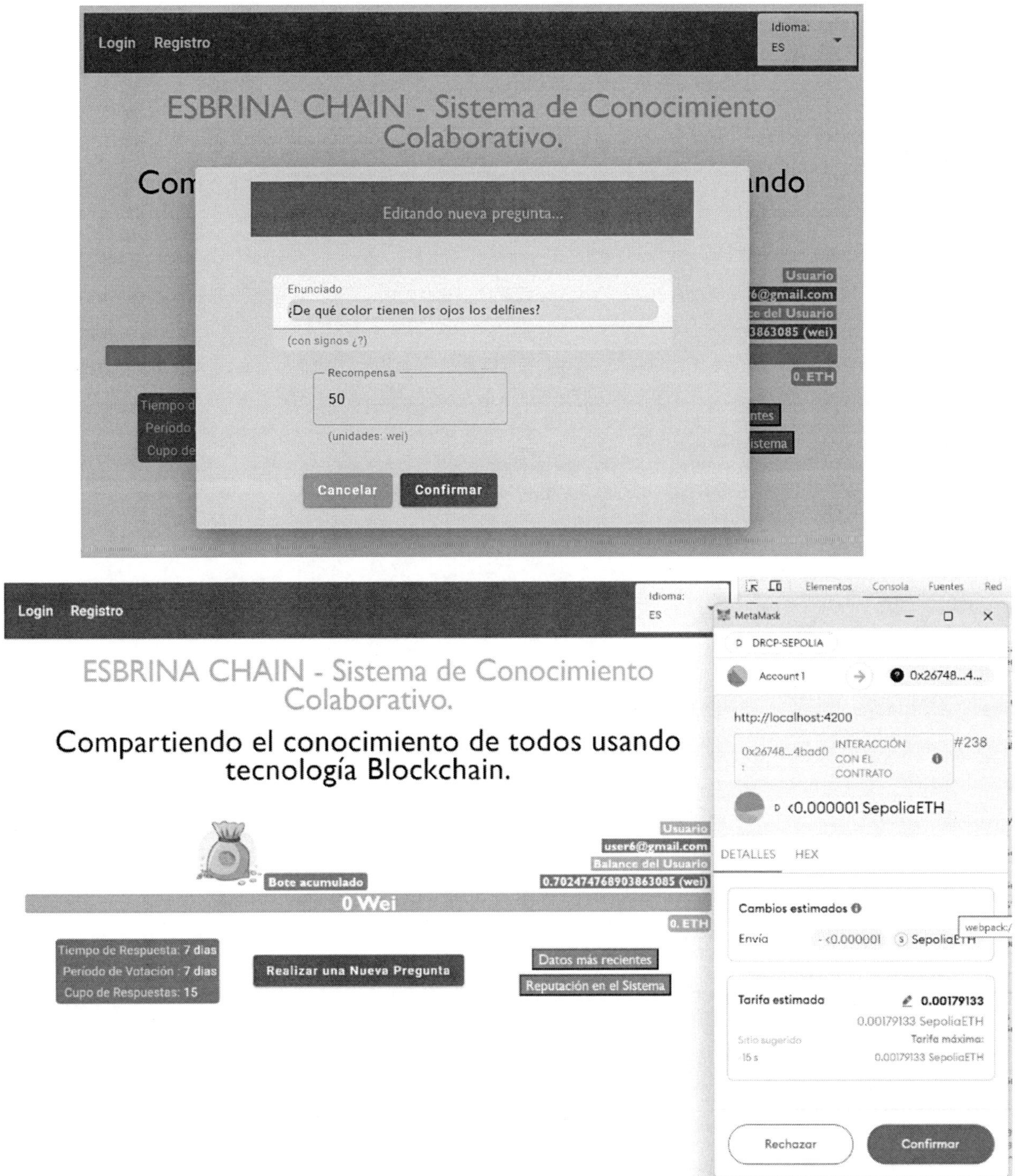


**Figura 49**: Proceso de crear un pregunta en el sistema **Esbrinachain**.

En la figura 50, se puede visualizar la interfaz de usuario con la pregunta creada y la recompensa incluida en el bote y el balance del usuario actualizado.

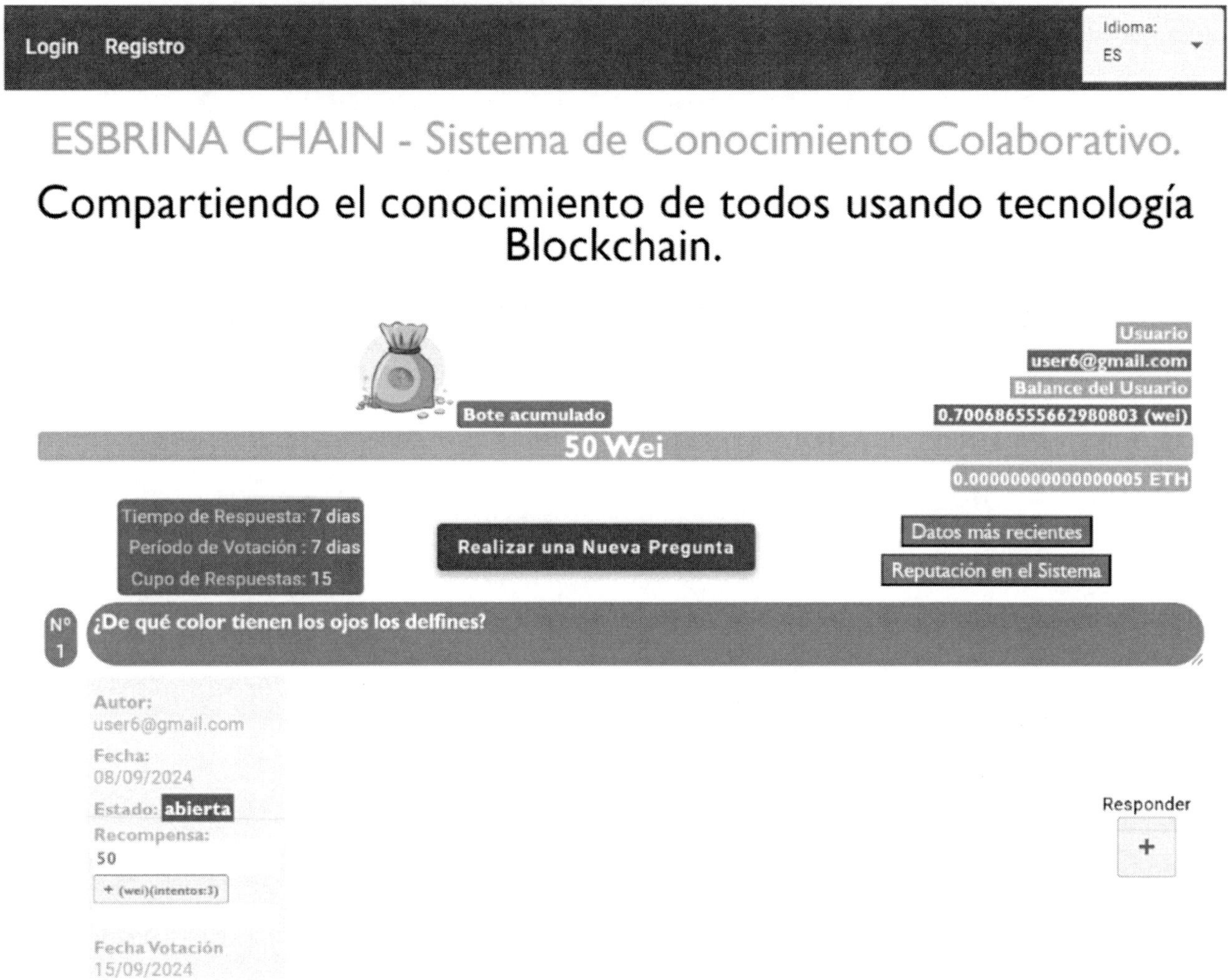


**Figura 50**: Visualización de la pregunta creada (metadatos y datos actualizados).

Internamente, el aplicativo genera una transacción, la firma y la envía a la blockchain, y tan solo cuando obtiene el `receipt` de la misma la registra en el backend y la muestra por pantalla (ver figura 51).

El usuario dispone de **0.7024 wei en su wallet** y por la figura 49, sabemos que aproximadamente gastará **tarifa aproximada = 0.0018.**
Se calcula el **Gas Price**, en un valor de **5810754596 wei**
Se calcula el **Gas estimado** en un valor de **308279 wei**

**Emisor** de la transacción:
(wallet registrado del autor de la pregunta)
0xf562c02033df4b174885d8c7678dc1489340f6d9

**Receptor**: contrato inteligente (esbrinachain):
0x26748Da13d70D2FBEa73ff4a7BEe84bFce94bad0

**`Receipt`:**
Devuelve **`blockNumber`** y **`transactionIndex`** que usaremos para registrar la respuesta en el backend.
Se retorna un vector **`logs`** con un campo **topic** que retorna los valores del evento '**`PreguntaCreada`**' y recogemos el valor que nos interesa, el **índice de la pregunta**:

Logs[0].topics[1] cuyo valor es **1**.
Con este dato podemos registrar la pregunta en el backend, en el mismo orden en que se registra en la blockchain, utilizando la estructura Pregunta de **`Firestore Cloud`**. Como varios usuarios pueden hacer peticiones a la vez, esto nos permite que haya sincronización independientemente del orden en que se acaben ejecutando las transacciones.

**Figura 51**: Detalle de la transacción para crear una pregunta.

## 4.3 Crear una respuesta

Una vez que el sistema muestra la lista de preguntas, si están en estado **abierta** los usuarios del sistema pueden responderlas. Como ya vimos en anteriores secciones, se ha de cumplir:

1. Que el usuario tenga suficiente efectivo para enviar la transacción.
2. Que no sea el autor de la pregunta.
3. Que no haya respondido antes a la pregunta.

Pulsando el botón **+** con etiqueta **`Responder`**, se nos muestra la ventana emergente que permite dar el **enunciado de la respuesta** y **enviar la transacción de la respuesta**. Si resulta exitosa, se mostrará por pantalla después de ser registrada en el backend e incluida en la lista de respuestas. Vemos el proceso en la figura 52, y el detalle de la línea de notificación que informa al usuario del proceso de la transacción en la figura 53.

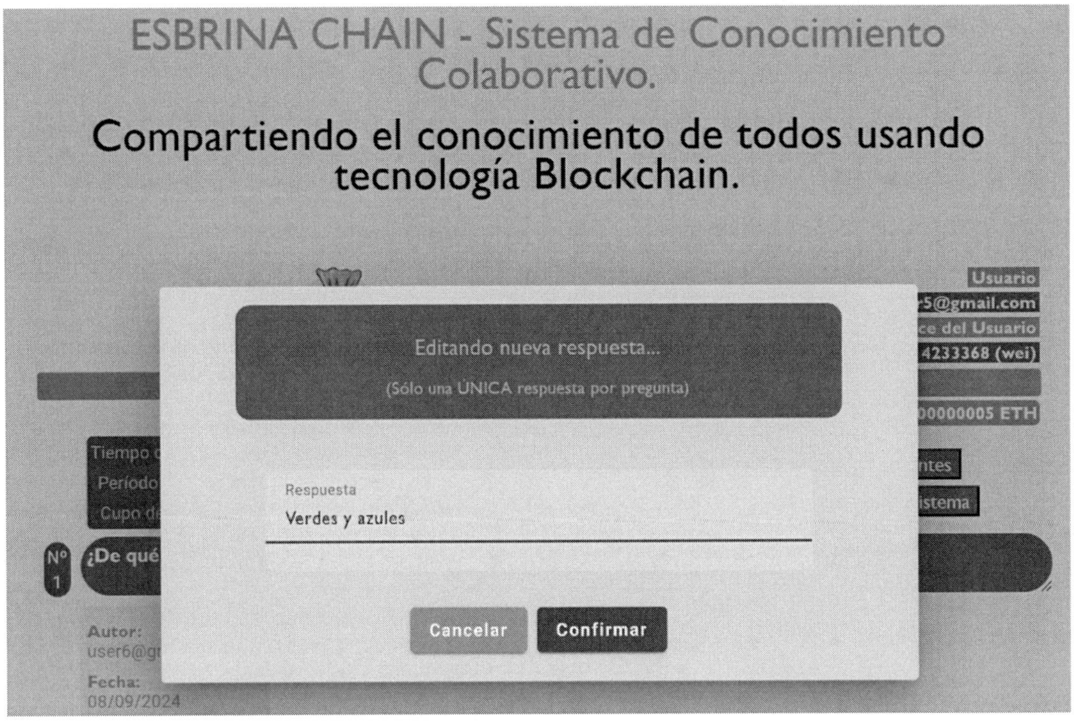


**Figura 52**: Interfaz de la aplicación web al crear una respuesta.

**Figura 53**: Línea de notificación del la interfaz web de **Esbrinachain**.

Si la transacción tiene éxito y se graba en un bloque de la cadena de bloques, como en el caso de crear una pregunta, recibiremos el **`receipt`** del cual podremos extraer el índice de respuesta indicado en el evento **`RespuestaCreada`**. Este es el id de respuesta usado al actualizar la respuesta y que, juntamente con el **`blockNumber`** y **`transactionIndex`** de la pregunta, nos permitirá enlazar en el backend las preguntas y las respuestas. En la figura 54, se observa que la respuesta se ha creado y queda asociada a su pregunta.

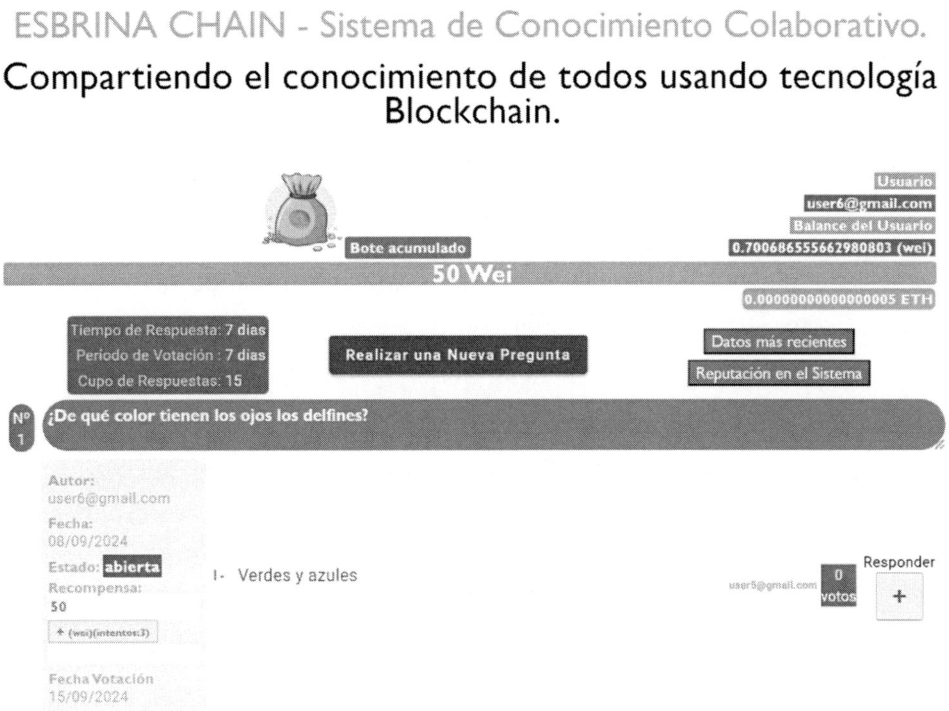


**Figura 54:** Respuesta creada con índice 1 en la interfaz de **Esbrinachain**.

El detalle de la transacción efectuada lo podemos observar en la figura 55:

```
Receipt:              pregunta.component.ts:383
  {blockHash: '0x5f2bed8ab81a3fffada88a4710
  9ae22114dabba079727720b2312fc8daec58cb',
▼ blockNumber: 6657474n, cumulativeGasUsed:
  20278218n, effectiveGasPrice: 5622242621
  n, from: '0xf985206f62eee19dc6eb26b669600
  a4d6a2e1e78', …} i
    blockHash: "0x5f2bed8ab81a3fffada88a4710
    blockNumber: 6657474n
    cumulativeGasUsed: 20278218n
    effectiveGasPrice: 5622242621n
    from: "0xf985206f62eee19dc6eb26b669600a4
    gasUsed: 282515n
  ▼ logs: Array(1)
    ▶ 0: {address: '0x26748da13d70d2fbea73ff
      length: 1
    ▶ [[Prototype]]: Array(0)
    logsBloom: "0x000000000000000000000000000
    status: 1n
    to: "0x26748da13d70d2fbea73ff4a7bee84bfc
    transactionHash: "0x690bbda4fb3eaa3771be
    transactionIndex: 114n
    type: 0n
  ▶ [[Prototype]]: Object
preg_estado:          pregunta.component.ts:388
Abierta.
receipt.logs[0].t pregunta.component.ts:391
opics[2]:
0x00000000000000000000000000000000000000000
0000000000000000000001
idResp:  1            pregunta.component.ts:392
```

**Receipt:**
Devuelve **`blockNumber`** y **`transactionIndex`** que usaremos para registrar la respuesta en el backend asociada a la pregunta que pertenece.

Se retorna un vector **`logs`** con un campo **topic** que retorna los valores del evento '**`RespuestaCreada`**' y obtenemos el **segundo valor** que es el que nos interesa, el **índice de la respuesta**:

Logs[0].topics[2] cuyo valor es **1**.

Con este dato podemos registrar la respuesta en el backend en el mismo orden en que se registra en la blockchain, utilizando la estructura Respuesta de **`Firestore Cloud`**.
De nuevo el orden de ejecución de las transacciones en el contrato inteligente será el mismo que en el backend y mantendremos la aplicación sincronizada.
Es importante recordar que si un usuario da una respuesta antes que otro, no implica que se registre antes sino que dependerá de cual se registre antes en la cadena de bloques o lo que es lo mismo aquella transacción de usuario que antes se guarde en un bloque al ser procesada por la red blockchain. Si dos transacciones se guardan en un mismo bloque de la cadena será el **transactionIndex** (orden dentro del bloque) el que nos marque el orden referenciado en la aplicación web.

**Figura 55:** Detalle la transacción para crear una nueva respuesta.

## 4.4 Iniciar y finalizar una votación por parte del administrador del contrato

El periodo de respuesta de una pregunta está predefinido y es el que se utiliza en el contrato inteligente, pero, a efectos de uso académico y presentación del proyecto, se ha dispuesto que el administrador del contrato tenga la **posibilidad de iniciar la votación** de una respuesta y que también pueda finalizarla (siendo muy útil en demos en directo de la aplicación).

**Iniciar una votación** implica, entre otras operaciones, cambiar el estado de la pregunta a votar a estado `votando`. El lector ya ha revisado el código y conoce cómo está diseñado el código de interfaz. Cuando un usuario intente responder, se le notificará que la pregunta ha cambiado de estado, y el diseño de la interfaz cambiará para facilitar la votación.

Suponemos la situación inicial de la figura 56. Varios usuarios han creado una respuesta y o bien se acaba el periodo de respuesta, o bien el administrador inicia la votación (solo el administrador puede hacerlo tal como indica el código del contrato inteligente), la interfaz cambiará al aspecto mostrado en la figura 57:

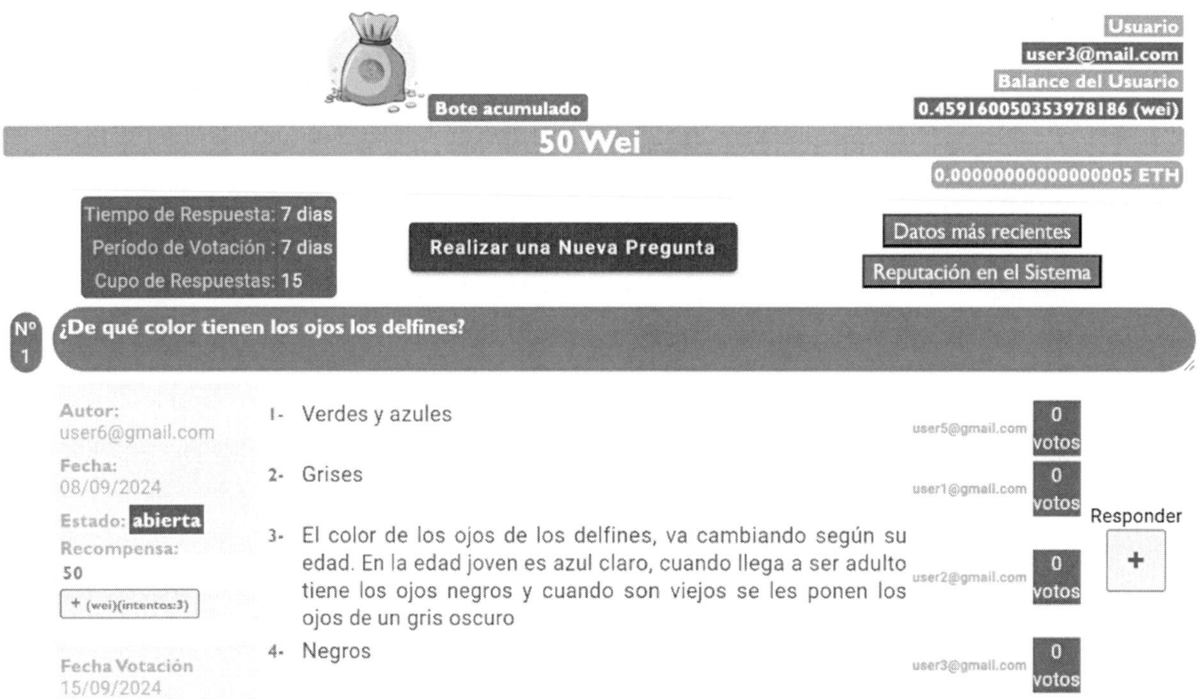


**Figura 56:** Situación inicial antes del inicio de la votación.

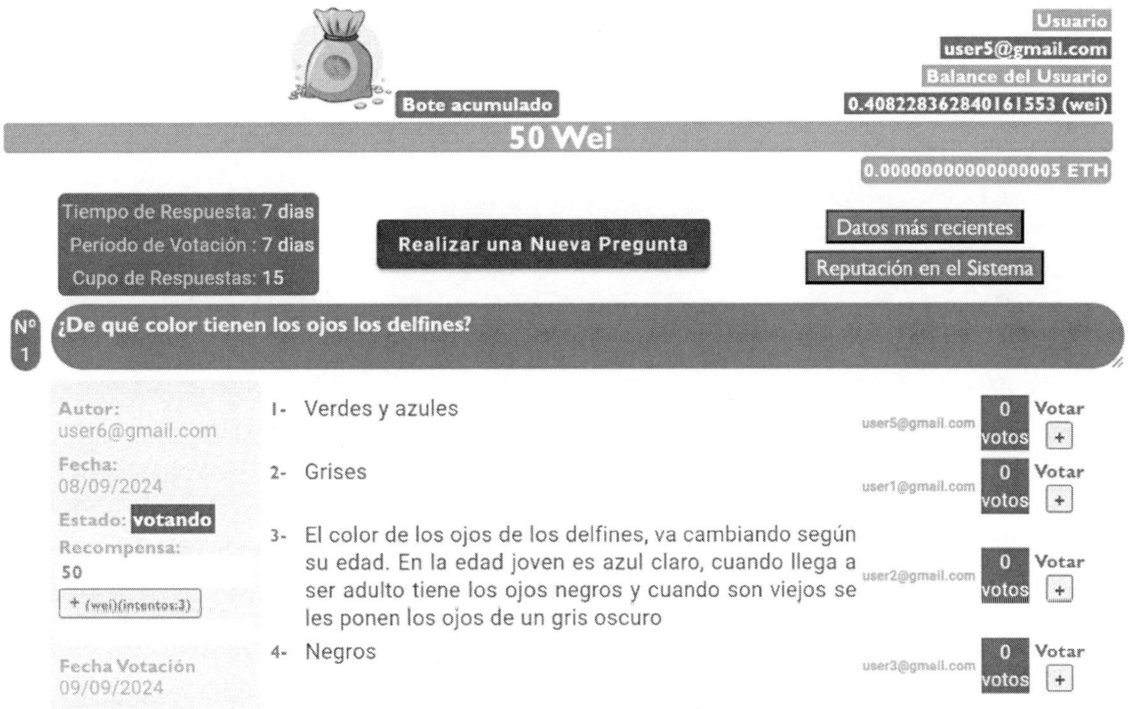


**Figura 57**: Cambio de estado de una pregunta de **abierta** a **votando**.

## 4.5 Votar una respuesta

En estado **`votando`**, cualquier usuario con wallet y acceso al sistema **Esbrinachain** puede votar en cualquiera de las preguntas por una respuesta, siempre que disponga de saldo suficiente para enviar la transacción y:

1. No sea autor de la pregunta.
2. No haya votado antes la respuesta.
3. No sea autor de una respuesta.

En la figura 58, se muestra la acción de voto del usuario `user4@gmail.com` que cumple todos los criterios para poder votar por la pregunta Nº 1. Se puede observar que, en la línea de notificación, el usuario de la aplicación está informado de la evolución de todo el proceso.

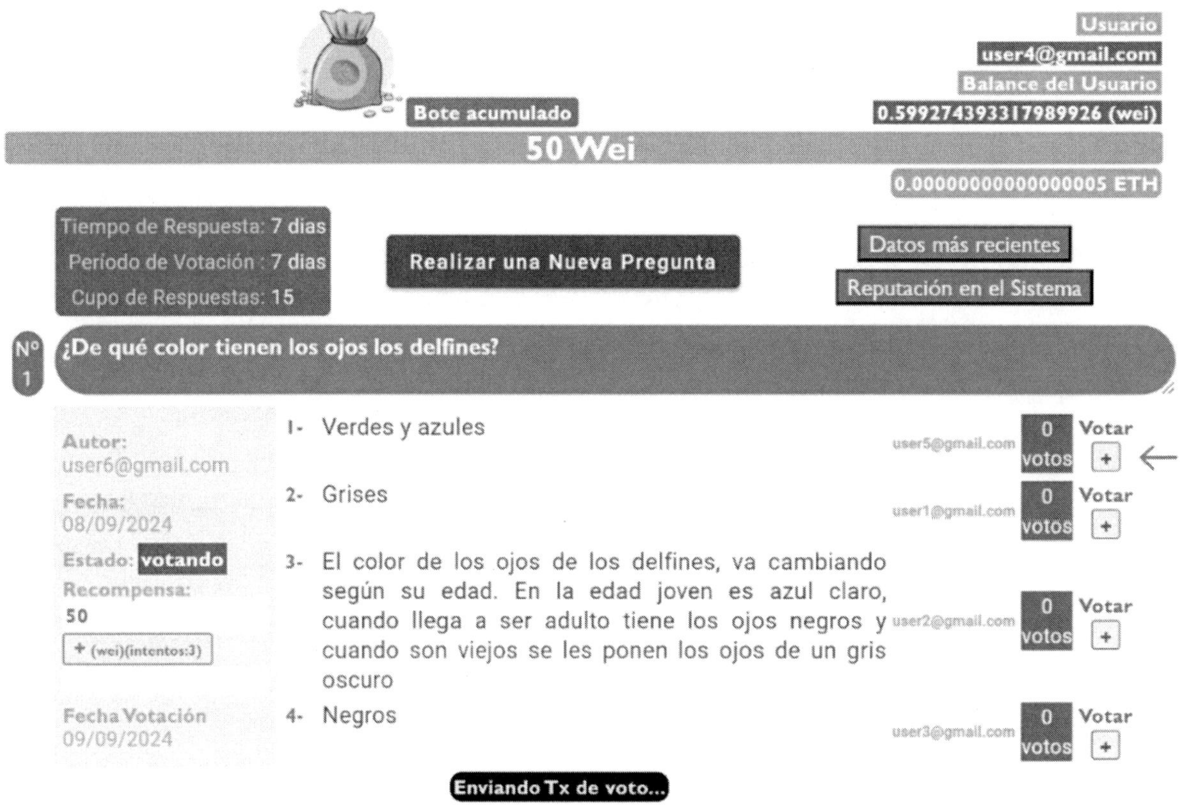


**Figura 58**: Proceso de votación de una pregunta en el sistema **Esbrinachain**.

Internamente, la aplicación envía una transacción para ejecutar la función del contrato inteligente **`votarRespuesta`**. En la figura 59, vemos el recibo (**`receipt`**) de la transacción:

```
Receipt:                                          respuesta.component.ts:118
  {blockHash: '0x6075898ae68a0c7733d24372c7bcdb861d051d6b63a8ba3cc8f8fee
▼ 24e142887', blockNumber: 6661622n, cumulativeGasUsed: 201033n, effecti
  veGasPrice: 80000000000n, from: '0xc44a10c2bde578a6efa6891650076956fa4
  26ed4', …} i
    blockHash: "0x6075898ae68a0c7733d24372c7bcdb861d051d6b63a8ba3cc8f8fee
    blockNumber: 6661622n
    cumulativeGasUsed: 201033n
    effectiveGasPrice: 80000000000n
    from: "0xc44a10c2bde578a6efa6891650076956fa426ed4"
    gasUsed: 117033n
  ▶ logs: []
    logsBloom: "0x0000000000000000000000000000000000000000000000000000000000
    status: 1n
    to: "0x26748da13d70d2fbea73ff4a7bee84bfce94bad0"
    transactionHash: "0x5390ecfd163c4e448f7cab125cca76dc9de3f4ba5163334db
    transactionIndex: 4n
    type: 0n
  ▶ [[Prototype]]: Object
updVotoBackend: id_preg: 1  id_resp: 1            respuesta.component.ts:157
updData:                                          respuesta.component.ts:169
  {votos: 1, ganadora: false, enunciado: 'Verdes y azules', anulada: fal
▼ se, transactionIndex: 89, …} i
    anulada: false
    blockNumber: 6657241
    email: "user5@gmail.com"
    enunciado: "Verdes y azules"
    ganadora: false
    id_preg: 1
    id_resp: 1
    transactionIndex: 89
    votos: 1
  ▶ [[Prototype]]: Object
```

**`Receipt:`**
En este caso nos interesa evaluar el vector de **logs**:

Si retorna un vector **`logs`** sin elementos Logs:[], entonces la votación ha ido bien, y se incrementa su contador en un voto.

Si el vector de **`logs`** tiene 1 elemento, indica que o bien se ha generado un evento '**`FinalVotacion`**' porque el periodo de votación ha finalizado, o bien uno '**`PreguntaAnulada`**' porque se intenta votar fuera de tiempo una pregunta con respuestas pero sin votos.

Cuando el voto es efectivo, podemos registrar el voto en el backend.

**Figura 59**: **`Receipt`** de la transacción de voto.

## 4.6 Resolución de una votación

Cuando el tiempo de votación se ha agotado (por defecto, 7 días), cualquier intento de voto desencadena un cambio de estado de la pregunta de `votando` a `consulta`. En este proceso de cambio, el contrato inteligente efectúa una **resolución de votación.** En la resolución de votación, se contabilizan los votos y se determina que usuario o usuarios han recibido el máximo número de votos por sus respuestas. Se contabiliza el pago **equitativo de la recompensa**, y el contrato inteligente envía del **bote** o depósito del contrato la cantidad a cada uno, al mismo tiempo que se **recalcula su reputación en el sistema.**

En la figura 60, se observa cómo queda registrada la pregunta en el contrato, con el campo `votada` a `true`:

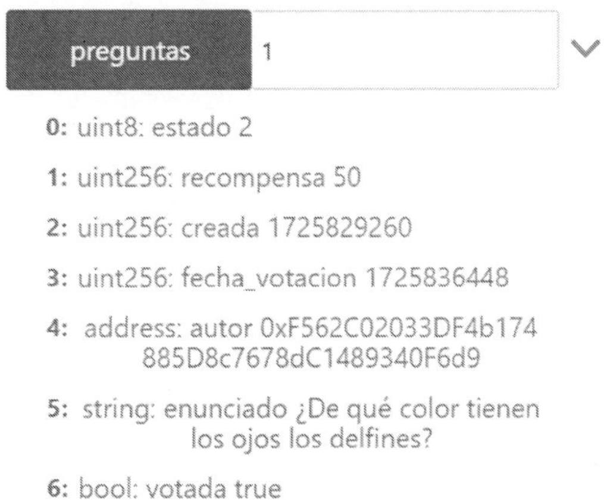


**Figura 60:** Valores de la variable **preguntas** en **Esbrinachain** para la primera pregunta.

Para el usuario de la aplicación, todo este proceso es transparente y solo visualiza la **eliminación de los contadores de voto** y el **cambio de estado de la pregunta**. En estado de consulta, las preguntas disponen de un botón que permite consultar la pregunta con un **coste del 50 % de la recompensa,** excepto para el autor de la pregunta, que puede consultarla sin coste.

En la figura 61, se observa cómo queda en la interfaz de `Esbrinachain` la pregunta en estado de consulta:

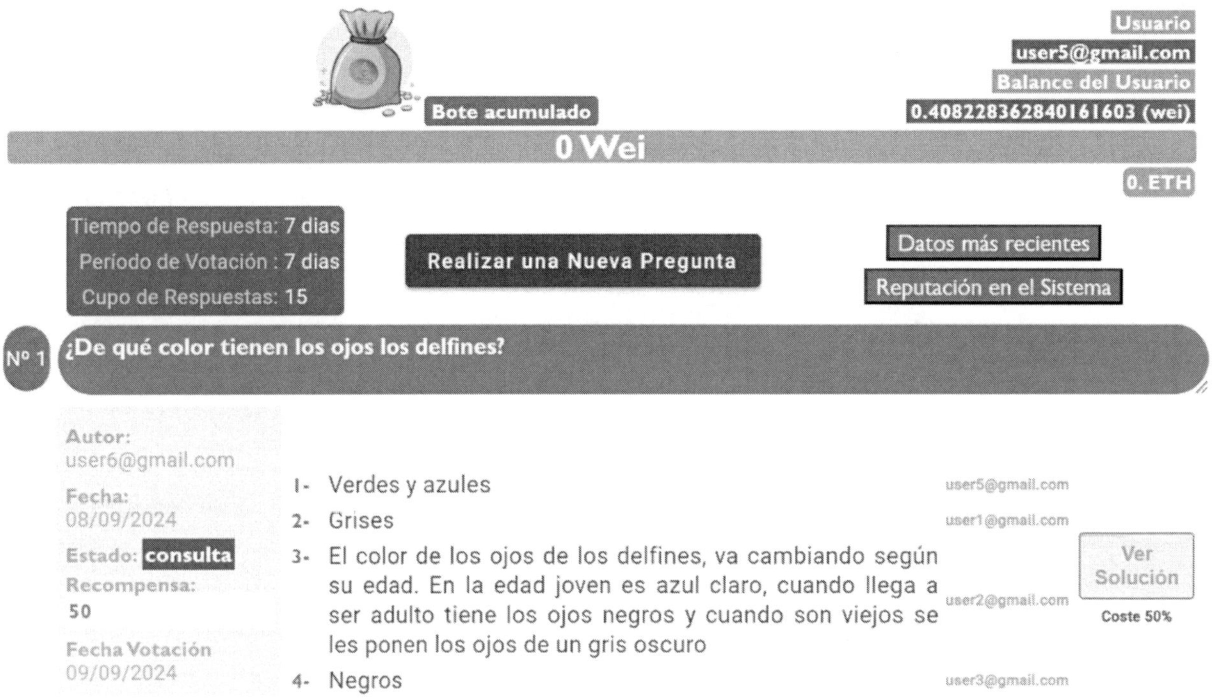


**Figura 61:** Pregunta en estado de consulta en el sistema **Esbrinachain**.

En la figura 61, hay tres detalles para tener en cuenta:

1. La resolución de la votación se ha realizado y el **bote ha pasado de 50 a 0**.
2. Las preguntas en estado de **`consulta` no permiten incrementar su recompensa**.
3. El usuario actual es el **autor de la respuesta más votada**, y en **su balance ha recibido los 50 wei**.

## 4.7 Cálculo de la reputación del usuario

En el apartado 3.1, ya se expuso cómo se calculaba la reputación del usuario en el código del contrato inteligente cuando resulta ser el autor de la respuesta más votada de una pregunta. En cuanto al caso de uso, cada usuario puede consultar su reputación y **compararla con la del resto de usuarios**, pulsando el botón con la etiqueta **`Reputación en el Sistema`**. En la figura 62 vemos la ventana emergente que se muestra con el usuario resaltado.

**Figura 62**: *Ranking* por reputación en el sistema **Esbrinachain.**

En el estado de este caso de uso, solo existe una pregunta, y el usuario `user5@gmail.com` es el autor de la respuesta más votada. Por eso aparece el primero destacado con una reputación de 10, en todas las preguntas que ha contestado, ha sido el más votado.

## 4.8 Incremento de la recompensa de una pregunta

En este caso de uso, se trata de hacer efectivo un incremento en el campo **`recompensa`** de la pregunta Nº 2. Tan solo se permiten 3 tentativas, y cuando se agotan el botón desaparece. En la figura 63, vemos la tentativa y, en la figura 64, su resultado.

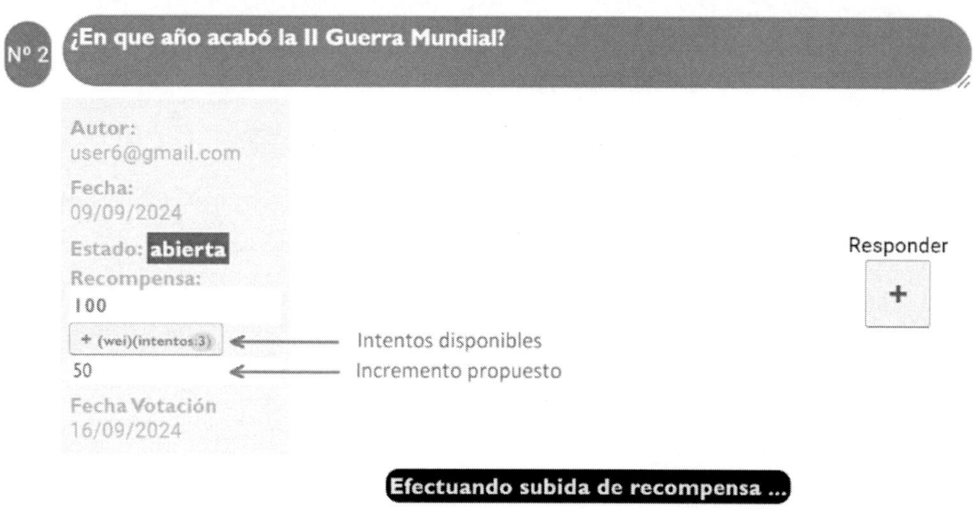


**Figura 63**: Primera tentativa por incrementar la recompensa.

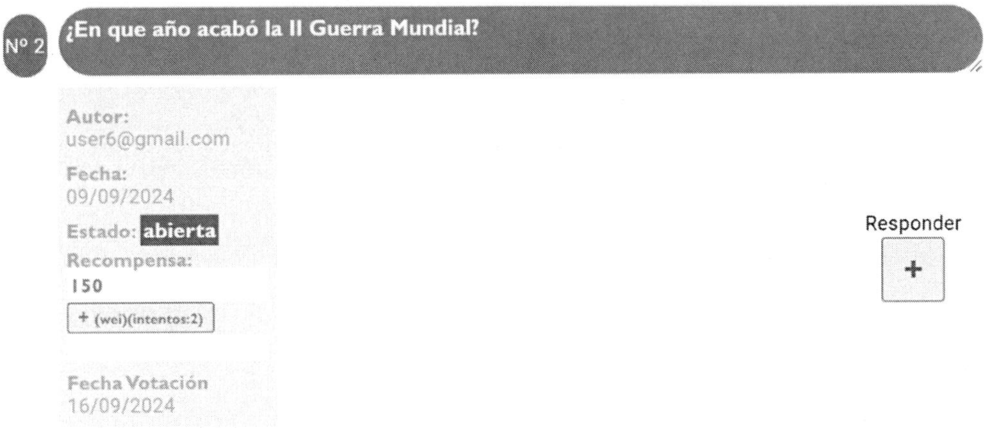


**Figura 64**: Resultado de la primera tentativa de incremento de recompensa.

Cuando se resuelve la transacción, la recompensa queda incrementada y el contador resta una tentativa del máximo de 3.

## 4.9 Detalles de visualización en la interfaz

En la aplicación web del sistema `Esbrinachain` se tiene informado al usuario con aspectos relacionados con el sistema. Este es el objetivo primordial de este caso de uso. Información como el **`tiempo de respuesta`** a una pregunta, la **duración** de una votación, el **número máximo de respuestas** posibles para una pregunta, la **cantidad existente en el bote** del sistema o el **balance del usuario** conectado son datos que hay que mantener actualizados para no disminuir el nivel de atención e interactividad con el usuario y mantenerlo proactivo en el uso del sistema de conocimiento (ver figura 65).

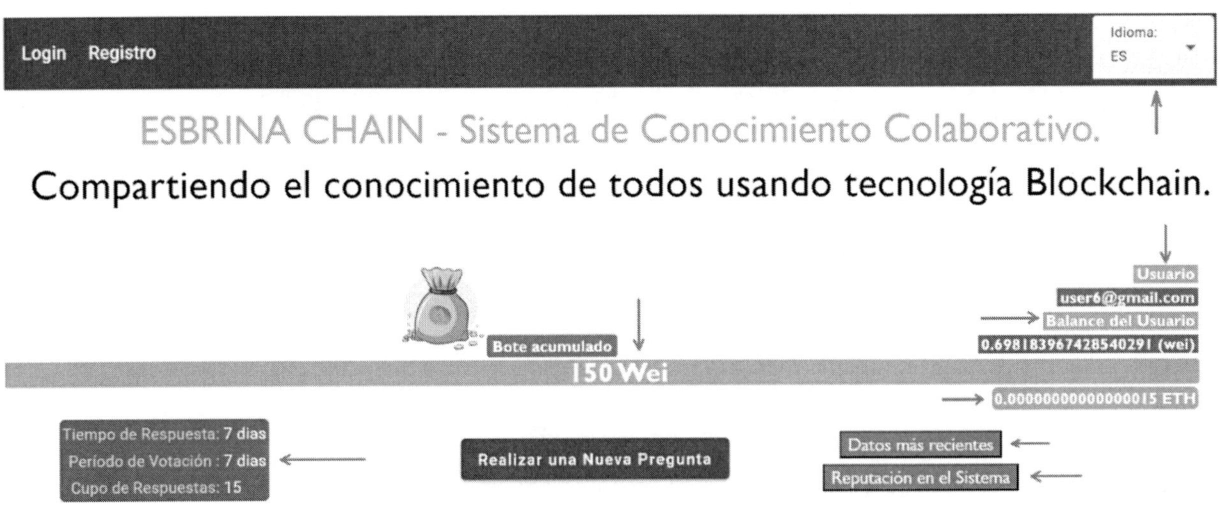


**Figura 65**: Puntos de información de interés para el usuario de **Esbrinachain**.

## 4.10 Soporte de idioma

También se ofrece al usuario la posibilidad de visualizar la interfaz en varios idiomas. En futuras versiones se podría mantener un sistema de traducción de las preguntas y almacenarlas en varios idiomas o ver una solución óptima en rendimiento.

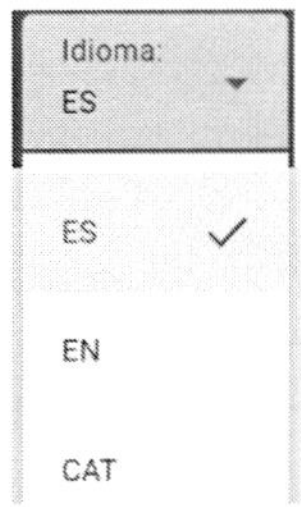


**Figura 66:** Disponibilidad de tres idiomas para la interfaz de la aplicación web.

## 4.11 Línea de estado para información del usuario

Existe una línea de notificaciones al usuario, originada por la potencial latencia de las transacciones. También se ha utilizado para informar de otras cuestiones como el **precio del gas** o el **gas estimado**. La línea de notificaciones se puede usar desde el componente preguntas y desde el componente respuestas.

Queda para futuras ediciones una mejor solución para evitar que el **refresco de pantalla** para actualizar la lista de preguntas **no borre la línea de notificación**. Quizás una ventana emergente podría ser una mejor solución. También existe la posibilidad de una **actualización manual de la información en pantalla** (botón **Datos más recientes**), para ejecutar la actualización de los datos sin espera, pero para el usuario quizás es más cómodo que también sea automático; por esa razón se han conservado las dos opciones en la versión final.

## 4.12 Pago por conocer la respuesta más votada

Tal como se ha mencionado en el apartado 5.6, en estado de `consulta`, las preguntas disponen de un botón que permite consultar la respuesta más votada de una pregunta con un **coste del 50 % de la recompensa** (excepto para el autor de la pregunta, que puede consultar sin coste). Cuando se ejerce esta opción, se dispone de **15 segundos** en los que la respuesta o respuestas más votadas son **resaltadas en fondo verde**. Luego el sistema las oculta.

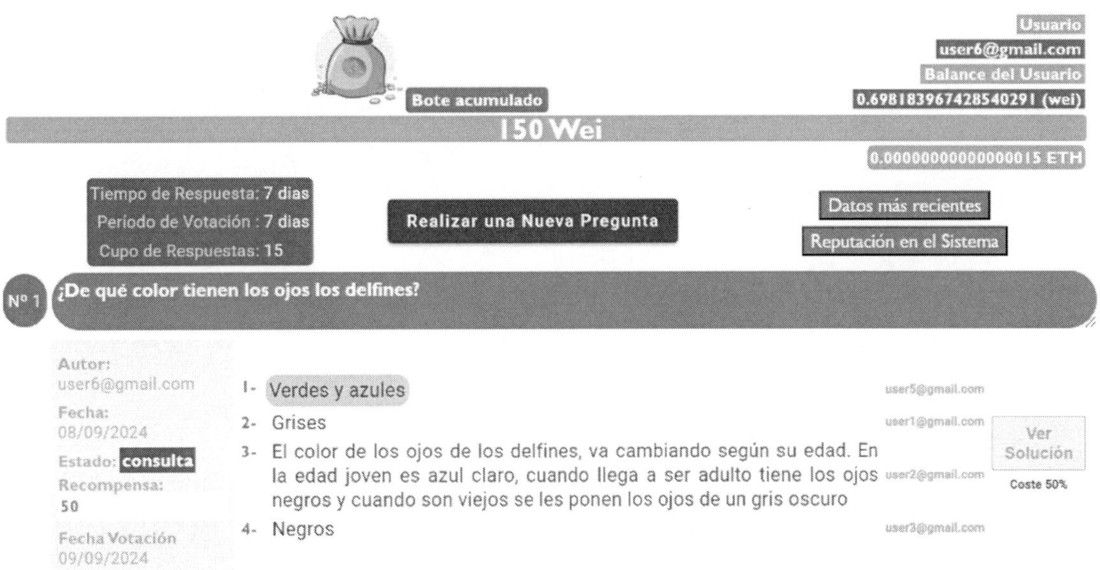


**Figura 67:** Visualización del resultado de la votación de una pregunta en **Esbrinachain**.

Esta característica es la que tiene mayor margen de mejora en la aplicación, y la que ha sido más comentada en la evaluación a la que fue sometido el proyecto. Sin estar mal diseñada, los analistas consideran que el retardo potencial de una transacción en una red blockchain en producción y con un coste en gas bajo, en el peor de los casos, puede ser de horas e incluso días. En futuras versiones se debería almacenar en el contrato el derecho a consulta de una pregunta resuelta una vez pagado. Desvinculando el pago de la consulta de la respuesta más votada, podemos ejecutar la consulta independientemente y cuando el usuario desee, y una vez realizada la consulta, desactivarse. De esta manera, el usuario podría consultar la respuesta independientemente del tiempo de latencia de la transacción de pago del derecho a consulta.

## 4.13 Configuración de un backend de datos en Firestore

Este caso de uso ha quedado descrito ya en el apartado 3.3, pero no está de más comentar que Cloud Firestore es una buena opción para evitar almacenar en la blockchain, datos que no son prioritarios o críticos.

El lector puede evaluar el rendimiento de la aplicación comparando el rendimiento de cualquier caso de componente de acceso de datos con el único caso que no usa el backend, el componente de visualización de la reputación de un usuario.

En el caso de acceso a los datos de la reputación de un usuario, se accede directamente a la red blockchain, y a pesar de que el acceso es de solo lectura, los tiempos de respuesta siguen siendo más lentos.

Los accesos de lectura a la red blockchain no modifican su estado y no tienen coste alguno, siendo los más rápidos con los que podemos comparar el rendimiento del backend.

## CONCLUSIONES

La comprensión del proyecto académico Esbrinachain puede servir de ejemplo para cualquier lector que tenga en mente crear por primera vez una aplicación web utilizando la red blockchain. No es una aplicación web compleja y dispone de un número de casos de uso suficientes que permiten interactuar y practicar el uso de una red blockchain. Visualizar el código de los contratos inteligentes nos permite aprender a diseñar la funcionalidad necesaria de manera que se logre el objetivo fijado en los casos de uso de la aplicación.

A nivel del control de procesos y acciones, sobre qué se debe hacer y en qué lugar, tiene que ser el desarrollador el que decida qué le conviene más, si implementarlo en la aplicación web o en el contrato inteligente. Con el tiempo y la experiencia, el lector irá aprendiendo cuándo es necesario ahorrar las peticiones al contrato, evitando las transacciones que pueden generar un cuello de botella en nuestra aplicación o un coste de gas innecesario al usuario de la aplicación, y cuándo es imprescindible hacerlo. Siempre la seguridad y la optimización de uso de gas deben marcar las pautas.

En un caso de mayor envergadura, con el objetivo de servir en producción, serán equipos de técnicos diferentes los que desarrollen los contratos inteligentes y la interfaz web y será muy útil el conocimiento impartido en este libro para tener presentes las necesidades en cada caso y cuidar al detalle esa colaboración que a buen seguro incidirá en el rendimiento final de la aplicación y en el coste del proyecto.

## AGRADECIMIENTOS

En esta cadena de conocimiento que representa la formación, me gustaría agradecer a todos las personas que en algún momento han contribuido con su conocimiento, tiempo y esfuerzo a finalizar este proyecto. En especial para **Josep Oriol Aguadé Estivill** sobre los temas de contratos inteligentes en blockchain pública, para **Ferrán Figueredo** sobre los aspectos de la programación de aplicaciones web sobre blockchain y para **Diego Alcázar Navarrete** que desde administración dio todas las facilidades para realizar los proyectos sobre blockchain.

# ANEXO 1: INSTALACIÓN DEL WALLET DE METAMASK

Para utilizar el **`wallet`** de **`Metamask`** en la aplicación **`Esbrinachain`**, el lector lo debe tener ya instalado en su navegador de Internet. Proceda a su descarga y compruebe que no tiene complicación alguna.

En la figura 68, hemos añadido el conjunto de pantallas de configuración del `wallet` de `Metamask` en la versión disponible al editar esta obra, y la configuración de la testnet Sepolia sobre la que funciona `Esbrinachain`, a modo de guía como anticipo.

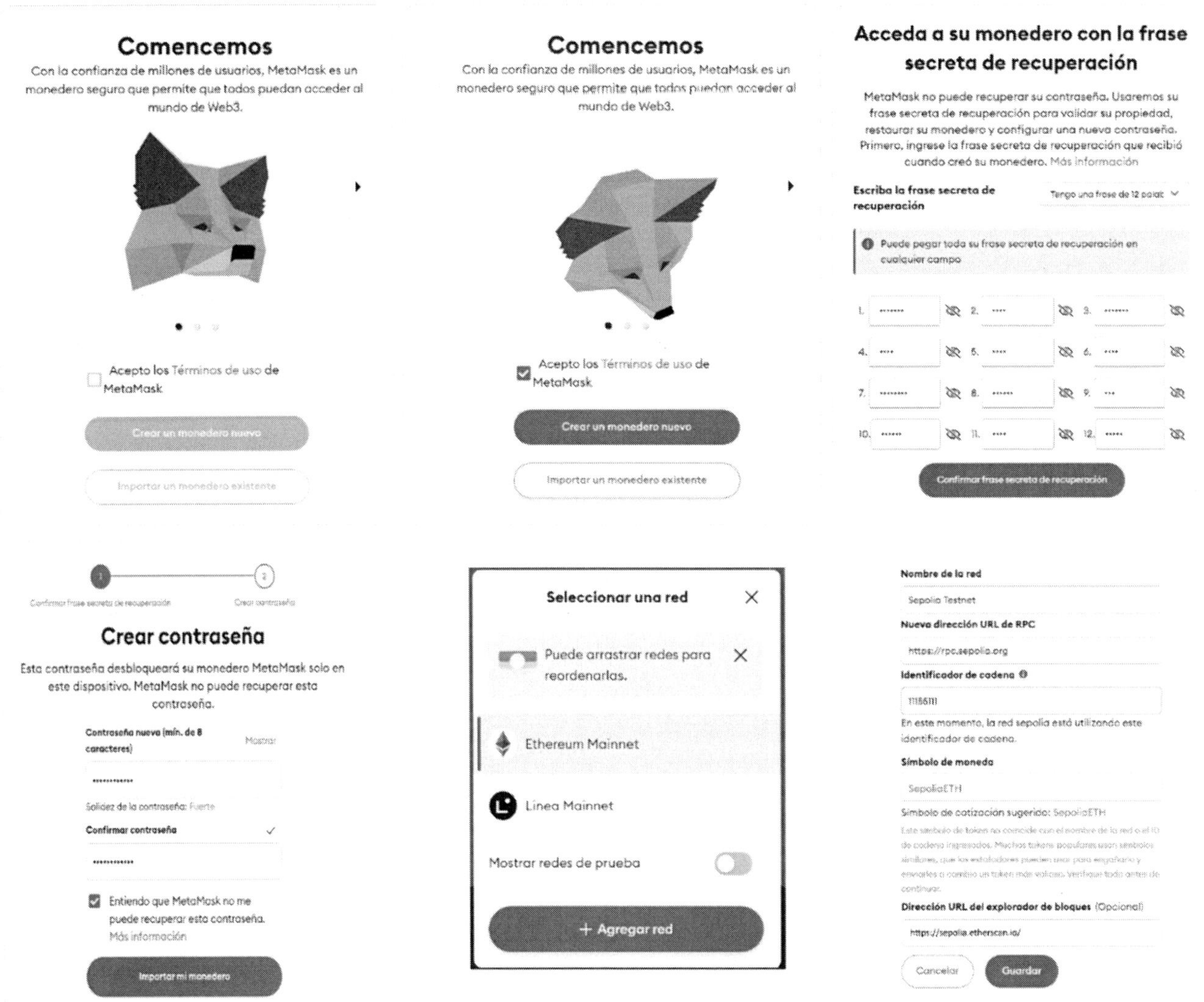


**Figura 68**: Cuadro resumen del proceso de instalación de `Metamask`.

# PARTE 2
# BLOCKCHAIN PRIVADA O PERMISIONADA

# CAPÍTULO 5
# SISTEMA DE AUDITORÍA DE COMUNICACIONES PARA UNA UTE DE EMPRESAS

## 5.1 Introducción

Hasta este momento, nuestra idea de red blockchain ha sido pública. Todo ha sido transparente para los usuarios: el acceso a la red, las transacciones realizadas, el código y la información de los contratos. Su funcionamiento ha estado gobernado por un sistema distribuido de nodos que, mediante consenso entre ellos, han ido aprobando las transacciones y guardando la información en la cadena de bloques. La arquitectura de la red ha sido para nosotros un tema que no nos ha preocupado en absoluto. No hemos tenido que crearla ni mantenerla. Todo eso cambia en la blockchain privada. El concepto de blockchain privada nace de la necesidad empresarial. Nace cuando las empresas empatizan con las virtudes de la red blockchain pública pero no quieren renunciar a la privacidad que necesitan cuando colaboran o realizan negocios con otras empresas. Nace de querer ahorrar costes en las relaciones comerciales con socios o colaboradores de su cadena de producción. La red blockchain privada puede reducir algunas restricciones implantadas en la pública, porque todos los participantes van a estar identificados de antemano. Solo se puede participar si nos dan permiso, si el administrador de la red nos da acceso. Cualquier mal comportamiento de un nodo será penalizado, y es potencialmente detectable. El elemento estrella de la blockchain privada es la existencia de canales privados entre las empresas participantes, donde solo los participantes de los canales comparten la información y su filosofía es «disponer de una red blockchain para nosotros solos».

Existen diferentes proveedores de red blockchain, pero uno de los más consolidados es el que vamos a utilizar en el segundo proyecto ejemplo de este libro, **`Hyperledger Fabric`** `(`en adelante **`HF`**`)`. HF es un proyecto más entre un conjunto de proyectos potencialmente colaboradores entre sí, que tienen un fin común: desarrollar las tecnologías de libro mayor distribuido (Distributed Ledger Technology, DLT) y, en concreto, su caso particular, la cadena de bloques. El lector puede conocer más sobre este mundo `open source` accediendo a:

*https://www.hyperledger.org/*

En los próximos capítulos entraremos en detalle en aspectos básicos e importantes a la hora de definir un proyecto de blockchain privada que en realidad consideraremos privada y permisionada, pero que denotaremos como privada o permisionada porqué se puede actuar de las dos formas, no porque los conceptos sean los mismos. Si el proyecto se utiliza con una sola organización (empresa) la red blockchain sería privada, si la utilizamos con más, sería también permisionada en el sentido de que cada organización requiere un permiso para acceder y participar de la red blockchain. Utilizaremos el proyecto académico `HFLines` para mostrar cómo se puede utilizar HF para hacerlo. Es importante tener presente que solo se pretende presentar cómo el proyecto utiliza Hyperledger Fabric para crear una blockchain privada o permisionada, no explicar Hyperledger Fabric. `HFLines` surge de la necesidad, por parte de las empresas, de disponer de una herramienta que permita el **registro auditado de las comunicaciones realizadas entre todos los miembros de cada una de las empresas**, que inicialmente se utilizan como punto de partida. Se podrían ir incrementando en caso de ser necesario, pero nuestro objetivo es el mismo que con el proyecto **Esbrinachain**: disponer de un caso de uso relativamente sencillo para poder presentar los pasos a realizar para levantar una red blockchain privada con HF. Luego será el lector el que, con esta experiencia, lo pueda aplicar a sus casos de uso particulares.

**HFLines** puede realizar el seguimiento de todas las decisiones propuestas mediante el envío de mensajes, previamente dialogadas y finalmente acordadas en el tiempo, almacenándolas en una cadena de bloques, de manera que, una vez registradas, no puedan ser ni modificadas ni manipuladas a gusto de alguna de las partes. Establece una **forma de confianza** donde la información está distribuida en las dos empresas y se puede consultar fácilmente sin la necesidad de recibir la autorización de un tercera parte, tan solo utilizando la tecnología **Hyperledger Fabric.** A medida que las comunicaciones se van realizando, quedan registradas en el tiempo y se almacenan como una secuencia de transacciones en la cadena de bloques.

Se propone una aplicación donde las empresas dispongan de una red propia para sus miembros, de un espacio en el que puedan interaccionar de manera colaborativa siempre que tengan permiso para hacerlo, pero donde, al mismo tiempo, la información esté protegida criptográficamente y la privacidad de las comunicaciones sea una característica configurable en la red.

## 5.2 Metodología seguida en HFLines

Este documento contiene la propuesta inicial del proyecto, más la documentación de todo el trabajo realizado para:

- Definir e implementar la **arquitectura física** de la red Hyperledger Fabric **HFLines.**
- Definir todo el material criptográfico, donde se han creado entidades certificadoras, se han registrado en ellas componentes de red y se han generado los **certificados digitales** necesarios para dotar de identidad e integridad a las comunicaciones.
- Definición de **los canales de comunicación** dentro de la red **HFLines.**
- Definición del empaquetado de smart contracts y sus políticas en forma de **chaincodes.**
- Definición de un **backend** de tipo **API Rest**, para la disponibilidad de un servicio de acceso a la funcionalidad de la mensajería accesible mediante aplicaciones por parte de los clientes de la red.
- Definición de la arquitectura hardware y software **para la monitorización del funcionamiento de la red.** Herramienta **Prometheus** para la obtención de métricas y la herramienta **Grafana** para la elaboración de **visualizaciones gráficas** de estas métricas.
- Metodología para la puesta en marcha y uso de este proyecto.

# CAPÍTULO 6
# PROPUESTA DE PROYECTO HFLINES

**HFLines** se pensó como un proyecto que utiliza la tecnología blockchain de Hyperledger Fabric para implementar **un sistema de auditoría de comunicaciones** para empresas. Y a medida que se iba implementado se han ido viendo nuevas utilidades. En este apartado describimos la propuesta inicial diseñada antes de empezar el proyecto, que al final se ha implementado casi en su totalidad.

En el caso de HFLines, la propuesta era muy básica, y no se han realizado planteamientos diferentes en su desarrollo porque la complejidad de llevarlo a cabo ya representaba un reto importante. El lector comprobará que este caso de uso es de nivel avanzado, y de nuevo, la conjunción de multitud de tecnologías (gestión de una máquina virtual -interfaz cloud-, Docker, Docker Compose, programación Java -IntelliJ IDEA-, Hyperledger Fabric, Git) hace que el proyecto parezca en principio inabordable para un solo perfil. Es imposible explicar todas las tecnologías, y siguiendo la filosofía sólo práctica de este libro, en los próximos capítulos ofreceremos el detalle del uso de cada una de esas tecnologías.

En la figura 69, vemos la propuesta inicial completa del proyecto.

## Aplicación HFLines

**HFLines** se concibe como una aplicación de utilidad múltiple y diversa en todos los proyectos que decidan implementar conjuntamente varias empresas, o como sería el caso particular en que se establece una UTE (Unión temporal de Empresas) entre varias empresas.

Este sistema registrará todas las comunicaciones y las almacenará de manera transparente e inmutable en una cadena de bloques, permitiendo aplicar en cada comunicación la privacidad necesaria.

- Inicialmente, se implementará un canal global para la comunicación entre las organizaciones, pero una posible mejora futura podría incorporar un nuevo canal, con privacidad reservada solo para el nivel directivo.
- Al usar la aplicación, se dispone al finalizar cada proyecto, de la secuencia de decisiones tomadas por el equipo directivo y de todas las operaciones realizadas conjuntamente así como su cronología, a modo de auditoria global almacenadas en el 'libro contable' (ledger) distribuido de la cadena de bloques en forma de mensajes.

El uso de la tecnología blockchain permite garantizar a todas las organizaciones el acceso a los datos según su nivel de acceso y confiar en el mismo, por su capacidad de inmutabilidad del registro, siendo una herramienta de confianza para la resolución de conflictos, en la responsabilidad de cada toma de decisiones.

En la propuesta de proyecto se implementará cada uno de los aspectos inicialmente demandados para el proyecto del máster:

- Arquitectura de red: contenedores Docker, descripción de la red propuesta para el problema a solucionar.
- Implementación de chaincodes para el registro de las comunicaciones realizadas entre los trabajadores de las empresas.
- Desarrollo chaincode y publicación de las apis.
- Desarrollo frontal que se integre con las apis (opcional).
- Monitorización con Prometheus + Grafana.

Una parte de esta propuesta se ha desarrollado en el estudio de viabilidad y se puede consultar, hasta los últimos cambios, en el siguiente repositorio:

https://github.com/EsbrinaChain/hflines

Este último párrafo, hacía referencia a las pruebas que en ese momento se habían realizado a modo de prototipo, que actualmente se pueden consultar como versión v1.1 y que se basaban en la viabilidad del funcionamiento de la red y en la ejecución de chaincodes.

**Figura 69**: Propuesta inicial para el proyecto HFLines.

## CAPÍTULO 7
# ESTRUCTURA DE DIRECTORIOS EN HFLINES

El proyecto **HFLines** está publicado en Github en la siguiente dirección:

*https://github.com/SabrinaChain/hflines*

En las siguientes secciones se hará referencia a partes de la estructura de directorios descrita en este apartado; se puede descargar si se desea realizar una puesta en marcha del proyecto.

La estructura publicada en GitHub es la existente en la máquina virtual donde se ejecuta el proyecto y, por tanto, puede ser clonada sobre una máquina virtual, ya sea gestionada en local como por ejemplo con Oracle VM VirtualBox o en Google Cloud Console, por dar el ejemplo utilizado por el autor.

El lector puede ir consultando esta estructura a medida que va avanzando en los capítulos y se entra en el detalle del contenido de cada carpeta. En la figura 70 se describen con detalle los aspectos más importantes a modo de resumen anticipado.

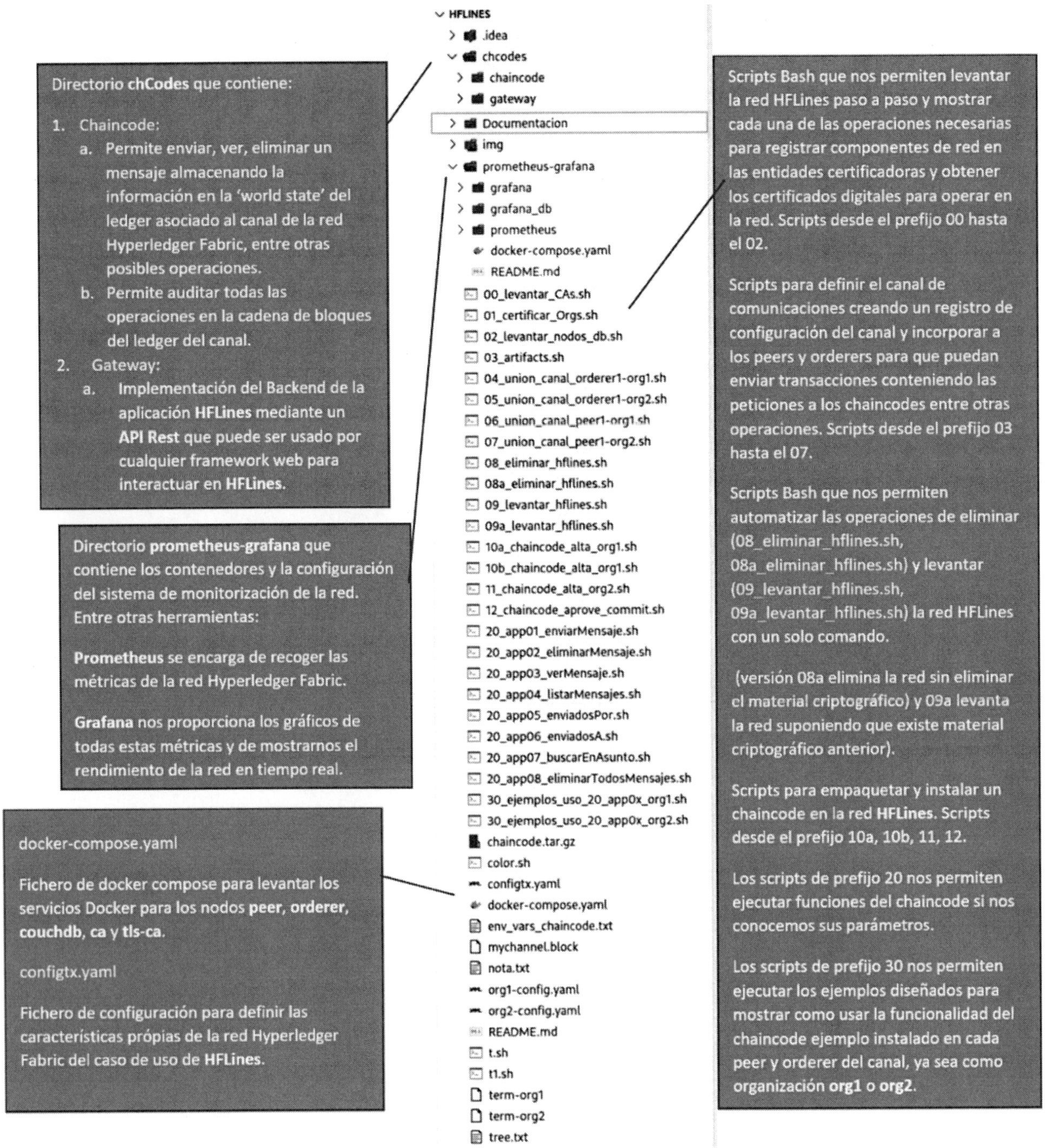


**Figura 70**: Propuesta inicial para el proyecto.

Para empezar a usar esta estructura de directorios, empezaremos por la definición de la configuración de la red **HFLines**. Queda fuera del alcance de este libro explicar la teoría y sintaxis de definición de ficheros `Docker` para definir la red de contenedores, así como la teoría de **`Hyperledger Fabric`** y las configuraciones de red que como ejemplo proporciona **`Hyperledger Fabric`** en su documentación. El autor utilizó estas configuraciones para crear la propia de la red **HFLines**, y son las que se utilizan de base en la mayoría de los casos.

# CAPÍTULO 8
# CONFIGURACIÓN DE LA RED EN HFLINES

En este capítulo se describe la red **Hyperledger Fabric** creada para el proyecto **HFLines** (en adelante, red **HFLines**). Debido a que se ha implementado utilizando contenedores Docker, existe un fichero que describe la arquitectura de la red y los servicios a levantar. En contexto Docker, el fichero por defecto se define con el nombre **`docker-compose.yaml`** y, para configurar la red, `Hyperledger Fabric` utiliza siempre un fichero de nombre **`configtx.yaml`**.

Vemos los contenidos de los dos ficheros utilizados para crear la red **HFLines**:

**configtx.yaml**


```yaml
# SPDX-License-Identifier: Apache-2.0
# - This section defines the different organizational identities which will be referenced later in the configuration.
Organizations:
# SampleOrg defines an MSP using the sampleconfig.  It should never be used in production but may be used as a template for other definitions
  - &org1
    # DefaultOrg defines the organization which is used in the sampleconfig of the fabric.git development environment
    Name: org1MSP
    ID: org1MSP                                   # ID to load the MSP definition as
    MSPDir: /tmp/hyperledger/org1/msp

    # Policies defines the set of policies at this level of the config tree. For organization policies, their canonical path is usually
    #  /Channel/<Application|Orderer>/<OrgName>/<PolicyName>
    Policies:
      Readers:
        Type: Signature
        Rule: "OR('org1MSP.member')"              # Rule: "OR('org1MSP.admin', 'org1MSP.peer', 'org1MSP.client')"
      Writers:
        Type: Signature
        Rule: "OR('org1MSP.member')"
      Admins:
        Type: Signature
        Rule: "OR('org1MSP.admin')"
      Endorsement:
        Type: Signature
        Rule: "OR('org1MSP.peer')"
    OrdererEndpoints:
      - orderer1-org1:7050
    AnchorPeers:
      - Host: peer1-org1
        Port: 7051
  - &org2
    Name: org2MSP
    ID: org2MSP
    MSPDir: /tmp/hyperledger/org2/msp
    Policies:
      Readers:
        Type: Signature
        # Rule: "OR('org2MSP.admin', 'org2MSP.peer', 'org2MSP.client')"
        Rule: "OR('org2MSP.member')"
      Writers:
        Type: Signature
        Rule: "OR('org2MSP.member')"
      Admins:
        Type: Signature
        Rule: "OR('org2MSP.admin')"
      Endorsement:
        Type: Signature
        Rule: "OR('org2MSP.peer')"
    OrdererEndpoints:
      - orderer1-org2:7050
    AnchorPeers:
      - Host: peer1-org2
        Port: 9051
Capabilities:
  Channel: &ChannelCapabilities
    V2_0: true
  Orderer: &OrdererCapabilities
    V2_0: true
  Application: &ApplicationCapabilities
    V2_0: true
Application: &ApplicationDefaults
  Organizations:
  Policies:
    Readers:
      Type: ImplicitMeta
      Rule: "ANY Readers"
    Writers:
      Type: ImplicitMeta
      Rule: "ANY Writers"
    Admins:
      Type: ImplicitMeta
      Rule: "MAJORITY Admins"
    LifecycleEndorsement:
      Type: ImplicitMeta
      Rule: "ANY Endorsement"
    Endorsement:
      Type: ImplicitMeta
      Rule: "MAJORITY Endorsement"

  Capabilities:
    <<: *ApplicationCapabilities
```

```
Orderer: &OrdererDefaults
  OrdererType: etcdraft
  EtcdRaft:
    Consenters:
    - Host: orderer1-org1
      Port: 7050
      ClientTLSCert: /tmp/hyperledger/org1/orderer1/tls-msp/signcerts/cert.p
      ServerTLSCert: /tmp/hyperledger/org1/orderer1/tls-msp/signcerts/cert.p
    - Host: orderer1-org2
      Port: 7050
      ClientTLSCert: /tmp/hyperledger/org2/orderer1/tls-msp/signcerts/cert.p
      ServerTLSCert: /tmp/hyperledger/org2/orderer1/tls-msp/signcerts/cert.p
  BatchTimeout: 2s
  BatchSize:
    MaxMessageCount: 10
    AbsoluteMaxBytes: 99 MB
    PreferredMaxBytes: 512 KB
  Organizations:
  Policies:
    Readers:
      Type: ImplicitMeta
      Rule: "ANY Readers"
    Writers:
      Type: ImplicitMeta
      Rule: "ANY Writers"
    Admins:
      Type: ImplicitMeta
      Rule: "MAJORITY Admins"
    BlockValidation:
      Type: ImplicitMeta
      Rule: "ANY Writers"
Channel: &ChannelDefaults
  Policies:
    Readers:
      Type: ImplicitMeta
      Rule: "ANY Readers"
    Writers:
      Type: ImplicitMeta
      Rule: "ANY Writers"
    Admins:
      Type: ImplicitMeta
      Rule: "MAJORITY Admins"
  Capabilities:
    <<: *ChannelCapabilities
Profiles:
  OrgsOrdererGenesis:
    <<: *ChannelDefaults
    Orderer:
      <<: *OrdererDefaults
      Organizations:
        - *org1
        - *org2
      Capabilities:
        <<: *OrdererCapabilities
    Consortiums:
      SampleConsortium:
        Organizations:
          - *org1
          - *org2
  OrgsChannel:
    Consortium: SampleConsortium
    <<: *ChannelDefaults
    Application:
      <<: *ApplicationDefaults
      Organizations:
        - *org1
        - *org2
      Capabilities:
        <<: *ApplicationCapabilities
  SampleAppChannelEtcdRaft:
    <<: *ChannelDefaults
    Orderer:
      <<: *OrdererDefaults
      Organizations:
        - *org1
        - *org2
      Capabilities:
        <<: *OrdererCapabilities
    Application:
      <<: *ApplicationDefaults
      Organizations:
        - *org1
        - *org2
            Capabilities:
              <<: *ApplicationCapabilities
```

**Figura 71:** Archivo de configuración **configtx.yaml** en Hyperledger Fabric **HFLines**.

docker-compose.yaml

```yaml
networks:
  hflines:

services:
  ca-tls:
    container_name: ca-tls
    image: hyperledger/fabric-ca:latest
    command: sh -c 'fabric-ca-server start -d -b tls-ca-admin:tls-ca-adminpw --port 7052'
    environment:
        - FABRIC_CA_SERVER_HOME=/tmp/hyperledger/fabric-ca/crypto
        - FABRIC_CA_SERVER_TLS_ENABLED=true
        - FABRIC_CA_SERVER_CSR_CN=tls-ca
        - FABRIC_CA_SERVER_CSR_HOSTS=0.0.0.0
        - FABRIC_CA_SERVER_DEBUG=true
    volumes:
        - /tmp/hyperledger/tls-ca:/tmp/hyperledger/fabric-ca
    networks:
        - hflines
    ports:
        - 7052:7052

  rca-org1:
    container_name: rca-org1
    image: hyperledger/fabric-ca:latest
    command: sh -c 'fabric-ca-server start -d -b rca-org1-admin:rca-org1-adminpw --port 7054'
    environment:
        - FABRIC_CA_SERVER_HOME=/tmp/hyperledger/fabric-ca/crypto
        - FABRIC_CA_SERVER_TLS_ENABLED=true
        - FABRIC_CA_SERVER_CSR_CN=rca-org1
        - FABRIC_CA_SERVER_CSR_HOSTS=0.0.0.0
        - FABRIC_CA_SERVER_DEBUG=true
    volumes:
        - /tmp/hyperledger/org1/ca:/tmp/hyperledger/fabric-ca
    networks:
        - hflines
    ports:
        - 7054:7054

  rca-org2:
    container_name: rca-org2
    image: hyperledger/fabric-ca:latest
    command: /bin/bash -c 'fabric-ca-server start -d -b rca-org2-admin:rca-org2-adminpw --port 7055'
    environment:
        - FABRIC_CA_SERVER_HOME=/tmp/hyperledger/fabric-ca/crypto
        - FABRIC_CA_SERVER_TLS_ENABLED=true
        - FABRIC_CA_SERVER_CSR_CN=rca-org2
        - FABRIC_CA_SERVER_CSR_HOSTS=0.0.0.0
        - FABRIC_CA_SERVER_DEBUG=true
    volumes:
        - /tmp/hyperledger/org2/ca:/tmp/hyperledger/fabric-ca
    networks:
        - hflines
    ports:
        - 7055:7055

  couchdb1:
    container_name: couchdb1
    image: couchdb:3.3.2
    labels:
     service: hyperledger-fabric
    environment:
      - COUCHDB_USER=admin
      - COUCHDB_PASSWORD=adminpw
    ports:
      - "5984:5984"
    networks:
      - hflines

  peer1-org1:
    container_name: peer1-org1
    image: hyperledger/fabric-peer:latest
    environment:
        - CORE_LEDGER_STATE_STATEDATABASE=CouchDB
        - CORE_LEDGER_STATE_COUCHDBCONFIG_COUCHDBADDRESS=couchdb1:5984
        - CORE_LEDGER_STATE_COUCHDBCONFIG_USERNAME=admin
        - CORE_LEDGER_STATE_COUCHDBCONFIG_PASSWORD=adminpw
        - CORE_PEER_ID=peer1-org1
        - CORE_PEER_ADDRESS=peer1-org1:7051
        - CORE_PEER_LOCALMSPID=org1MSP
        - CORE_PEER_LISTENADDRESS=0.0.0.0:7051
        - CORE_PEER_MSPCONFIGPATH=/tmp/hyperledger/org1/peer1/msp
        - CORE_VM_ENDPOINT=unix:///host/var/run/docker.sock
        - CORE_VM_DOCKER_HOSTCONFIG_NETWORKMODE=hflines_hflines
        - FABRIC_LOGGING_SPEC=info
        - CORE_PEER_TLS_ENABLED=true
        - CORE_PEER_TLS_CERT_FILE=/tmp/hyperledger/org1/peer1/tls-msp/signcerts/cert.pem
        - CORE_PEER_TLS_KEY_FILE=/tmp/hyperledger/org1/peer1/tls-msp/keystore/key.pem
        - CORE_PEER_TLS_ROOTCERT_FILE=/tmp/hyperledger/org1/peer1/tls-msp/tlscacerts/tls-0-0-0-0-7052.pem
        - CORE_PEER_GOSSIP_USELEADERELECTION=true
        - CORE_PEER_GOSSIP_ORGLEADER=false
        - CORE_PEER_GOSSIP_EXTERNALENDPOINT=peer1-org1:7051
        - CORE_PEER_GOSSIP_SKIPHANDSHAKE=true
    depends_on:
        - couchdb1
    working_dir: /opt/gopath/src/github.com/hyperledger/fabric/org1/peer1
    volumes:
        - /var/run:/host/var/run
        - /tmp/hyperledger/org1/peer1:/tmp/hyperledger/org1/peer1
    ports:
        - 7051:7051
        - 9444:9444
    networks:
        - hflines
  couchdb2:
    container_name: couchdb2
    image: couchdb:3.3.2
    labels:
     service: hyperledger-fabric
    environment:
        - COUCHDB_USER=admin
        - COUCHDB_PASSWORD=adminpw
    ports:
        - "7984:5984"
    networks:
        - hflines

  peer1-org2:
    container_name: peer1-org2
    image: hyperledger/fabric-peer:latest
    environment:
        - CORE_LEDGER_STATE_STATEDATABASE=CouchDB
        - CORE_LEDGER_STATE_COUCHDBCONFIG_COUCHDBADDRESS=couchdb2:5984
        - CORE_LEDGER_STATE_COUCHDBCONFIG_USERNAME=admin
        - CORE_LEDGER_STATE_COUCHDBCONFIG_PASSWORD=adminpw
        - CORE_PEER_ID=peer1-org2
        - CORE_PEER_ADDRESS=peer1-org2:9051
        - CORE_PEER_LOCALMSPID=org2MSP
        - CORE_PEER_LISTENADDRESS=0.0.0.0:9051
        - CORE_PEER_MSPCONFIGPATH=/tmp/hyperledger/org2/peer1/msp
        - CORE_VM_ENDPOINT=unix:///host/var/run/docker.sock
        - CORE_VM_DOCKER_HOSTCONFIG_NETWORKMODE=hflines_hflines
        - FABRIC_LOGGING_SPEC=info
        - CORE_PEER_TLS_ENABLED=true
        - CORE_PEER_TLS_CERT_FILE=/tmp/hyperledger/org2/peer1/tls-msp/signcerts/cert.pem
        - CORE_PEER_TLS_KEY_FILE=/tmp/hyperledger/org2/peer1/tls-msp/keystore/key.pem
        - CORE_PEER_TLS_ROOTCERT_FILE=/tmp/hyperledger/org2/peer1/tls-msp/tlscacerts/tls-0-0-0-0-7052.pem
        - CORE_PEER_GOSSIP_USELEADERELECTION=true
        - CORE_PEER_GOSSIP_ORGLEADER=false
        - CORE_PEER_GOSSIP_EXTERNALENDPOINT=peer1-org2:9051
        - CORE_PEER_GOSSIP_SKIPHANDSHAKE=true
    working_dir: /opt/gopath/src/github.com/hyperledger/fabric/org2/peer1
    volumes:
        - /var/run:/host/var/run
        - /tmp/hyperledger/org2/peer1:/tmp/hyperledger/org2/peer1
    ports:
        - 9051:9051
        - 9445:9445
    networks:
        - hflines

  orderer1-org1:
    container_name: orderer1-org1
    image: hyperledger/fabric-orderer:latest
    environment:
        - ORDERER_HOME=/tmp/hyperledger/orderer
        - ORDERER_HOST=orderer1-org1
        - ORDERER_GENERAL_LISTENADDRESS=0.0.0.0
        # - ORDERER_GENERAL_GENESISMETHOD=file
        # - ORDERER_GENERAL_GENESISFILE=/tmp/hyperledger/org1/orderer1/genesis.block
        - ORDERER_GENERAL_LOCALMSPID=org1MSP
        - ORDERER_GENERAL_LOCALMSPDIR=/tmp/hyperledger/org1/orderer1/msp
        - ORDERER_GENERAL_TLS_ENABLED=true
        - ORDERER_GENERAL_TLS_CERTIFICATE=/tmp/hyperledger/org1/orderer1/tls-msp/signcerts/cert.pem
        - ORDERER_GENERAL_TLS_PRIVATEKEY=/tmp/hyperledger/org1/orderer1/tls-msp/keystore/key.pem
        - ORDERER_GENERAL_TLS_ROOTCAS=[/tmp/hyperledger/org1/orderer1/tls-msp/tlscacerts/tls-0-0-0-0-7052.pem]
        - ORDERER_GENERAL_LOGLEVEL=debug
        - ORDERER_DEBUG_BROADCASTTRACEDIR=data/logs
        - ORDERER_GENERAL_CLUSTER_CLIENTCERTIFICATE=/tmp/hyperledger/org1/orderer1/tls-msp/signcerts/cert.pem
        - ORDERER_GENERAL_CLUSTER_CLIENTPRIVATEKEY=/tmp/hyperledger/org1/orderer1/tls-msp/keystore/key.pem
        - ORDERER_GENERAL_CLUSTER_ROOTCAS=[/tmp/hyperledger/org1/orderer1/tls-msp/tlscacerts/tls-0-0-0-0-7052.pem]
        - ORDERER_GENERAL_BOOTSTRAPMETHOD=none
        - ORDERER_ADMIN_LISTENADDRESS=0.0.0.0:7080
        - ORDERER_ADMIN_TLS_ENABLED=true
        - ORDERER_ADMIN_TLS_PRIVATEKEY=/tmp/hyperledger/org1/orderer1/tls-msp/keystore/key.pem
        - ORDERER_ADMIN_TLS_CERTIFICATE=/tmp/hyperledger/org1/orderer1/tls-msp/signcerts/cert.pem
        - ORDERER_ADMIN_TLS_CLIENTAUTHREQUIRED=true
        - ORDERER_ADMIN_TLS_CLIENTROOTCAS=[/tmp/hyperledger/org1/admin/tls-msp/tlscacerts/tls-0-0-0-0-7052.pem]
        - ORDERER_CHANNELPARTICIPATION_ENABLED=true
    volumes:
        - /tmp/hyperledger/org1/orderer1:/tmp/hyperledger/org1/orderer1/
        - /tmp/hyperledger/org1/admin:/tmp/hyperledger/org1/admin/
    ports:
        - 7050:7050
        - 7080:7080
        - 9443:9443
    networks:
        - hflines

  orderer1-org2:
    container_name: orderer1-org2
    image: hyperledger/fabric-orderer:latest
    environment:
        - ORDERER_HOME=/tmp/hyperledger/orderer
        - ORDERER_HOST=orderer1-org2
        - ORDERER_GENERAL_LISTENADDRESS=0.0.0.0
        # - ORDERER_GENERAL_GENESISMETHOD=file
        # - ORDERER_GENERAL_GENESISFILE=/tmp/hyperledger/org2/orderer1/genesis.block
        - ORDERER_GENERAL_LOCALMSPID=org2MSP
        - ORDERER_GENERAL_LOCALMSPDIR=/tmp/hyperledger/org2/orderer1/msp
        - ORDERER_GENERAL_TLS_ENABLED=true
        - ORDERER_GENERAL_TLS_CERTIFICATE=/tmp/hyperledger/org2/orderer1/tls-msp/signcerts/cert.pem
        - ORDERER_GENERAL_TLS_PRIVATEKEY=/tmp/hyperledger/org2/orderer1/tls-msp/keystore/key.pem
        - ORDERER_GENERAL_TLS_ROOTCAS=[/tmp/hyperledger/org2/orderer1/tls-msp/tlscacerts/tls-0-0-0-0-7052.pem]
        - ORDERER_GENERAL_LOGLEVEL=debug
        - ORDERER_DEBUG_BROADCASTTRACEDIR=data/logs
        - ORDERER_GENERAL_CLUSTER_CLIENTCERTIFICATE=/tmp/hyperledger/org2/orderer1/tls-msp/signcerts/cert.pem
        - ORDERER_GENERAL_CLUSTER_CLIENTPRIVATEKEY=/tmp/hyperledger/org2/orderer1/tls-msp/keystore/key.pem
        - ORDERER_GENERAL_CLUSTER_ROOTCAS=[/tmp/hyperledger/org2/orderer1/tls-msp/tlscacerts/tls-0-0-0-0-7052.pem]
        - ORDERER_GENERAL_BOOTSTRAPMETHOD=none
        - ORDERER_ADMIN_LISTENADDRESS=0.0.0.0:7080
        - ORDERER_ADMIN_TLS_ENABLED=true
        - ORDERER_ADMIN_TLS_PRIVATEKEY=/tmp/hyperledger/org2/orderer1/tls-msp/keystore/key.pem
        - ORDERER_ADMIN_TLS_CERTIFICATE=/tmp/hyperledger/org2/orderer1/tls-msp/signcerts/cert.pem
        - ORDERER_ADMIN_TLS_CLIENTAUTHREQUIRED=true
        - ORDERER_ADMIN_TLS_CLIENTROOTCAS=[/tmp/hyperledger/org2/admin/tls-msp/tlscacerts/tls-0-0-0-0-7052.pem]
        - ORDERER_CHANNELPARTICIPATION_ENABLED=true
    volumes:
        - /tmp/hyperledger/org2/orderer1:/tmp/hyperledger/org2/orderer1/
        - /tmp/hyperledger/org2/admin:/tmp/hyperledger/org2/admin/
    ports:
        - 8050:7050
        - 8080:7080
        - 9446:9446
    networks:
        - hflines
```

**Figura 72**: Archivo **docker-compose.yaml** de la red Hyperledger Fabric **HFLines**.

Tanto el archivo **`configtx.yaml`** como **`Docker-compose.yaml`** se han elaborado en base a los ejemplos facilitados en la documentación de **`Hyperledger Fabric`**. Las configuraciones pueden encontrarse explicadas en la misma documentación. Aquí tan solo se muestra un ejemplo diferente a los clásicos disponibles en la documentación oficial. En el siguiente apartado se describe cómo proceder para utilizar los dos ficheros para la creación y despliegue de la red **`HFLines`**.

La máxima complejidad en este paso es coordinar todos los componentes con versiones compatibles entre todos los programas que intervienen sin errores de incompatibilidad en sus dependencias.

En la metodología del siguiente capítulo, se incluye una descripción de los pasos a seguir para la preparación de la máquina virtual antes de instalar la red. También se indica una relación de programas con sus versiones, que deben estar instalados, y se proporciona los comandos de instalación. Son los mismos que se usaron en su momento para crear el proyecto.

# CAPÍTULO 9
# METODOLOGÍA PARA LA CREACIÓN Y DESPLIEGUE DE LA RED HFLINES

En este capítulo se describe cómo realizar la puesta en marcha del proyecto **HFLines**.

Para utilizar HFLINES 2.0 y realizar su puesta en funcionamiento en pocos pasos, ejecutaremos todas las operaciones descritas a continuación, después de haber clonado el proyecto publicado en GitHub en su máquina virtual.

En nuestro caso, los desarrollos se han instalado/realizado en una instancia VM en Google Cloud. Por ello es necesario dar de alta una máquina virtual con las siguientes características. Google permite un periodo de prueba que se puede aprovechar para dar de alta una máquina virtual como la descrita en la figura 73.

| | |
|---|---|
| **Tipo de máquina** | n2-standard-4 |
| **Plataforma de CPU** | Intel Cascade Lake |
| **Plataforma de CPU mínima** | Ninguna |
| **Arquitectura** | x86-64 |

| Imagen | Tipo de interfaz | Tamaño (GB) | Tipo | Arquitectura |
|---|---|---|---|---|
| ubuntu-2204-jammy-v20240501 | SCSI | 50 | Disco SSD persistente | x86-64 |

**Figura 73:** Descripción de la instancia VM en Google Cloud.

En el anexo 2, se muestra un ejemplo que puede ayudar al lector interesado a realizar el alta de la máquina virtual.

Si el lector prefiere utilizar, por ejemplo, Oracle VM Virtualbox en una máquina virtual local, es otra alternativa posible.

Para una adecuada instalación, se deberán descargar e instalar previamente en la máquina virtual una serie de programas o dependencias.

Estas instalaciones son previas al despliegue de HFLines (las versiones son solo orientativas, pero, en nuestro caso, son las que no han presentado incompatibilidades). El lector audaz puede intentar la instalación utilizando nuevas versiones, pero sí debe tener especial cuidado en compatibilizar las versiones que instale con el software instalado en los contenedores Docker descargados al instalar Hyperledger Fabric.

Listado de requisitos previos:

- Curl (curl 7.81.0).
- Git (git version 2.34.1)
- Docker (Docker version 26.1.3, build b72abbb)
- Docker compose (Docker Compose version v2.27.0).
- Npm (8.5.1).
- Java
    - openjdk version "21.0.3" 2024-04-16
    - OpenJDK Runtime Environment (build 21.0.3+9-Ubuntu-1ubuntu122.04.1)
    - OpenJDK 64-Bit Server VM (build 21.0.3+9-Ubuntu-1ubuntu122.04.1, mixed mode, sharing)
    - [Si se programan Chaincodes en Java, los contenedores Docker descargados para crear la red usan JDK 11, y es mejor no actualizar esta versión si estos no han sido actualizados]
- Jq (jq-1.6)
- Fabric-samples (v 2.x): (instalación de Hyperledger Fabric). Para crear una red debe estar instalado con sus ejemplos. Para instalarlo, ejecutaremos la siguiente orden:

**curl -sSL https://bit.ly/2ysbOFE | bash -s**

En la figura 74, se muestra una guía a modo de script del conjunto de comandos a ejecutar. Hay que tener en cuenta que el lector puede encontrarse con alguna variación que deberá superar. En el comando número 17 (línea 29), `usuarioActual` deberá sustituirse por el usuario usado en la máquina virtual.

```
# Actualizar la lista de paquetes disponibles y sus versiones en el sistema
sudo apt update
# Con la lista actualizada, actualizamos todos los paquetes
sudo apt upgrade
# Agregar la clave del repositorio de Docker-Ubuntu a las fuentes de paquetes confiables APT
curl -fsSL https://download.docker.com/linux/ubuntu/gpg | sudo apt-key add -
# Verificamos el software
sudo apt-key fingerprint =EBFCD88
# Añadimos Docker al repositorio APT
sudo add-apt-repository "deb [arch=amd64] https://download.docker.com/linux/ubuntu
$(lsb_release -cs) stable"
# Actualizamos el repositorio
sudo apt-get update
# Instalamos version estable de Docker
sudo apt-get install docker-ce-cli containerd.io
apt-cache madison docker-ce
sudo apt-get install docker-ce
# Configuramos Docker para ejecutarlo sin 'sudo'
sudo groupadd docker
sudo usermod -aG docker ${USER}
newgrp docker
#Obtenemos Go
wget https://go.dev/dl/go1.21.6.linux-amd64.tar.gz
# Lo instalamos descomprimiedo en la carpeta local y configuramos acceso
sudo tar -xvf go1.21.6.linux-amd64.tar.gz -C /usr/local
echo "export PATH=$PATH:/usr/local/go/bin" >> ~/.profile
source ~/.profile
# Permitimos acceso a Go. usuarioActual = el usuario usado en la máquina virtual
sudo chown -R usuarioActual:usuarioActual /usr/local/go/bin
# Instalamos Node.js
sudo apt install nodejs
# Instalamos Python
sudo apt-get install python
#Instalamos npm
sudo apt install npm
# Instalamos JQ
sudo apt install jq
# Instalamos Hyperledger Fabric
curl -sSLO https://raw.githubusercontent.com/hyperledger/fabric/main/scripts/install-
fabric.sh && chmod +x install-fabric.sh
sudo ./install-fabric.sh docker samples binary
export PATH=$PATH:$HOME/fabric-samples/bin
```

**Figura 74:** Script guía para la instalación de los requisitos software.

Consejos opcionales:

Instalar el Escritorio remoto de Chrome en la instancia de VM y, después, un entorno de escritorio del sistema de ventanas X como GNOME:

*https://cloud.google.com/architecture/chrome-desktop-remote-on-compute-engine?hl=es-419*

Las tres últimas líneas del script de la figura 74 se corresponden con la instalación en nuestra máquina virtual de **`Hyperledger Fabric`**. El proceso de instalación se muestra en detalle en la figura 75:

```
esbrinachain@hflines-book:~$ curl -sSLO https://raw.githubusercontent.com/hyperledger/fabric/main/scripts/install-fabric.sh && chmod +x install-fabric.sh
esbrinachain@hflines-book:~$ sudo ./install-fabric.sh docker samples binary

Clone hyperledger/fabric-samples repo

===> Cloning hyperledger/fabric-samples repo
Cloning into 'fabric-samples'...
remote: Enumerating objects: 13784, done.
remote: Counting objects: 100% (936/936), done.
remote: Compressing objects: 100% (544/544), done.
remote: Total 13784 (delta 432), reused 718 (delta 328), pack-reused 12848 (from 1)
Receiving objects: 100% (13784/13784), 23.44 MiB | 25.40 MiB/s, done.
Resolving deltas: 100% (7449/7449), done.
fabric-samples v2.5.9 does not exist, defaulting to main. fabric-samples main branch is intended to work with recent versions of fabric.

Pull Hyperledger Fabric binaries

===> Downloading version 2.5.9 platform specific fabric binaries
===> Downloading:  https://github.com/hyperledger/fabric/releases/download/v2.5.9/hyperledger-fabric-linux-amd64-2.5.9.tar.gz
===> Will unpack to: /home/esbrinachain/fabric-samples
  % Total    % Received % Xferd  Average Speed   Time    Time     Time  Current
                                 Dload  Upload   Total   Spent    Left  Speed
  0     0    0     0    0     0      0      0 --:--:-- --:--:-- --:--:--     0
100  111M  100  111M    0     0  37.8M      0  0:00:02  0:00:02 --:--:-- 45.2M
==> Done.
===> Downloading version 1.5.12 platform specific fabric-ca-client binary
===> Downloading:  https://github.com/hyperledger/fabric-ca/releases/download/v1.5.12/hyperledger-fabric-ca-linux-amd64-1.5.12.tar.gz
===> Will unpack to: /home/esbrinachain/fabric-samples
  % Total    % Received % Xferd  Average Speed   Time    Time     Time  Current
                                 Dload  Upload   Total   Spent    Left  Speed
  0     0    0     0    0     0      0      0 --:--:-- --:--:-- --:--:--     0
100 29.0M  100 29.0M    0     0  22.7M      0  0:00:01  0:00:01 --:--:-- 50.9M
==> Done.

Pull Hyperledger Fabric docker images

FABRIC_IMAGES: peer orderer ccenv baseos
===> Pulling fabric Images
====>  docker.io/hyperledger/fabric-peer:2.5.9
2.5.9: Pulling from hyperledger/fabric-peer
9ea8908f4765: Pull complete
417853dadb58: Pull complete
38873af5354f: Pull complete
af7d67d29500: Pull complete
54f7ff8ec026: Pull complete
a645e9f395ef: Pull complete
Digest: sha256:4cd768f0e02358235521c3c024aef33afa9e81518ff6e448856a9db1bedae644
Status: Downloaded newer image for hyperledger/fabric-peer:2.5.9
docker.io/hyperledger/fabric-peer:2.5.9
====>  docker.io/hyperledger/fabric-orderer:2.5.9
2.5.9: Pulling from hyperledger/fabric-orderer
9ea8908f4765: Already exists
05f6c8421493: Pull complete
42d381293dae: Pull complete
52490f94cbd2: Pull complete
921169b2dbe0: Pull complete
7b2f98c16937: Pull complete
Digest: sha256:de0c97002679a93347689fda4257b04fed0aa97d72648b1e3fcb2b9e5f452c35
Status: Downloaded newer image for hyperledger/fabric-orderer:2.5.9
docker.io/hyperledger/fabric-orderer:2.5.9
====>  docker.io/hyperledger/fabric-ccenv:2.5.9
2.5.9: Pulling from hyperledger/fabric-ccenv
9ea8908f4765: Already exists
0b5b9ac9f038: Pull complete
543f3dfde2b7: Pull complete
7b3099a3be68: Pull complete
21049744d766: Pull complete
7ffe165343b9: Pull complete
0663902ee40d: Pull complete
Digest: sha256:6b6b83c9a88af351a1844999b9113b6c0792199be009e014bdf1231ebe0f6f85
Status: Downloaded newer image for hyperledger/fabric-ccenv:2.5.9
docker.io/hyperledger/fabric-ccenv:2.5.9
====>  docker.io/hyperledger/fabric-baseos:2.5.9
2.5.9: Pulling from hyperledger/fabric-baseos
9ea8908f4765: Already exists
8bdafa9d491e: Pull complete
84f406c718ea: Pull complete
9e7f68fa5883: Pull complete
Digest: sha256:2e768b191d01518c8438708ad327d0a9c2d6a3c4bb6c4c04be637d63b56a33df
Status: Downloaded newer image for hyperledger/fabric-baseos:2.5.9
docker.io/hyperledger/fabric-baseos:2.5.9
===> Pulling fabric ca Image
====>  docker.io/hyperledger/fabric-ca:1.5.12
1.5.12: Pulling from hyperledger/fabric-ca
9ea8908f4765: Already exists
b9728be56e60: Pull complete
004da03816e0: Pull complete
905a98e2c10c: Pull complete
Digest: sha256:67f494052280fea15355a642557ebaf65e875eaa61cbf582a4e6cc9173ea6369
Status: Downloaded newer image for hyperledger/fabric-ca:1.5.12
docker.io/hyperledger/fabric-ca:1.5.12
===> List out hyperledger images
hyperledger/fabric-peer      2.5      e9702d423cd4   3 months ago   142MB
hyperledger/fabric-peer      2.5.9    e9702d423cd4   3 months ago   142MB
hyperledger/fabric-peer      latest   e9702d423cd4   3 months ago   142MB
hyperledger/fabric-orderer   2.5      10fb520e9b0a   3 months ago   111MB
hyperledger/fabric-orderer   2.5.9    10fb520e9b0a   3 months ago   111MB
hyperledger/fabric-orderer   latest   10fb520e9b0a   3 months ago   111MB
hyperledger/fabric-ccenv     2.5      09ef9881ad5f   3 months ago   638MB
hyperledger/fabric-ccenv     2.5.9    09ef9881ad5f   3 months ago   638MB
hyperledger/fabric-ccenv     latest   09ef9881ad5f   3 months ago   638MB
hyperledger/fabric-baseos    2.5      b6e93e2f93f9   3 months ago   129MB
hyperledger/fabric-baseos    2.5.9    b6e93e2f93f9   3 months ago   129MB
hyperledger/fabric-baseos    latest   b6e93e2f93f9   3 months ago   129MB
hyperledger/fabric-ca        1.5      e324dcb92c6e   3 months ago   209MB
hyperledger/fabric-ca        1.5.12   e324dcb92c6e   3 months ago   209MB
hyperledger/fabric-ca        latest   e324dcb92c6e   3 months ago   209MB
esbrinachain@hflines-book:~$ export PATH=$PATH:$HOME/fabric-samples/bin
esbrinachain@hflines-book:~$
```

**Figura 75:** Salida por consola de la instalación de `Hyperledger Fabric`.

Primero descargamos el script de instalación `install-fabric.sh` y lo ejecutamos indicando en los parámetros de ejecución qué se ha de instalar: **`docker`** (los contenedores Docker), **`samples`** (documentación de ejemplos) y **`binary`** (todos los ejecutables que incluye HF para configurar, crear y modificar aspectos de la red HF). El destino de toda la instalación es la carpeta **`fabric-samples`** (ver figura 76), mientras que los contenedores quedan disponibles para usarlos con **`Docker Compose`**.

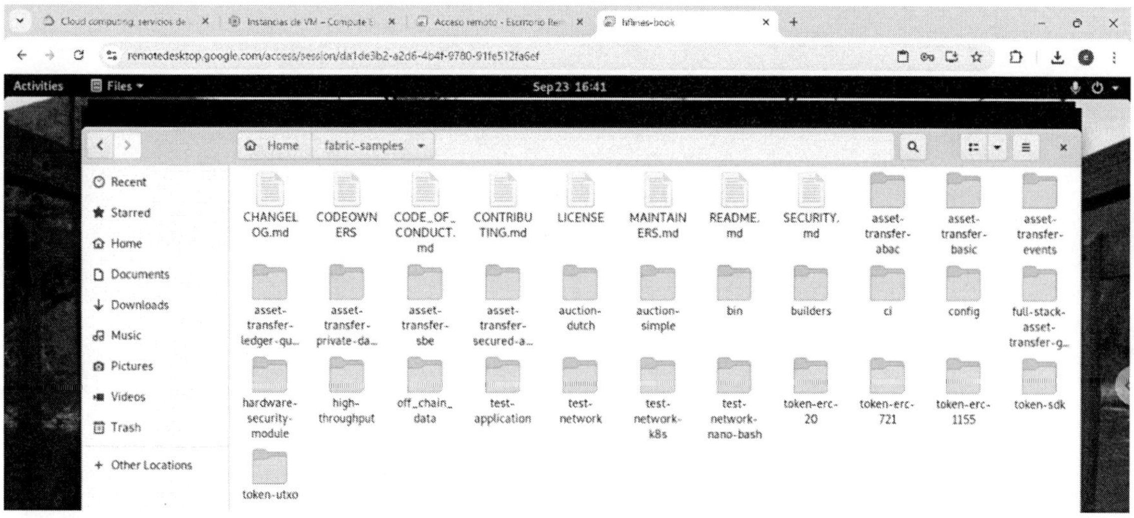


**Figura 76:** Contenido de la carpeta **`fabric-samples`**.

Resumiendo el camino recorrido, hemos dado de alta una máquina virtual en Google Cloud. Se han instalado todos los programas necesarios para que funcione `Hyperledger Fabric` y se ha instalado `HF`. El último paso es clonar el proyecto HFLines**, situado dentro de la carpeta `fabric-samples`**.

```
sudo git clone https://github.com/EsbrinaChain/hflines.git
```

En la figura 77, se muestra, una vez clonado en la máquina virtual, dónde queda la carpeta **`hflines`**, y en la figura 78 el contenido de la carpeta.

**Figura 77:** La carpeta `hflines` debe situarse dentro de la carpeta `fabric-samples`.

SSH en el navegador

```
drwxr-xr-x 31 root root     4096 Sep 23 19:46 ..
drwxr-xr-x  8 root root     4096 Sep 23 19:46 .git
drwxr-xr-x  2 root root     4096 Sep 23 19:46 .idea
-rwxr-xr-x  1 root root     3627 Sep 23 19:46 00_levantar_CAs.sh
-rwxr-xr-x  1 root root     8512 Sep 23 19:46 01_certificar_Orgs.sh
-rwxr-xr-x  1 root root      207 Sep 23 19:46 02_levantar_nodos_db.sh
-rwxr-xr-x  1 root root     1231 Sep 23 19:46 03_artifacts.sh
-rwxr-xr-x  1 root root     1612 Sep 23 19:46 04_union_canal_orderer1-org1.sh
-rwxr-xr-x  1 root root     1611 Sep 23 19:46 05_union_canal_orderer1-org2.sh
-rwxr-xr-x  1 root root      562 Sep 23 19:46 06_union_canal_peer1-org1.sh
-rwxr-xr-x  1 root root      562 Sep 23 19:46 07_union_canal_peer1-org2.sh
-rwxr-xr-x  1 root root      255 Sep 23 19:46 08_eliminar_hflines.sh
-rwxr-xr-x  1 root root      258 Sep 23 19:46 08a_eliminar_hflines.sh
-rwxr-xr-x  1 root root    16926 Sep 23 19:46 09_levantar_hflines.sh
-rwxr-xr-x  1 root root     4679 Sep 23 19:46 09a_levantar_hflines.sh
-rwxr-xr-x  1 root root      666 Sep 23 19:46 10a_chaincode_alta_org1.sh
-rwxr-xr-x  1 root root      288 Sep 23 19:46 10b_chaincode_alta_org1.sh
-rwxr-xr-x  1 root root      956 Sep 23 19:46 11_chaincode_alta_org2.sh
-rwxr-xr-x  1 root root     1152 Sep 23 19:46 12_chaincode_aprove_commit.sh
-rwxr-xr-x  1 root root     1120 Sep 23 19:46 20_app01_enviarMensaje.sh
-rwxr-xr-x  1 root root      910 Sep 23 19:46 20_app02_eliminarMensaje.sh
-rwxr-xr-x  1 root root      883 Sep 23 19:46 20_app03_verMensaje.sh
-rwxr-xr-x  1 root root      858 Sep 23 19:46 20_app04_listarMensajes.sh
-rwxr-xr-x  1 root root      922 Sep 23 19:46 20_app05_enviadosPor.sh
-rwxr-xr-x  1 root root      916 Sep 23 19:46 20_app06_enviadosA.sh
-rwxr-xr-x  1 root root     1025 Sep 23 19:46 20_app07_buscarEnAsunto.sh
-rwxr-xr-x  1 root root      885 Sep 23 19:46 20_app08_eliminarTodosMensajes.sh
-rwxr-xr-x  1 root root     3001 Sep 23 19:46 30_ejemplos_uso_20_app0x_org1.sh
-rwxr-xr-x  1 root root     3011 Sep 23 19:46 30_ejemplos_uso_20_app0x_org2.sh
drwxr-xr-x  2 root root     4096 Sep 23 19:46 Documentacion
-rw-r--r--  1 root root     7456 Sep 23 19:46 README.md
-rw-r--r--  1 root root 36423415 Sep 23 19:46 chaincode.tar.gz
drwxr-xr-x  5 root root     4096 Sep 23 19:46 chcodes
-rwxr-xr-x  1 root root      246 Sep 23 19:46 color.sh
-rw-r--r--  1 root root    12530 Sep 23 19:46 configtx.yaml
-rw-r--r--  1 root root     9467 Sep 23 19:46 docker-compose.yaml
-rw-r--r--  1 root root     1166 Sep 23 19:46 env_vars_chaincode.txt
drwxr-xr-x  2 root root     4096 Sep 23 19:46 img
-rw-r--r--  1 root root    29555 Sep 23 19:46 mychannel.block
-rw-r--r--  1 root root     4329 Sep 23 19:46 nota.txt
-rw-r--r--  1 root root      439 Sep 23 19:46 org1-config.yaml
-rw-r--r--  1 root root      439 Sep 23 19:46 org2-config.yaml
drwxr-xr-x  5 root root     4096 Sep 23 19:46 prometheus-grafana
-rwxr-xr-x  1 root root     1196 Sep 23 19:46 t.sh
-rwxr-xr-x  1 root root     2035 Sep 23 19:46 t1.sh
-rw-r--r--  1 root root      885 Sep 23 19:46 term-org1
-rw-r--r--  1 root root      885 Sep 23 19:46 term-org2
-rw-r--r--  1 root root    13585 Sep 23 19:46 tree.txt
esbrinachain@hflines-book:~/fabric-samples/hflines$
```

**Figura 78:** Contenido de la carpeta `hflines` con todos los scripts (.sh) del proyecto.

A continuación, se describe de forma global cómo se puede poner en marcha la red y operar en **HFLines** utilizando los scripts programados para el proyecto. El lector puede esperar a conocer mejor cada script o lanzarse a probar el proyecto. Será el nivel de conocimiento que el lector tenga de HF el que marque la decisión, pero mi consejo es esperar un poco.

Existe un script **(09_levantar_hflines.sh)** para crear la red **Hyperledger Fabric HFLines** que automatiza la disponibilidad de:

- Todo el **material criptográfico** para todos los componentes de red y usuarios.
- Levantar toda la arquitectura de contenedores para implementar la red **Hyperledger Fabric HFLines**. En este proyecto ejemplo, se ha decidido disponer de solo dos organizaciones **Org1** y **Org2** con los siguientes contenedores (figura 79):

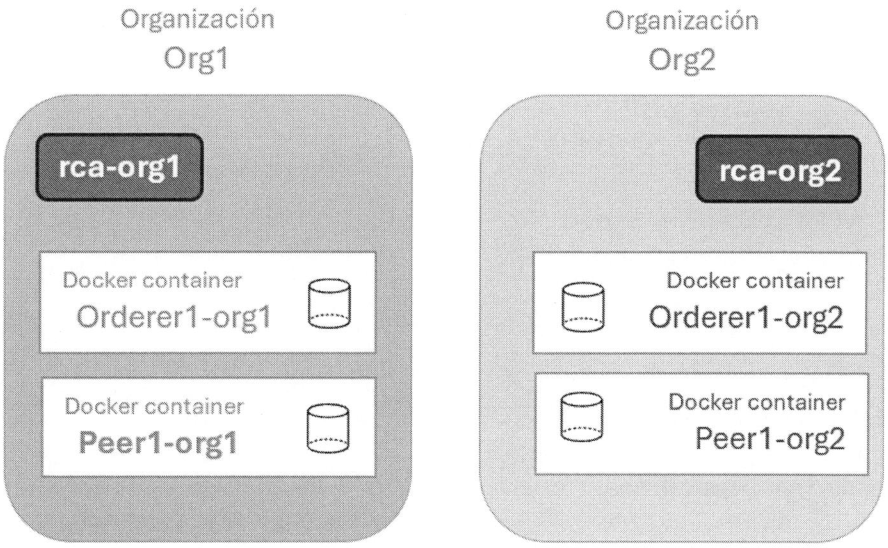


**Figura 79:** Descripción de las dos organizaciones existentes en **HFLines**.

- Se dispone de un canal en el cual se facilita a las dos organizaciones la posibilidad de ejecutar un **chaincode**.
- Se monitorizan las métricas de la red y su rendimiento con:
  - Prometheus (queries)
  - Grafana (gráficos)
- Toda la puesta en marcha está automatizada en el **script 09_levantar_hflines.sh**.
- Para eliminar una red en funcionamiento, podemos ejecutar el script **08_eliminar_hflines.sh**.
- Para visualizar la arquitectura de contenedores de la red, podemos ejecutar:

**docker ps --format 'table {{.Names}}\t{{.ID}}\t{{.State}}'**

- Para una información más detallada utilizaremos el comando (resultado en la figura 80):

**docker ps --format 'table {{.Names}}\t{{.ID}}\t{{.State}}\t{{.Ports}}'**

```
esbrinachain@hfabric1:~/fabric-samples/hflines$ ./02_levantar_nodos_db.sh
[+] Running 9/9
 ✓ Container ca-tls            Running
 ✓ Container couchdb1          Started
 ✓ Container peer1-org2        Started
 ✓ Container rca-org2          Running
 ✓ Container couchdb2          Started
 ✓ Container orderer1-org2     Started
 ✓ Container orderer1-org1     Started
 ✓ Container rca-org1          Running
 ✓ Container peer1-org1        Started
 Arquitectura de contenedores de HFLINES :
CONTAINER ID   NAME            STATUS          PORTS
6dfafb0d3ab6   ca-tls          Up 3 minutes    0.0.0.0:7052->7052/tcp, :::7052->7052/tcp, 7054/tcp
a585ac24a980   couchdb1        Up 5 seconds    4369/tcp, 9100/tcp, 0.0.0.0:5984->5984/tcp, :::5984->5984/tcp
6c83384c4db5   couchdb2        Up 5 seconds    4369/tcp, 9100/tcp, 0.0.0.0:7984->5984/tcp, :::7984->5984/tcp
f96da81d1f60   orderer1-org1   Up 5 seconds    0.0.0.0:7050->7050/tcp, :::7050->7050/tcp, 0.0.0.0:7080->7080/tcp, :::7080->7080/tcp, 0.0.0.0:9443->9443/tcp, :::9443->9443/tcp
9720aaec048d   orderer1-org2   Up 5 seconds    0.0.0.0:9446->9446/tcp, :::9446->9446/tcp, 0.0.0.0:8050->7050/tcp, :::8050->7050/tcp, 0.0.0.0:8080->7080/tcp, :::8080->7080/tcp
bf596c999c1e   peer1-org1      Up 5 seconds    0.0.0.0:7051->7051/tcp, :::7051->7051/tcp, 0.0.0.0:9444->9444/tcp, :::9444->9444/tcp
f118093d5d24   peer1-org2      Up 5 seconds    0.0.0.0:9051->9051/tcp, :::9051->9051/tcp, 7051/tcp, 0.0.0.0:9445->9445/tcp, :::9445->9445/tcp
680125ea8c7b   rca-org1        Up 3 minutes    0.0.0.0:7054->7054/tcp, :::7054->7054/tcp
44efc92e15fc   rca-org2        Up 3 minutes    7054/tcp, 0.0.0.0:7055->7055/tcp, :::7055->7055/tcp
esbrinachain@hfabric1:~/fabric-samples/hflines$
```

**Figura 80:** Listado de ejemplo de los contenedores Docker levantados en **HFLines**.

- Para el despliegue de un **chaincode** en el canal **mychannel** disponible tanto para **org1** como **org2**, usaremos una secuencia de scripts:

  - **10a_chaincode_alta_org1.sh**

  La ejecución sería:

  - **./10a_chaincode_alta_org1.sh 1**

  El parámetro 1 indica que se registrará el chaincode con el nombre chaincode1, si 2 chaincode2 etc...

Internamente el script usa el chaincode existente en la carpeta de desarrollo:

**./chcodes/chaincode/build/install/chaincode**

Ejemplo de resultado:
**chaincode1:c2066d1ea51ebe1c70db570860f9e56a064d13283729e43aae2ee c04b33212a0**

- Si queremos utilizar otro chaincode, simplemente hay que especificar su ruta.

  - **10b_chaincode_alta_org1.sh**

  Este script usa un parámetro de índice 1, y como segundo parámetro el chaincodeID obtenido de la ejecución del script **10a_chaincode_alta_org1.sh**.

  Siguiendo el ejemplo práctico actual, ejecutaríamos (todo en la misma línea):

  **./10b_chaincode_alta_org1.sh 1 chaincode1:c2066d1ea51ebe1c70db570860f9e56a064d13283729e43aae2eec04b33212a 0**

  Mediante este script, realizamos el **approveformyorg** del chaincodeID, en el **peer** de **org1** (peer1-org1) para el canal **mychannel**.

  - **11_chaincode_alta_org2.sh**

  Realiza el alta (install y approveformyorg) del chaincode mediante su chaincodeID en el peer de org2 para el canal mychannel.

  Siguiendo el procedimiento del ejemplo actual sería:

  **./11_chaincode_alta_org2.sh 1 chaincode1:c2066d1ea51ebe1c70db570860f9e56a064d13283729e43aae2eec04b33212a 0**

  A continuación, se realiza para org1 el checkcommitreadiness,commit y comprobación del commit (querycommited) para el chaincode instalado en el canal mychannel para el uso por las organizaciones org1 y org2, una vez esté realizado el commit. Todo el proceso lo automatiza el script:

  - **12_chaincode_aprove_commit.sh**

  Siguiendo el ejemplo actual, ejecutaríamos el comando (recordar que se sigue manteniendo el índice):

**./12_chaincode_aprove_commit.sh 1**

Una vez finalizada esta ejecución, el paquete-id (**chaincode1**) ya está disponible.

Veremos un mensaje similar a:

Committed chaincode definition for chaincode 'chaincode1' on channel 'mychannel':
Version: 1.0, Sequence: 1, Endorsement Plugin: escc, Validation Plugin: vscc,
Approvals: [org1MSP: true, org2MSP: true]

- Para ejecutar las funciones del chaincode, disponemos de los scripts con prefijo **20_app0x**.
- Para aprender los parámetros que son necesarios para su correcta ejecución, disponemos de los scripts de ejemplos:
    - **30_ejemplos_uso_20_app0x_org1.sh**
    - **30_ejemplos_uso_20_app0x_org2.sh**

  Se recomienda revisar su código, para entender cómo se puede usar individualmente cada uno de los scripts con prefijo **20_app0x**.

  El primer script ejecuta los ejemplos como la organización org1 y el segundo para la organización org2.

  Los dos scripts necesitan obligatoriamente que el primer parámetro sea el índice numérico usado para etiquetar el nombre del chaincode.

  Siguiendo el actual ejemplo, la instrucción a ejecutar si estamos en org1 sería la siguiente:

  **./30_ejemplos_uso_20_app0x_org1.sh 1**

Mientras que si estamos en org2 sería:

**./30_ejemplos_uso_20_app0x_org2.sh 1**

El parámetro de índice variará según el que se haya usado al registrar el chaincode con **10a_chaincode_alta_org1.sh**.

## CAPÍTULO 10

# CREACIÓN DE LA RED HFLINES PASO A PASO

En este capítulo se realiza una descripción con detalle de la ejecución de cada script diseñado para crear la red `Hyperledger Fabric` **`HFLines`** con el objetivo de implementar un **sistema de auditoría de mensajería** entre una UTE de las organizaciones **org1** y **org2**.

**Paso 1**

Ejecutaremos el script **`08_eliminar_hflines.sh`** para asegurarnos de que no existen restos de una implementación anterior:

```
08_eliminar_hflines.sh
1
2
3   . color.sh
4
5   docker compose down
6   sudo rm -rf /tmp/hyperledger
7
8   echo
9   echo ---------------------------------------------
10  echo -e $WHITE_L Red Hyperledger fabric $BLUE HFLINES $WHITE_L eliminada.
11  echo ---------------------------------------------
12  echo
```

**Figura 81:** Contenido del script **08_eliminar_hflines.**

La instrucción de la línea 3 ejecuta un script que define los colores del texto de los mensajes por pantalla. En la línea 5, eliminamos cualquier arquitectura de red montada previamente, usando el fichero de configuración de Docker **`docker-compose.yaml`**, que se utiliza para levantar la red **`HFLines`**, y que dispone de un apartado para la eliminación de la red. Finalmente, eliminamos toda la estructura de certificados e información almacenada en forma de volúmenes de la red. Más adelante, se explicará cómo levantar y eliminar la red sin eliminar el material criptográfico.

En caso de que quisiéramos también eliminar la existencia previa del sistema de monitorización almacenado en la carpeta **`prometheus-grafana`**, también deberíamos ejecutar el comando siguiente en esa carpeta:

```
docker compose down -d
```

El sistema de monitorización es una arquitectura de contenedores paralela a **`HFLines`**, que se describirá en un capítulo más adelante.

## Paso 2

Partiendo de cero, y seguros de que no existen restos de un levantamiento de red anterior, empezamos el procedimiento de creación de la red **HFLines** descrito en el capítulo anterior, pero mostrando paso a paso todo lo que va sucediendo al ejecutar cada script. Este procedimiento es para describir al detalle el funcionamiento de la red **Hyperledger Fabric** pero, como ya ha quedado claro anteriormente, se puede realizar de manera automática ejecutando el script **09_levantar_hflines.sh**. Ejecutamos el script **00_levantar_CAs.sh**, cuyo contenido se puede observar en la figura 82, y analizamos el resultado de su ejecución por consola en la figura 83:

```
00_levantar_CAs.sh
export PATH=$PATH:${HOME}/fabric-samples/bin

# Levantando contenedores de las Entidades Certificadoras CA para Org1 y Org2:
docker compose up -d ca-tls rca-org1 rca-org2
sleep 5

docker compose ps --format 'table {{.ID}}\t{{.Name}}\t{{.Status}}\t{{.Ports}}'
USER=$(whoami):$(whoami)
sudo chown -R $USER /tmp/hyperledger/*

. color.sh
echo -e $WHITE_L Registrando en $BLUE TLS-CA $NORMAL...
sleep 2
export FABRIC_CA_CLIENT_TLS_CERTFILES=/tmp/hyperledger/tls-ca/crypto/tls-cert.pem
export FABRIC_CA_CLIENT_HOME=/tmp/hyperledger/tls-ca/admin

fabric-ca-client enroll -d -u https://tls-ca-admin:tls-ca-adminpw@0.0.0.0:7052
sleep 5
echo -e $WHITE_L Registrando peer1-org1 $BLUE en TLS-CA $NORMAL...
sleep 2
fabric-ca-client register -d --id.name peer1-org1 --id.secret peer1PW --id.type peer -u https://0.0.0.0:7052
echo -e $WHITE_L Registrando peer1-org2 $BLUE en TLS-CA $NORMAL...
sleep 2
fabric-ca-client register -d --id.name peer1-org2 --id.secret peer1PW --id.type peer -u https://0.0.0.0:7052
echo -e $WHITE_L Registrando orderer1-org1 $BLUE en TLS-CA $NORMAL...
sleep 2
fabric-ca-client register -d --id.name orderer1-org1 --id.secret ordererPW --id.type orderer -u https://0.0.0.0:7052
echo -e $WHITE_L Registrando orderer1-org2 $BLUE en TLS-CA $NORMAL...
sleep 2
fabric-ca-client register -d --id.name orderer1-org2 --id.secret ordererPW --id.type orderer -u https://0.0.0.0:7052
echo -e $WHITE_L Registrando admin-org1 $BLUE en TLS-CA $NORMAL...
sleep 2
fabric-ca-client register -d --id.name admin-org1 --id.secret org1AdminPW --id.type admin -u https://0.0.0.0:7052
echo -e $WHITE_L Registrando admin-org1 $BLUE en TLS-CA $NORMAL...
sleep 2
fabric-ca-client register -d --id.name admin-org2 --id.secret org2AdminPW --id.type admin -u https://0.0.0.0:7052

echo -e $WHITE_L Registrando en $BLUE RCA-ORG1 $NORMAL.

export FABRIC_CA_CLIENT_TLS_CERTFILES=/tmp/hyperledger/org1/ca/crypto/ca-cert.pem
export FABRIC_CA_CLIENT_HOME=/tmp/hyperledger/org1/ca/admin

fabric-ca-client enroll -d -u https://rca-org1-admin:rca-org1-adminpw@0.0.0.0:7054
sleep 5

echo -e $WHITE_L Registrando peer1-org1 $BLUE en RCA-ORG1 $NORMAL...
sleep 2
fabric-ca-client register -d --id.name peer1-org1 --id.secret peer1PW --id.type peer -u https://0.0.0.0:7054
echo -e $WHITE_L Registrando orderer1-org1 $BLUE en RCA-ORG1 $NORMAL...
sleep 2
fabric-ca-client register -d --id.name orderer1-org1 --id.secret ordererpw --id.type orderer -u https://0.0.0.0:7054
echo -e $WHITE_L Registrando admin-org1 $BLUE en RCA-ORG1 $NORMAL...
sleep 2
fabric-ca-client register -d --id.name admin-org1 --id.secret org1AdminPW --id.type admin -u https://0.0.0.0:7054

echo -e $WHITE_L Registrando en $BLUE RCA-ORG2 $NORMAL...
sleep 2
export FABRIC_CA_CLIENT_TLS_CERTFILES=/tmp/hyperledger/org2/ca/crypto/ca-cert.pem
export FABRIC_CA_CLIENT_HOME=/tmp/hyperledger/org2/ca/admin

fabric-ca-client enroll -d -u https://rca-org2-admin:rca-org2-adminpw@0.0.0.0:7055
sleep 5

echo -e $WHITE_L Registrando peer1-org2 $BLUE en RCA-ORG2 $NORMAL...
sleep 2
fabric-ca-client register -d --id.name peer1-org2 --id.secret peer1PW --id.type peer -u https://0.0.0.0:7055
echo -e $WHITE_L Registrando orderer1-org2 $BLUE en RCA-ORG2 $NORMAL...
sleep 2
fabric-ca-client register -d --id.name orderer1-org2 --id.secret ordererpw --id.type orderer -u https://0.0.0.0:7055
echo -e $WHITE_L Registrando admin-org2 $BLUE en RCA-ORG2 $NORMAL...
sleep 2
fabric-ca-client register -d --id.name admin-org2 --id.secret org2AdminPW --id.type admin -u https://0.0.0.0:7055
echo
echo -e $WHITE_L Todos los registros para las entidades certificadoras CA en $GREEN HFLINES$BLUE realizados$NORMAL!
```

**Figura 82:** Contenido del script **00_levantar_CAs.sh**.

```
esbrinachain@hfabric1:~/fabric-samples/hflines$ ./00_levantar_CAs.sh
[+] Running 4/4
 ✓ Network hflines_hflines  Created                                                                              0.1s
 ✓ Container rca-org1       Started                                                                              0.5s
 ✓ Container rca-org2       Started                                                                              0.6s
 ✓ Container ca-tls         Started                                                                              0.5s
CONTAINER ID   NAME        STATUS         PORTS
76ea33aab83c   ca-tls      Up 5 seconds   0.0.0.0:7052->7052/tcp, :::7052->7052/tcp, 7054/tcp
88eb990a91dd   rca-org1    Up 5 seconds   0.0.0.0:7054->7054/tcp, :::7054->7054/tcp
ff44d03a9d68   rca-org2    Up 5 seconds   7054/tcp, 0.0.0.0:7055->7055/tcp, :::7055->7055/tcp
  Registrando en  TLS-CA ...
2024/06/17 18:06:18 [DEBUG] Set log level:
2024/06/17 18:06:18 [DEBUG] Home directory: /tmp/hyperledger/tls-ca/admin
2024/06/17 18:06:18 [INFO] Created a default configuration file at /tmp/hyperledger/tls-ca/admin/fabric-ca-client-config.yaml
2024/06/17 18:06:18 [DEBUG] Client configuration settings: &{URL:https://tls-ca-admin:tls-ca-adminpw@0.0.0.0:7052 MSPDir:msp TLS:{Enabled:true CertFiles:[/tmp/hyperledger/tls-ca/cr
ypto/tls-cert.pem] Client:{KeyFile: CertFile:}} Enrollment:{ Name: Secret:**** CAName: AttrReqs:[] Profile: Label: CSR:<nil> Type:x509  } CSR:{CN:tls-ca-admin Names:[{C:US ST:North
 Carolina L: O:Hyperledger OU:Fabric SerialNumber:}] Hosts:[hfabric1] KeyRequest:0xc00031e800 CA:<nil> SerialNumber:} ID:{Name: Type:client Secret: MaxEnrollments:0 Affiliation: At
tributes:[] CAName:} Revoke:{Name: Serial: AKI: Reason: CAName: GenCRL:false} CAInfo:{CAName:} CAName: CSP:0xc0000125e8 Debug:true LogLevel: Idemix:{Curve:amcl.Fp256bn}}
2024/06/17 18:06:18 [DEBUG] Entered runEnroll
2024/06/17 18:06:18 [DEBUG] Enrolling { Name:tls-ca-admin Secret:**** CAName: AttrReqs:[] Profile: Label: CSR:&{tls-ca-admin [{US North Carolina  Hyperledger Fabric }] [hfabric1] 0
xc00031e800 <nil> } Type:x509  }
2024/06/17 18:06:18 [DEBUG] Initializing client with config: &{URL:https://0.0.0.0:7052 MSPDir:msp TLS:{Enabled:true CertFiles:[/tmp/hyperledger/tls-ca/crypto/tls-cert.pem] Client:
{KeyFile: CertFile:}} Enrollment:{ Name:tls-ca-admin Secret:**** CAName: AttrReqs:[] Profile: Label: CSR:&{tls-ca-admin [{US North Carolina  Hyperledger Fabric }] [hfabric1] 0xc000
31e800 <nil> } Type:x509  } CSR:{CN:tls-ca-admin Names:[{C:US ST:North Carolina L: O:Hyperledger OU:Fabric SerialNumber:}] Hosts:[hfabric1] KeyRequest:0xc00031e800 CA:<nil> SerialN
umber:} ID:{Name: Type:client Secret: MaxEnrollments:0 Affiliation: Attributes:[] CAName:} Revoke:{Name: Serial: AKI: Reason: CAName: GenCRL:false} CAInfo:{CAName:} CAName: CSP:0xc
0000125e8 Debug:true LogLevel: Idemix:{Curve:amcl.Fp256bn}}
2024/06/17 18:06:18 [DEBUG] Initializing BCCSP: &{Default:SW SW:0xc00031e880}
2024/06/17 18:06:18 [DEBUG] Initializing BCCSP with software options &{Security:256 Hash:SHA2 FileKeystore:0xc00026c620}
2024/06/17 18:06:18 [INFO] TLS Enabled
2024/06/17 18:06:18 [DEBUG] CA Files: [/tmp/hyperledger/tls-ca/crypto/tls-cert.pem]
2024/06/17 18:06:18 [DEBUG] Client Cert File:
2024/06/17 18:06:18 [DEBUG] Client Key File:
2024/06/17 18:06:18 [DEBUG] Client TLS certificate and/or key file not provided
2024/06/17 18:06:18 [DEBUG] Using curve amcl.Fp256bn for Idemix
2024/06/17 18:06:18 [DEBUG] GenCSR &{CN:tls-ca-admin Names:[{C:US ST:North Carolina L: O:Hyperledger OU:Fabric SerialNumber:}] Hosts:[hfabric1] KeyRequest:0xc00031e800 CA:<nil> Ser
ialNumber:}
2024/06/17 18:06:18 [INFO] generating key: &{A:ecdsa S:256}
2024/06/17 18:06:18 [DEBUG] generate key from request: algo=ecdsa, size=256
2024/06/17 18:06:18 [INFO] encoded CSR
2024/06/17 18:06:18 [DEBUG] Sending request
POST https://0.0.0.0:7052/enroll
```


```
{"hosts":["hfabric1"],"certificate_request":"-----BEGIN CERTIFICATE REQUEST-----\nMIIBRDCB7AIBADBkMQswCQYDVQQGEwJVUzEXMBUGA1UECBMOTm9ydGggQ2Fyb2xp\nbmExFDASBgNVBAoTC0h5cGVybGVkZ2Vy
MQ8wDQYDVQQLEwZGYWJyaWMxFTATBgNV\nBAMTDHRscy1jYS1hZG1pbjBZMBMGByqGSM49AgEGCCqGSM49AwEHA0IABM2WKijO\nbITEKVLqDfPkTJZfI673DMrLtyBdMiQcbUc/IghJGv2KI/LT8KW4i25QoAHifvi6\n7sjG1GvSMLBHDT
KgJjAkBgkqhkiG9w0BCQ4xFzAVMBMGA1UdEQQMMAqCCGhmYWJy\naWMxMAoGCCqGSM49BAMCA0cAMEQCIH4aI+e4qMK09z++8rC73815ePHcYyfK5JaT\nBZJH2irZAiAG1mJKskmLgcnX7TFE3+gmNuYkkXFSHoK+aTVsogya3A==\n----
-END CERTIFICATE REQUEST-----\n","profile":"","crl_override":"","label":"","NotBefore":"0001-01-01T00:00:00Z","NotAfter":"0001-01-01T00:00:00Z","ReturnPrecert":false,"CAName":""}
```


```
2024/06/17 18:06:18 [DEBUG] Received response
statusCode=201 (201 Created)
```


```
2024/06/17 18:06:18 [DEBUG] Response body result: map[Cert:LS0tLS1CRUdJTiBDRVJUSUZJQ0FURS0tLS0tCk1JSUNPVENDQWQrZ0F3SUJBZ0lVU0ZCK3BKU1ZrcEdmbGNrQnpGTzBSMjJ1d3JVd0NnWU1Lb1pJemowRUF3S
XcKWGpFTE1Ba0dBMVVFQmhNQ1ZWTXhGekFWQmdOVkJBZ1REazV2Y25Sb01FTmhjbTlzYVc1aE1SUXdFZ1lEV1FRSwpFd3RJZVhCbGNteGxaR2RsY2pFUE1BMEdBMVVFQ3hNR1JtRmljbWxqTVE4d0RRWURWUVFERXdaMGJITXRZMkV3CkhoY
05NalF3TmpFM01UZ3dNVEF3V2hjTk1qVXdOakUzTVRnd05qQXdXakJrTVFzd0NRWURWUVFHRXdKVlV6RVgKTUJVR0ExVUVDQk1PVG05eWRHZ2dRMkZ5YjJ4cGJtRXhGREFTQmdOVkJBb1RDMGg1Y0dWeWJHVmtaMlZ5TVE4dwpEUVlEVlFRT
EV3WmpiR2xsYm5ReEZUQVRCZ05WQkFNVERIUnNjeTFqWVMxaFpHMXBiakJaTUJNR0J5cUdTTTQ5CkFnRUdDQ3FHU000OUF3RUhBME1BQk0yV0tpak9iSVRFS1ZMcURmUGtUSlpmSTY3M0RNckx0eUJkTW1RY2JVYy8KSWdoSkd2MktJL0xUO
EtXNGkyNVFvQUhpZnZpNjdzakcxR3ZTTUxCSERUS2pkVEJ6TUE0R0ExVWREd0VCL3dRRQpBd0lIZ0RBTUJnTlZIUk1CQWY4RUFqQUFNQjBHQTFVZERnUVdCQlM1TVNKMUcyY2p5YkVCRFA2K2NqYW04blhmClhUQWZCZ05WSFNNRUdEQVdnQ
1FMU25vR2Jjanp6YnVrSXlncWVSZ0EzdzFDa1RBVEJnTlZIUkVFRERBS2dnaG8KWm1GaWNtbGpNVEFLQmdncWhrak9QUVFEQWdOSUFEQkZBaUVBNHJjUW1TUktEck55MXJQYVA5M0JBMVNzWTdBOApLK2JnaFo0Vyt5VE1BaXdDSUJIK1Z3d
2NSbEdqckJaYXZsVDVXRG1yOVZONGduZ1VwNHBUU1p5aS82Q3IKLS0tLS1FTkQgQ0VSVElGSUNBVEUtLS0tLQo= ServerInfo:map[CAChain:LS0tLS1CRUdJTiBDRVJUSUZJQ0FURS0tLS0tCk1JSUNFekNDQWJxZ0F3SUJBZ0lVTWxJc
2RzWk1JUVc1M2ZxSElOM1BjNUxHS1E4d0NnWU1Lb1pJemowRUF3SXcKWGpFTE1Ba0dBMVVFQmhNQ1ZWTXhGekFWQmdOVkJBZ1REazV2Y25Sb01FTmhjbTlzYVc1aE1SUXdFZ1lEV1FRSwpFd3RJZVhCbGNteGxaR2RsY2pFUE1BMEdBMVVFQ
3hNR1JtRmljbWxqTVE4d0RRWURWUVFERXdaMGJITXRZMkV3CkhoY05NalF3TmpFM01UZ3dNVEF3V2hjTk16a3dOakUwTVRnd01UQXdXakJ1TVFzd0NRWURWUVFHRXdKVlV6RVgKTUJVR0ExVUVDQk1PVG05eWRHZ2dRMkZ5YjJ4cGJtRXhGR
EFTQmdOVkJBb1RDMGg1Y0dWeWJHVmtaMlZ5TVE4dwpEUVlEVlFRTEV3WkdZV0p5YVdNeER6QU5CZ05WQkFNVEJuUnNjeTFqWVRCWk1CTUdCeXFHU000OUFnRUdDQ3FHU000OUF3RUhBMElBQkJQUJIMmcrYXUzT21BS1lLaG5xMyt1UGo5aU5qM
GdxNndpY2dFZUpSU1ZJeFB3NGZUeis1Z1QKME1ER2oveWYrcktWR3JmNGh1MF13aUhsMGpHb1FBeHBGYVdqVmpCVU1BNEdBMVVkRHdFQi93UUVBd01CQmpBUwpCZ05WSFJNQkFmOEVDREFHQVFIL0FnRUJNQjBHQTFVZERnUVdCQ1lFMU25vR
2Jjanp6YnVrSXlncWVSZ0EzdzFDCmpUQVBCZ05WSFJFRUNEQUdod1FBQUFBQU1Bb0dDQ3FHU000OUJBTUNBMGNBTUVRQ01BT1htSk8rZ1MrT2ZFVngKbW1IaytESHBiMERuYThqSkYwb0w4UEo3L091a0FpQS9RNys0UzB4KzdPMmF5TElie
H1lWUhjUzBRSVNNSTFSZAo2S1pDSTRtNGtnPT0KLS0tLS1FTkQgQ0VSVElGSUNBVEUtLS0tLQo= CAName: IssuerPublicKey:CgJPVQoEUm9sZQoMRW5yb2xsbWVudElEChBSZXZvY2F0aW9uSGFuZGxlEkQKIBLeR47eCAkF4v+uWsCf
qzd2J8QDA23jBvCEoTZWMrllEiCyXIHn4gwui/CZr4uWlSWSFEj6YZvG1C2rwHmm/iZjpBpECiD4T4n3ST1yOI/3wnoUZkYSzlHR1owftX5rdWSeAi6QkxIgIUwJzLl7n2UinioGdcEH+rvPpvb7NfYxQ3aOuGCsx0AiRAogIyzn1cbp3MJN
4gg3+g3O7t2Vpfx1A0ZROdaSvfKNB4YSIOIpvNgRf7TwKBxPSDnYFSCECm7bx5ozKPqh1s4jVCRWIkQKIMprmZr0N2Xw8rdRJHhuHU3pr34Hdxf19j4Sk45Yd2wdEiB45H1iCquEYTHRwj2LIaQjP2HoqqE2VUf+Oaqrr4qF6SJECiDz/R4D
FlnCly8iIdEHzG6pB8BNlKLmqpnFS/MxzmpthBIgDhh4LL27zyOTdBAttNLlPbrAEXbu6ZicmJglLPR7zv8iRAogsVMiB4t4eLFOftU0/TlztXYmo7WfnRECNMEI7bnhHfESIEy3NFWagSN3U9KZQ5twRBCmNfktc4mjK65sMkQssdh5KogB
CiDDESpdNp3eBvhc45s1EM9cLVF7iCHEk4LJAteDDXajKBIghmPh2Ls/OyGsGNEhxAdOV6OXttq0+MtAOCarlvU3qDUaIHGfRyEM7M4LyTqGVcFk+nlMcIL4nfWPxpX3JcBnSksoIiAxDdIRaM+c7E/RDP4Gr8ejeEeCx0oKRkbFVgDQQrR9
cDJECiDMb1FVc8xBF0MFIyRd7uWFgjj3gR2ssRkA39j/6S1IDxIgZOG8M0u0Vr63iWY/w3MfSBgXYW6PrgeXtEHYoBP6BO06RAogzp8ggCb5OTpUxS3cL46+uSEqb6dEEBP71p3mjWnev9cSIIA0GBaqVxv6zlaSAVNmv6U/0SuR18QqE3B2
n2nkePg1QiCqCPVbh0+yDj7wJqMzvS52wavyCruWGLbH5PoJEsuwpkogqO+g0sOueaKi9vfC4WUwM/yVTEGs2ImJJgUyMwUtHgdSIJfQra3WqD5G1IU3/oBvTyxI680qS8FTs9qLtVow70tO IssuerRevocationPublicKey:LS0tLS1CR
UdJTiBQVUJMSUMgS0VZLS0tLS0KTUhZd0VBWUhLb1pJemowQ0FRWUZLNEVFQUNJRFlnQUVBejVUS1pxZEx4WEF6bVN5THoyLzZSU1hlYXAvQ0JKbwp6dU8rVUlJNVJVUklNZDAwbXJEOFp4VlBLWERhM0hPZm5kVm1zanphWHBZd2k0RUhIU
lpidWtvSWJnWkhKcytJCmlVSnBENHFaVFVxU2xJeUpadHFSNUxGN1NEMnBSMVp5Ci0tLS0tRU5EIFBVQkxJQyBLRVktLS0tLQo= Version:]]
```


```
2024/06/17 18:06:18 [DEBUG] newEnrollmentResponse tls-ca-admin
2024/06/17 18:06:18 [INFO] Stored client certificate at /tmp/hyperledger/tls-ca/admin/msp/signcerts/cert.pem
2024/06/17 18:06:18 [INFO] Stored root CA certificate at /tmp/hyperledger/tls-ca/admin/msp/cacerts/0-0-0-0-7052.pem
2024/06/17 18:06:18 [INFO] Stored Issuer public key at /tmp/hyperledger/tls-ca/admin/msp/IssuerPublicKey
2024/06/17 18:06:18 [INFO] Stored Issuer revocation public key at /tmp/hyperledger/tls-ca/admin/msp/IssuerRevocationPublicKey
  Registrando peer1-org1  en TLS-CA ...
2024/06/17 18:06:25 [DEBUG] Set log level:
2024/06/17 18:06:25 [DEBUG] Home directory: /tmp/hyperledger/tls-ca/admin
2024/06/17 18:06:25 [INFO] Configuration file location: /tmp/hyperledger/tls-ca/admin/fabric-ca-client-config.yaml
2024/06/17 18:06:25 [DEBUG] Checking for enrollment
2024/06/17 18:06:25 [DEBUG] Initializing client with config: &{URL:https://0.0.0.0:7052 MSPDir:msp TLS:{Enabled:true CertFiles:[/tmp/hyperledger/tls-ca/crypto/tls-cert.pem] Client:
{KeyFile: CertFile:}} Enrollment:{ Name: Secret:**** CAName: AttrReqs:[] Profile: Label: CSR:<nil> Type:x509  } CSR:{CN:tls-ca-admin Names:[{C:US ST:North Carolina L: O:Hyperledger
 OU:Fabric SerialNumber:}] Hosts:[hfabric1] KeyRequest:0xc00051a060 CA:<nil> SerialNumber:} ID:{Name:peer1-org1 Type:peer Secret:peer1PW MaxEnrollments:0 Affiliation: Attributes:[]
 CAName:} Revoke:{Name: Serial: AKI: Reason: CAName: GenCRL:false} CAInfo:{CAName:} CAName: CSP:0xc000012198 Debug:true LogLevel: Idemix:{Curve:amcl.Fp256bn}}
2024/06/17 18:06:25 [DEBUG] Initializing BCCSP: &{Default:SW SW:0xc00051a0a0}
2024/06/17 18:06:25 [DEBUG] Initializing BCCSP with software options &{Security:256 Hash:SHA2 FileKeystore:0xc00024a190}
2024/06/17 18:06:25 [INFO] TLS Enabled
2024/06/17 18:06:25 [DEBUG] CA Files: [/tmp/hyperledger/tls-ca/crypto/tls-cert.pem]
2024/06/17 18:06:25 [DEBUG] Client Cert File:
2024/06/17 18:06:25 [DEBUG] Client Key File:
2024/06/17 18:06:25 [DEBUG] Client TLS certificate and/or key file not provided
2024/06/17 18:06:25 [DEBUG] Using curve amcl.Fp256bn for Idemix
2024/06/17 18:06:25 [DEBUG] CheckIdemixEnrollment - ipkFile: /tmp/hyperledger/tls-ca/admin/msp/IssuerPublicKey, idemixCredFile: /tmp/hyperledger/tls-ca/admin/msp/user/SignerConfig
2024/06/17 18:06:25 [DEBUG] Client configuration settings: &{URL:https://0.0.0.0:7052 MSPDir:/tmp/hyperledger/tls-ca/admin/msp TLS:{Enabled:true CertFiles:[/tmp/hyperledger/tls-ca/
crypto/tls-cert.pem] Client:{KeyFile: CertFile:}} Enrollment:{ Name: Secret:**** CAName: AttrReqs:[] Profile: Label: CSR:<nil> Type:x509  } CSR:{CN:tls-ca-admin Names:[{C:US ST:Nor
th Carolina L: O:Hyperledger OU:Fabric SerialNumber:}] Hosts:[hfabric1] KeyRequest:0xc00051a060 CA:<nil> SerialNumber:} ID:{Name:peer1-org1 Type:peer Secret:peer1PW MaxEnrollments:
0 Affiliation: Attributes:[] CAName:} Revoke:{Name: Serial: AKI: Reason: CAName: GenCRL:false} CAInfo:{CAName:} CAName: CSP:0xc000012198 Debug:true LogLevel: Idemix:{Curve:amcl.Fp2
56bn}}
2024/06/17 18:06:25 [DEBUG] Entered runRegister
2024/06/17 18:06:25 [DEBUG] LoadMyIdentity
2024/06/17 18:06:25 [DEBUG] Initializing client with config: &{URL:https://0.0.0.0:7052 MSPDir:/tmp/hyperledger/tls-ca/admin/msp TLS:{Enabled:true CertFiles:[/tmp/hyperledger/tls-c
a/crypto/tls-cert.pem] Client:{KeyFile: CertFile:}} Enrollment:{ Name: Secret:**** CAName: AttrReqs:[] Profile: Label: CSR:<nil> Type:x509  } CSR:{CN:tls-ca-admin Names:[{C:US ST:N
orth Carolina L: O:Hyperledger OU:Fabric SerialNumber:}] Hosts:[hfabric1] KeyRequest:0xc00051a060 CA:<nil> SerialNumber:} ID:{Name:peer1-org1 Type:peer Secret:peer1PW MaxEnrollment
s:0 Affiliation: Attributes:[] CAName:} Revoke:{Name: Serial: AKI: Reason: CAName: GenCRL:false} CAInfo:{CAName:} CAName: CSP:0xc000012198 Debug:true LogLevel: Idemix:{Curve:amcl.F
p256bn}}
2024/06/17 18:06:25 [DEBUG] Initializing BCCSP: &{Default:SW SW:0xc00051a0a0}
2024/06/17 18:06:25 [DEBUG] Initializing BCCSP with software options &{Security:256 Hash:SHA2 FileKeystore:0xc00024a190}
2024/06/17 18:06:25 [INFO] TLS Enabled
2024/06/17 18:06:25 [DEBUG] CA Files: [/tmp/hyperledger/tls-ca/crypto/tls-cert.pem]
2024/06/17 18:06:25 [DEBUG] Client Cert File:
2024/06/17 18:06:25 [DEBUG] Client Key File:
2024/06/17 18:06:25 [DEBUG] Client TLS certificate and/or key file not provided
2024/06/17 18:06:25 [DEBUG] Using curve amcl.Fp256bn for Idemix
2024/06/17 18:06:25 [DEBUG] Loading identity: keyFile=/tmp/hyperledger/tls-ca/admin/msp/keystore/key.pem, certFile=/tmp/hyperledger/tls-ca/admin/msp/signcerts/cert.pem
2024/06/17 18:06:25 [DEBUG] No credential found at /tmp/hyperledger/tls-ca/admin/msp/user/SignerConfig: open /tmp/hyperledger/tls-ca/admin/msp/user/SignerConfig: no such file or di
rectory
2024/06/17 18:06:25 [DEBUG] No Idemix credential found at /tmp/hyperledger/tls-ca/admin/msp/user/SignerConfig
2024/06/17 18:06:25 [DEBUG] Register { Name:peer1-org1 Type:peer Secret:**** MaxEnrollments:0 Affiliation: Attributes:[] CAName:  }
2024/06/17 18:06:25 [DEBUG] Adding token-based authorization header
2024/06/17 18:06:25 [DEBUG] Sending request
POST https://0.0.0.0:7052/register
{"id":"peer1-org1","type":"peer","secret":"peer1PW","affiliation":""}
2024/06/17 18:06:25 [DEBUG] Received response
statusCode=201 (201 Created)
2024/06/17 18:06:25 [DEBUG] Response body result: map[secret:peer1PW]
2024/06/17 18:06:25 [DEBUG] The register request completed successfully
Password: peer1PW
```

**Figura 83:** Salida parcial del script **00_levantar_CAs.sh.**

Vamos a analizar las figuras 82 y 83, y a destacar las operaciones que se realizan observando el código y su ejecución del script, donde básicamente registramos componentes de red en entidades certificadoras:

Línea 1: Acceso a las herramientas facilitadas por Hyperledger Fabric: **configtxlator**, **cryptogen**, **discover**, **fabric-ca-client**, **fabric-ca-server**, **ledgerutil**, **orderer**, **osnadmin**, **peer**. Son todas aquellas herramientas instaladas con el parámetro binary al ejecutar en la instalación de HF el script `install-fabric.sh`.

Línea 4: Levantar tres entidades certificadoras: **rca-org1**, **rca-org2** y **ca-tls** (o, lo que es lo mismo, sus contenedores).

Líneas 8 y 9: Obtención del usuario de consola y asignación de propiedad del directorio **/tmp/hyperledger** para almacenar todos los certificados digitales (formato X.509) e información msp (members service provider) que se generen para cada componente de la red.

Líneas 14 y 15: Definición de las variables de entorno necesarias para el buen funcionamiento de la herramienta **fabric-ca-client**. En este caso, la ruta al certificado digital para acceder a la entidad certificadora **ca-tls** (para poder registrar en este nodo **fabric-ca-server**) y la carpeta donde almacenar el material criptográfico de los componentes registrados (nodos y usuarios) de org1 y org2 y el certificado digital de **tls-ca-admin**.

```
export FABRIC_CA_CLIENT_TLS_CERTFILES=/tmp/hyperledger/tls-ca/crypto/tls-cert.pem
export FABRIC_CA_CLIENT_HOME=/tmp/hyperledger/tls-ca/admin
```

Línea 17: Obtenemos el certificado digital de **tls-ca-admin** (operación enroll, posible porque **tls-ca-admin** ya se registró al dar de alta el contenedor).

Línea 21: Registramos **peer1-org1** indicando sus características: **id.name**, **id.secret**, **id.type** y la **url** de la entidad certificadora **ca-tls**.

Línea 24, 27, 30: Hacemos el registro en **ca-tls** para **peer1-org2**, **orderer1-org1**, **orderer1-org2**.

Línea 33, 36: Hacemos el registro en **ca-tls** para los usuarios **admin-org1** y **admin-org2**.

En este punto, ya hemos registrado todos los componentes de **ca-tls**. Nos queda registrar los componentes de cada organización en su entidad certificadora.

Línea 40, 41: Modificamos las variables de entorno para que contengan el valor de la ruta del certificado digital de la entidad certificadora **rca-org1** y la ruta de la carpeta donde almacenaremos el material criptográfico (`publicKey`, `keystore` serán las carpetas que almacenen la clave pública y privada) y `msp` los miembros que pertenecen a esta entidad certificadora.

Línea 43: Obtenemos el certificado digital del usuario administrador de **rca-org1**.

Líneas 48, 51 y 54: Registramos los nodos **peer1-org1**, **orderer1-org1** y el usuario **admin** en **rca-org1**.

Este proceso se repite para **rca-org2**, finalizando el script habiendo registrado cada componente de red donde necesitaba estar registrado para poder obtener su certificado digital en la ejecución del siguiente script **01_certificar_Orgs.sh**.

Para que el usuario de **HFLines** pueda seguir todo el proceso a medida que va realizándose, se han insertado mensajes que informan en la línea de comandos de cada registro. Las órdenes `sleep` son muy necesarias, pues los registros tienen sus tiempos de latencia que hay que respetar, al mismo tiempo que nos permiten leer los resultados y mensajes por pantalla.

**Paso 3**

La siguiente operación finalizará el procedimiento iniciado en el paso anterior. Se obtendrá todo el material criptográfico para operar con seguridad en la red Hyperledger Fabric **HFLines**. Todo el proceso está automatizado en el script **01_certificar_Orgs.sh** y en segundo plano se va almacenando todo este material de manera ordenada en la estructura de directorios **/tmp/hyperledger**. Como en el paso anterior, mostramos el código (figura 84) y luego la salida por terminal (figura 85):

01_certificar_Orgs.sh ×

01_certificar_Orgs.sh

```
. color.sh

echo -e $WHITE_L Emisión de certificados para la organización $GREEN Org1$NORMAL!
echo -e $WHITE_L Emisión de certificado CA para $GREEN peer1-org1$NORMAL!
sleep 3

mkdir -p /tmp/hyperledger/org1/peer1/assets/ca
cp /tmp/hyperledger/org1/ca/admin/msp/cacerts/0-0-0-0-7054.pem /tmp/hyperledger/org1/peer1/assets/ca/org1-ca-cert.pem

mkdir -p /tmp/hyperledger/org1/peer1/assets/tls-ca
cp /tmp/hyperledger/tls-ca/admin/msp/cacerts/0-0-0-0-7052.pem /tmp/hyperledger/org1/peer1/assets/tls-ca/tls-ca-cert.pem

export FABRIC_CA_CLIENT_HOME=/tmp/hyperledger/org1/peer1
export FABRIC_CA_CLIENT_TLS_CERTFILES=/tmp/hyperledger/org1/peer1/assets/ca/org1-ca-cert.pem
export FABRIC_CA_CLIENT_MSPDIR=msp

fabric-ca-client enroll -d -u https://peer1-org1:peer1PW@0.0.0.0:7054
sleep 5

echo -e $WHITE_L Emisión de certificado TLS para $GREEN peer1-org1$NORMAL!
sleep 2

export FABRIC_CA_CLIENT_MSPDIR=tls-msp
export FABRIC_CA_CLIENT_TLS_CERTFILES=/tmp/hyperledger/org1/peer1/assets/tls-ca/tls-ca-cert.pem

fabric-ca-client enroll -d -u https://peer1-org1:peer1PW@0.0.0.0:7052 --enrollment.profile tls --csr.hosts peer1-org1 --csr.hosts localhost
sleep 5

cp /tmp/hyperledger/org1/peer1/tls-msp/keystore/*_sk /tmp/hyperledger/org1/peer1/tls-msp/keystore/key.pem

echo -e $WHITE_L Emisión de certificado CA para $GREEN orderer1-org1$NORMAL!
sleep 2


mkdir -p /tmp/hyperledger/org1/orderer1/assets/ca
cp /tmp/hyperledger/org1/ca/admin/msp/cacerts/0-0-0-0-7054.pem /tmp/hyperledger/org1/orderer1/assets/ca/org1-ca-cert.pem

mkdir -p /tmp/hyperledger/org1/orderer1/assets/tls-ca
cp /tmp/hyperledger/tls-ca/admin/msp/cacerts/0-0-0-0-7052.pem /tmp/hyperledger/org1/orderer1/assets/tls-ca/tls-ca-cert.pem


export FABRIC_CA_CLIENT_HOME=/tmp/hyperledger/org1/orderer1
export FABRIC_CA_CLIENT_TLS_CERTFILES=/tmp/hyperledger/org1/orderer1/assets/ca/org1-ca-cert.pem
export FABRIC_CA_CLIENT_MSPDIR=msp

fabric-ca-client enroll -d -u https://orderer1-org1:ordererpw@0.0.0.0:7054
sleep 5

echo -e $WHITE_L Emisión de certificado TLS para $GREEN orderer1-org1$NORMAL!
sleep 2


export FABRIC_CA_CLIENT_MSPDIR=tls-msp
export FABRIC_CA_CLIENT_TLS_CERTFILES=/tmp/hyperledger/org1/orderer1/assets/tls-ca/tls-ca-cert.pem

fabric-ca-client enroll -d -u https://orderer1-org1:ordererPW@0.0.0.0:7052 --enrollment.profile tls --csr.hosts orderer1-org1 --csr.hosts localhost
sleep 5

cp /tmp/hyperledger/org1/orderer1/tls-msp/keystore/*_sk /tmp/hyperledger/org1/orderer1/tls-msp/keystore/key.pem

echo -e $WHITE_L Emisión de certificado CA para $GREEN admin-org1$NORMAL!
sleep 2

export FABRIC_CA_CLIENT_HOME=/tmp/hyperledger/org1/admin
export FABRIC_CA_CLIENT_TLS_CERTFILES=/tmp/hyperledger/org1/peer1/assets/ca/org1-ca-cert.pem
export FABRIC_CA_CLIENT_MSPDIR=msp

fabric-ca-client enroll -d -u https://admin-org1:org1AdminPW@0.0.0.0:7054

echo -e $WHITE_L Emisión de certificado TLS para $GREEN admin-org1$NORMAL!
sleep 2
export FABRIC_CA_CLIENT_MSPDIR=tls-msp
export FABRIC_CA_CLIENT_TLS_CERTFILES=/tmp/hyperledger/org1/peer1/assets/tls-ca/tls-ca-cert.pem

fabric-ca-client enroll -d -u https://admin-org1:org1AdminPW@0.0.0.0:7052 --enrollment.profile tls
sleep 5

cp /tmp/hyperledger/org1/admin/tls-msp/keystore/*_sk /tmp/hyperledger/org1/admin/tls-msp/keystore/key.pem


mkdir -p /tmp/hyperledger/org1/peer1/msp/admincerts
cp /tmp/hyperledger/org1/admin/msp/signcerts/cert.pem /tmp/hyperledger/org1/peer1/msp/admincerts/org1-admin-cert.pem

mkdir -p /tmp/hyperledger/org1/admin/msp/admincerts
cp /tmp/hyperledger/org1/admin/msp/signcerts/cert.pem /tmp/hyperledger/org1/admin/msp/admincerts/org1-admin-cert.pem

mkdir -p /tmp/hyperledger/org1/msp/{admincerts,cacerts,tlscacerts,users}
cp /tmp/hyperledger/org1/peer1/assets/ca/org1-ca-cert.pem /tmp/hyperledger/org1/msp/cacerts/
cp /tmp/hyperledger/org1/peer1/assets/tls-ca/tls-ca-cert.pem /tmp/hyperledger/org1/msp/tlscacerts/
cp /tmp/hyperledger/org1/admin/msp/signcerts/cert.pem /tmp/hyperledger/org1/msp/admincerts/admin-org1-cert.pem
cp ./org1-config.yaml /tmp/hyperledger/org1/msp/config.yaml
cp ./org1-config.yaml /tmp/hyperledger/org1/orderer1/msp/config.yaml

echo -e $WHITE_L Emisión de certificados para la organización $GREEN Org2$NORMAL!
echo -e $WHITE_L Emisión de certificado CA para $GREEN peer1-org2$NORMAL!
```

**Figura 84:** Contenido parcial del script **01_certificar_Orgs.sh**.

```
esbrinachain@hfabric1:~/fabric-samples/hflines$ ./01_certificar_Orgs.sh
  Emisión de certificados para la organización  Org1!
  Emisión de certificado CA para  peer1-org1!
2024/06/17 19:54:04 [DEBUG] Set log level:
2024/06/17 19:54:04 [DEBUG] Home directory: /tmp/hyperledger/org1/peer1
2024/06/17 19:54:04 [INFO] Created a default configuration file at /tmp/hyperledger/org1/peer1/fabric-ca-client-config.yaml
2024/06/17 19:54:04 [DEBUG] Client configuration settings: &{URL:https://peer1-org1:peer1PW@0.0.0.0:7054 MSPDir:msp TLS:{Enabled:true CertFiles:[/tmp/hyperledger/org1/peer1/assets/
ca/org1-ca-cert.pem] Client:{KeyFile: CertFile:}} Enrollment:{ Name: Secret:**** CAName: AttrReqs:[] Profile: Label: CSR:<nil> Type:x509  } CSR:{CN:peer1-org1 Names:[{C:US ST:North
 Carolina L: O:Hyperledger OU:Fabric SerialNumber:}] Hosts:[hfabric1] KeyRequest:0xc0004203c0 CA:<nil> SerialNumber:} ID:{Name: Type:client Secret: MaxEnrollments:0 Affiliation: At
tributes:[] CAName:} Revoke:{Name: Serial: AKI: Reason: CAName: GenCRL:false} CAInfo:{CAName:} CAName: CSP:0xc000012630 Debug:true LogLevel: Idemix:{Curve:amcl.Fp256bn}}
2024/06/17 19:54:04 [DEBUG] Entered runEnroll
2024/06/17 19:54:04 [DEBUG] Enrolling { Name:peer1-org1 Secret:**** CAName: AttrReqs:[] Profile: Label: CSR:&{peer1-org1 [{US North Carolina  Hyperledger Fabric }] [hfabric1] 0xc00
04203c0 <nil> } Type:x509  }
2024/06/17 19:54:04 [DEBUG] Initializing client with config: &{URL:https://0.0.0.0:7054 MSPDir:msp TLS:{Enabled:true CertFiles:[/tmp/hyperledger/org1/peer1/assets/ca/org1-ca-cert.p
em] Client:{KeyFile: CertFile:}} Enrollment:{ Name:peer1-org1 Secret:**** CAName: AttrReqs:[] Profile: Label: CSR:&{peer1-org1 [{US North Carolina  Hyperledger Fabric }] [hfabric1]
 0xc0004203c0 <nil> } Type:x509  } CSR:{CN:peer1-org1 Names:[{C:US ST:North Carolina L: O:Hyperledger OU:Fabric SerialNumber:}] Hosts:[hfabric1] KeyRequest:0xc0004203c0 CA:<nil> Se
rialNumber:} ID:{Name: Type:client Secret: MaxEnrollments:0 Affiliation: Attributes:[] CAName:} Revoke:{Name: Serial: AKI: Reason: CAName: GenCRL:false} CAInfo:{CAName:} CAName: CS
P:0xc000012630 Debug:true LogLevel: Idemix:{Curve:amcl.Fp256bn}}
2024/06/17 19:54:04 [DEBUG] Initializing BCCSP: &{Default:SW SW:0xc000420400}
2024/06/17 19:54:04 [DEBUG] Initializing BCCSP with software options &{Security:256 Hash:SHA2 FileKeystore:0xc0004190d0}
2024/06/17 19:54:04 [INFO] TLS Enabled
2024/06/17 19:54:04 [DEBUG] CA Files: [/tmp/hyperledger/org1/peer1/assets/ca/org1-ca-cert.pem]
2024/06/17 19:54:04 [DEBUG] Client Cert File:
2024/06/17 19:54:04 [DEBUG] Client Key File:
2024/06/17 19:54:04 [DEBUG] Client TLS certificate and/or key file not provided
2024/06/17 19:54:04 [DEBUG] Using curve amcl.Fp256bn for Idemix
2024/06/17 19:54:04 [DEBUG] GenCSR &{CN:peer1-org1 Names:[{C:US ST:North Carolina L: O:Hyperledger OU:Fabric SerialNumber:}] Hosts:[hfabric1] KeyRequest:0xc0004203c0 CA:<nil> Seria
lNumber:}
2024/06/17 19:54:04 [INFO] generating key: &{A:ecdsa S:256}
2024/06/17 19:54:04 [DEBUG] generate key from request: algo=ecdsa, size=256
2024/06/17 19:54:04 [INFO] encoded CSR
2024/06/17 19:54:04 [DEBUG] Sending request
POST https://0.0.0.0:7054/enroll
```


```
{"hosts":["hfabric1"],"certificate_request":"-----BEGIN CERTIFICATE REQUEST-----\nMIIBQjCB6gIBADBiMQswCQYDVQQGEwJVUzEXMBUGA1UECBMOTm9ydGggQ2Fyb2xp\nbmExFDASBgNVBAoTC0h5cGVybGVkZ2Vy
MQ8wDQYDVQQLEwZGYWJyaWMxEzARBgNV\nBAMTCnBlZXIxLW9yZzEwWTATBgcqhkjOPQIBBggqhkjOPQMBBwNCAATNaPjOKnfO\nyRcaY2mtd+DMJBPedAycvbO3WugJs6diguNtiyAZK2+D8p+yX9aGS9mLJcO0+HZW\nb79CIzq0/PploC
YwJAYJKoZIhvcNAQkOMRcwFTATBgNVHREEDDAKgghoZmFicmlj\nMTAKBggqhkjOPQQDAgNHADBEAiAqssQV9tt68pux9fxZICoRyj953DEwtjD3Cbvz\nVdd7bwIgP0xJVId68XOh/B8XtR/KNNFg9XaA9PnYNprAOlv1mFw=\n-----END
 CERTIFICATE REQUEST-----\n","profile":"","crl_override":"","label":"","NotBefore":"0001-01-01T00:00:00Z","NotAfter":"0001-01-01T00:00:00Z","ReturnPrecert":false,"CAName":""}
```


```
2024/06/17 19:54:04 [DEBUG] Received response
statusCode=201 (201 Created)
```


```
2024/06/17 19:54:04 [DEBUG] Response body result: map[Cert:LS0tLS1CRUdJTiBDRVJUSUZJQ0FURS0tLS0tCk1JSUNsakNDQWp5Z0F3SUJBZ0lVUnk3RExUZUZ0elhGOUQwNGF1Qk9NeXdGcTN3d0NnWUlLb1pJemowRUF3S
XcKWURFTE1Ba0dBMVVFQmhNQ1ZWTXhGekFWQmdOVkJBZ1REazV2Y25Sb0lFTmhjbTlzYVc1aE1SUXdFZ1lEVlFRSwpFd3RJZVhCbGNteGxaR2RsY2pFUE1BMEdBMVVFQ3hNR1JtRmljbWxqTVJFd0R3WURWUVFERXdoeVkyRXRiM0puTCk1UQ
WVGdzB5TkRBMk1UY3hPREF4TURCYUZ3MHl0VEEyTVRjeE9UVTBNREJhTUdBeEN6QUpCZ05WQkFZVEFsVlQKTVJjd0ZRWURWUVFJRXc1T2IzSjBhQ0JEWVhKdmJHbHVZVEVVTUJJR0ExVUVDaE1MU0hsd1pYSnNaV1JuWlhJeApEVEFMQmdOV
kJBc1RCSEJsWlhJeEV6QVJCZ05WQkFNVENuQmxaWEl4TFc5eVp6RXdXVEFUQmdjcWhrak9QUU1CCkJnZ3Foa2pPUFFNQkJ3TkNBQVROYVBqT0tuZk95UmNhWTJtdGQrRE1KQlBlZEF5Y3ZiTzNXdWdKczZkaWd1TnQKaXlBWksyK0Q4cCt5W
DlhR1M5bUxKYzBPK0haV2I3OUNJenEwL1BwMW80SFNSUhRTUE0R0ExVWREd0VCL3dRRQpBd0lIZ0RBTUJnTlZIUk1CQWY4RUFqQUFNQjBHQTFVZERnUVdCQlIvWjBuRVJGaHdLL1I2WnJGZTltOTF5L25wClBUQWZCZ05WSFNNRUdEQVdnQ
lJGRFhpOXZ5ZnpxWHAxa0VZdC90NXNaczZNVGpBVEJnTlZIUkVFRERBS2dnaG8KWm1GaWNtbGpNVEJiQmdncUF3UUZCZ2NJQVFSUGV5SmhkSFJ5Y3lJNmV5Sm9aaTVCWmlacGJHbGhkR2x2YmlJNgpJaUlzSW1obUxrVnVjbTlzYkcxbGJuU
kpSQ0k2SW5CbFpYSXhMVzl5WnpFaUxDSm9aaTVVZVhCbEl qb2ljR1ZsCmNpSjlmVEFLQmdncWhrak9QUVFEQWdOSUFEQkZBaUVBdnI0UXRPcW1GTDY2UkF5Ky9nNk5nVm1DQUQ3dHRBb2QKM3BlRF1ZVTJSMVlDSUFtaEk1VW5YNnNmK0RwM
XpUWmRnbWxJYWc4TDBrbzhXN2QrVTQ0RUdqancKLS0tLS1FTkQgQ0VSVElGSUNBVEUtLS0tLQo= ServerInfo:map[CAChain:LS0tLS1CRUdJTiBDRVJUSUZJQ0FURS0tLS0tCk1JSUNGekNDQWI2Z0F3SUJBZ0lVQzJxRHdZRHJaTOI2Z
3JyOWtwSi9xZEVMUTJJd0NnWUlLb1pJemowRUF3SXcKWURFTE1Ba0dBMVVFQmhNQ1ZWTXhGekFWQmdOVkJBZ1REazV2Y25Sb0lFTmhjbTlzYVc1aE1SUXdFZ1lEVlFRSwpFd3RJZVhCbGNteGxaR2RsY2pFUE1BMEdBMVVFQ3hNR1JtRmljb
WxqTVJFd0R3WURWUVFERXdoeVkyRXRiM0puTCk1UQWVGdzB5TkRBMk1UY3hPREF4TURCYUZ3MHpPVEEyTVRReE9EQXhNREJhTUdBeEN6QUpCZ05WQkFZVEFsVlQKTVJjd0ZRWURWUVFJRXc1T2IzSjBhQ0JEWVhKdmJHbHVZVEVVTUJJR0ExV
UVDaE1MU0hsd1pYSnNaV1JuWlhJeApEekFOQmdOVkJBc1RCa1poWW5KcFl6RVJNQThHQTFVRUF4TUljbU5oTFc5eVp6RXdXVEFUQmdjcWhrak9QUU1CCkJnZ3Foa2pPUFFNQkJ3TkNBQVJOMWtobXdyenYzUHdlbldOTFVFNVFlbHVKa25Fd
jBKZXFSdlpWcEtxaGNxSzgKaE8vNlV6eTB1SFdiMVZzTmlkSDREWUFBSVl4aWFSeXN2M3Z0aGhROW8xWXdWREFPQmdOVkhROEJBZjhFQkFNQwpBUVl3RWdZRFZSMFRBUUgvQkFnd0JnRUIvd0lCQVRBZEJnTlZIUTRFRmdRVVJRMTR2YjhuO
DZsNmRaQkdMZjdlCmJHYk9qRTR3RHdZRFZSMFJCQWd3Qm9jRUFBQUFBREFLQmdncWhrak9QUVFEQWdOSEFEQkVBaUFwampXTDdkSmgKLytNaXg5RElmYTdsNDNUanpyelRvYUhjR3lEOWt6Tm9Fd01nQ1JxSmloTXVsZTkyT0JwSmU0OWUhU
UZlOGJzSApxREpMdUpFdnR0Si9BWFk9Ci0tLS0tRU5EIENFUlRJRklDQVRFLS0tLS0K CAName: IssuerPublicKey:CgJPVQoEUm9sZQoMRW5yb2xsbWVudElEChBSZXZvY2F0aW9uSGFuZGxlEkQKIB+u31oDlb0Ax7ugVPsgmEts9Wsk
nfwv0SwcVqg0GxQwEiBG9kFe4ONMimMzj3fb1eEnUlmBj0PmsNyRmTLKQ65NCxpECiCgq6CFJF4QFLyw+uDwftdP2EIjIbPVtY1IgjDaorsNKxIg4+95AdWuLsPCC7rk1Y6yPQWdJJCjhG+LtNrZV42BXPYiRAogxTGYeNdD+AuaRwzYDKFI
x5l1hj35RtNHBiD2Hfk44HMSIOnYRDdBQ+edj1+lFnsiH4wj2nvLYfqia8mBDMC43cltIkQKILh6O52gT6VrRh6MqR5MjQRd0GU93ajSuQTOn+kEKEcREiD4mnLNeA77ltx5F6XALNXZONrqNI0PLqaSDw/8NiS3ryJECiDQ0iy6CZM6ufV0
8jRCva+3xa0PELYDjZW4Ul+EXgUqABIgfv0dridaitF3PvxRkdkSB22kqdWXzJBTYUS+kczTVlkiRAogGoJbL05mlVUDDe/2IpH3A0APTlf79XZpjts0xxMof/kSIB3Xd9oDguulfsoAjtln137ZH5A0AB9gnjeMvCXWUaJ/KogBCiBcM5Yf
qgxmzNRWuxascDkfJsR3yp7FRJfHShcRNRFCTRIgBqaTp0Y6rjcMIr1rumGeTjaHINmI2EN2dWC2ckT2KHsaIBBZvtozo/Bp/BicsmpltVjNBWGTBF3TLL/1jdW0akp7IiCKwzTBpvbQXPGB1MUf1fJdS72etAAgUzyRHmDPVl2fsDJECiD1
Kfo3+qxsXWyaApjSpncLkPmkWbh054OKpy/vFyAV9hIgkRJGWgDnAx4gSa/nq35S5jykGkdtYUgp7PHc6z47FOA6RAoggsf1GWwqxFYMWmjBr8KUeZHg3OamqaVc/lTCPpudF7sSIHCm95U+98KZWAF29ZGa74JUZx2Wq/ziQiPK4Uj8/C9i
QiBdHM3m/wDAW5CPdpB9YUzYw9letLaMRO5qv5A09rlLe0og7nS8kjs5DlxCWOxZL3w5vtBCbkAE4c1UBoWpaf63uIlSIMlN++VAhPiB0pqjfcMGn+/H15Z8RdwKrN/0OD3taB/O IssuerRevocationPublicKey:LS0tLS1CRUdJTiBQV
UJMSUMgS0VZLS0tLS0KTUhZd0VBWUhLb1pJemowQ0FRWUZLNEVFQUNJRFlnQUVXQkFUOFN5ajBQVWx0YWYxUnpwbm53cEM4R1JyaHI4ZQppRGtHZmZNejI3aEdEbFl0MUY3dDhiang2ZmdoRnNGWTFoNElJZ0Ywa3R2VWZRWVFSRjRqalE4d
2h2WEFMT1RXCjI0Q1k2dU9nM25ERVRuVFc2TWo4VnFLTjRKTU44UC9YCi0tLS0tRU5EIFBVQkxJQyBLRVktLS0tLQo= Version:]]
```


```
2024/06/17 19:54:04 [DEBUG] newEnrollmentResponse peer1-org1
2024/06/17 19:54:04 [INFO] Stored client certificate at /tmp/hyperledger/org1/peer1/msp/signcerts/cert.pem
2024/06/17 19:54:04 [INFO] Stored root CA certificate at /tmp/hyperledger/org1/peer1/msp/cacerts/0-0-0-0-7054.pem
2024/06/17 19:54:04 [INFO] Stored Issuer public key at /tmp/hyperledger/org1/peer1/msp/IssuerPublicKey
2024/06/17 19:54:04 [INFO] Stored Issuer revocation public key at /tmp/hyperledger/org1/peer1/msp/IssuerRevocationPublicKey
  Emisión de certificado TLS para  peer1-org1!
2024/06/17 19:54:11 [DEBUG] Set log level:
2024/06/17 19:54:11 [DEBUG] Home directory: /tmp/hyperledger/org1/peer1
2024/06/17 19:54:11 [DEBUG] Client configuration settings: &{URL:https://peer1-org1:peer1PW@0.0.0.0:7052 MSPDir:tls-msp TLS:{Enabled:true CertFiles:[/tmp/hyperledger/org1/peer1/ass
ets/tls-ca/tls-ca-cert.pem] Client:{KeyFile: CertFile:}} Enrollment:{ Name: Secret:**** CAName: AttrReqs:[] Profile:tls Label: CSR:<nil> Type:x509  } CSR:{CN:peer1-org1 Names:[{C:U
S ST:North Carolina L: O:Hyperledger OU:Fabric SerialNumber:}] Hosts:[peer1-org1 localhost] KeyRequest:0xc000513780 CA:<nil> SerialNumber:} ID:{Name: Type:client Secret: MaxEnrollm
ents:0 Affiliation: Attributes:[] CAName:} Revoke:{Name: Serial: AKI: Reason: CAName: GenCRL:false} CAInfo:{CAName:} CAName: CSP:0xc000480468 Debug:true LogLevel: Idemix:{Curve:amc
l.Fp256bn}}
2024/06/17 19:54:11 [DEBUG] Entered runEnroll
2024/06/17 19:54:11 [DEBUG] Enrolling { Name:peer1-org1 Secret:**** CAName: AttrReqs:[] Profile:tls Label: CSR:&{peer1-org1 [{US North Carolina  Hyperledger Fabric }] [peer1-org1 l
ocalhost] 0xc000513780 <nil> } Type:x509  }
2024/06/17 19:54:11 [DEBUG] Initializing client with config: &{URL:https://0.0.0.0:7052 MSPDir:tls-msp TLS:{Enabled:true CertFiles:[/tmp/hyperledger/org1/peer1/assets/tls-ca/tls-ca
-cert.pem] Client:{KeyFile: CertFile:}} Enrollment:{ Name:peer1-org1 Secret:**** CAName: AttrReqs:[] Profile:tls Label: CSR:&{peer1-org1 [{US North Carolina  Hyperledger Fabric }]
[peer1-org1 localhost] 0xc000513780 <nil> } Type:x509  } CSR:{CN:peer1-org1 Names:[{C:US ST:North Carolina L: O:Hyperledger OU:Fabric SerialNumber:}] Hosts:[peer1-org1 localhost] K
eyRequest:0xc000513780 CA:<nil> SerialNumber:} ID:{Name: Type:client Secret: MaxEnrollments:0 Affiliation: Attributes:[] CAName:} Revoke:{Name: Serial: AKI: Reason: CAName: GenCRL:
false} CAInfo:{CAName:} CAName: CSP:0xc000480468 Debug:true LogLevel: Idemix:{Curve:amcl.Fp256bn}}
2024/06/17 19:54:11 [DEBUG] Initializing BCCSP: &{Default:SW SW:0xc0005137c0}
2024/06/17 19:54:11 [DEBUG] Initializing BCCSP with software options &{Security:256 Hash:SHA2 FileKeystore:0xc00023b9f0}
2024/06/17 19:54:11 [INFO] TLS Enabled
2024/06/17 19:54:11 [DEBUG] CA Files: [/tmp/hyperledger/org1/peer1/assets/tls-ca/tls-ca-cert.pem]
2024/06/17 19:54:11 [DEBUG] Client Cert File:
2024/06/17 19:54:11 [DEBUG] Client Key File:
2024/06/17 19:54:11 [DEBUG] Client TLS certificate and/or key file not provided
2024/06/17 19:54:11 [DEBUG] Using curve amcl.Fp256bn for Idemix
2024/06/17 19:54:11 [DEBUG] GenCSR &{CN:peer1-org1 Names:[{C:US ST:North Carolina L: O:Hyperledger OU:Fabric SerialNumber:}] Hosts:[peer1-org1 localhost] KeyRequest:0xc000513780 CA
:<nil> SerialNumber:}
2024/06/17 19:54:11 [INFO] generating key: &{A:ecdsa S:256}
2024/06/17 19:54:11 [DEBUG] generate key from request: algo=ecdsa, size=256
2024/06/17 19:54:11 [INFO] encoded CSR
2024/06/17 19:54:11 [DEBUG] Sending request
POST https://0.0.0.0:7052/enroll
```


```
{"hosts":["peer1-org1","localhost"],"certificate_request":"-----BEGIN CERTIFICATE REQUEST-----\nMIIBTzCB9wIBADBiMQswCQYDVQQGEwJVUzEXMBUGA1UECBMOTm9ydGggQ2Fyb2xp\nbmExFDASBgNVBAoTC0
h5cGVybGVkZ2VyMQ8wDQYDVQQLEwZGYWJyaWMxEzARBgNV\nBAMTCnBlZXIxLW9yZzEwWTATBgcqhkjOPQIBBggqhkjOPQMBBwNCAARuANWGipaa\nhlOUpTuBVFRB30nz+3Z1SvmNduwJJdiotNgRKHgHpi9On31pzGWUsrD0c9vAh3a/\n
MdTrAs304AnvoDMwMQYJKoZIhvcNAQkOMSQwIjAgBgNVHREEGTAXggpwZWVyMS1v\ncmcxgglsb2NhbGhvc3QwCgYIKoZIzj0EAwIDRwAwRAIgZI1BTyzE7hCKLIC97QHt\nYSPTEeChOnNnECk1V9CKNQkCIByi7d0wWAKWB7gBJ87IGMCn
WGXt0oi7ctScDaQ0\nBg8x\n-----END CERTIFICATE REQUEST-----\n","profile":"tls","crl_override":"","label":"","NotBefore":"0001-01-01T00:00:00Z","NotAfter":"0001-01-01T00:00:00Z","Retu
rnPrecert":false,"CAName":""}
```


```
2024/06/17 19:54:11 [DEBUG] Received response
statusCode=201 (201 Created)
```


```
2024/06/17 19:54:11 [DEBUG] Response body result: map[Cert:LS0tLS1CRUdJTiBDRVJUSUZJQ0FURS0tLS0tCk1JSUN2ekNDQW1hZ0F3SUJBZ0lVS1FLS3MyNnl4TTg1ZTRUYWoxV0twWHdybDRrd0NnWUlLb1pJemowRUF3S
XcKWGpFTE1Ba0dBMVVFQmhNQ1ZWTXhGekFWQmdOVkJBZ1REazV2Y25Sb0lFTmhjbTlzYVc1aE1SUXdFZ1lEVlFRSwpFd3RJZVhCbGNteGxaR2RsY2pFUE1BMEdBMVVFQ3hNR1JtRmljbWxqTVE4d0RRWURWUVFERXdaMGJITXRZMkV3CkhoY
05NalF3TmpFM01UZ3dNVEF3V2hjTk1qVXdOakUzTVRrMU5EQXdXakJnTVFzd0NRWURWUVFHRXdKVlV6RVgKTUJVR0ExVUVDQk1PVG05eWRHZ2dRMkZ5YjJ4cGJtRXhGREFTQmdOVkJBb1RDMGg1Y0dWeWJHVmtaMlZ5TVEwdwpDd1lEVlFRT
EV3UndaV1Z5TVJNd0VRWURWUVFERXdwd1pXVnlNUzF2Y21jeE1Ga3dFd1lIS29aSXpqMENBUVlJCktvWkl6ajBEQVFjRFFnQUViZ0RWaG9xV21vZFRsS1U3ZlZSVVFkOUo4L3QyZFVyNWpYYnNDU1hZcUxUWUVTaDQKQjZZdlRwOTlhY3hsb
ExLdzlIUGJ3SWQydnpIVTZ3TE45T0FKNzZPQi96Q0IvREFPQmdOVkhROEJBZjhFQkFNQwpBNmd3SFFZRFZSMGxCQll3RkFZSUt3WUJCUVVIQXdFR0NDc0dBUVVGQndNQ01Bd0dBMVVkRXdFQi93UUNNQUF3CkhRWURWUjBPQkJZRUZBNFBEW
mdrci94M1BRZmJlYVJPMHhMMWpocTZNQjhHQTFVZEl3UVlNQmFBRkF0S2VnWnQKeVBQTnU2UWpLQ3A1R0FEZkRVS05NQ0FHQTFVZEVRUVpNQmVDQ25CbFpYSXhMVzl5WnpHQ0NXeHZZMkZzYUc5egpkREJiQmdncUF3UUZCZ2NJQVFSUGV5S
mhkSFJ5Y3lJNmV5Sm9aaTVCWmlacGJHbGhkR2x2YmlJNklpSXNJbWhtCkxrVnVjbTlzYkcxbGJuUkpSQ0k2SW5CbFpYSXhMVzl5WnpFaUxDSm9aaTVVZVhCbElqb2ljR1ZsY21KOWZUQUsKQmdncWhrak9QUVFEQWdOSEFEQkVBaUFmR21Sa
TdCcWhSeDdwU0FNWFdycTdBdjBWcGVXeUthcWJmT3hGZiswYQp6Z0lnWHlQRVpWU0hPZklZTmV3eVd5L09sYlo0Z1R6dXd5NVk5VUZMRmdJTXFZOD0KLS0tLS1FTkQgQ0VSVElGSUNBVEUtLS0tLQo= ServerInfo:map[CAChain:LS0tL
S1CRUdJTiBDRVJUSUZJQ0FURS0tLS0tCk1JSUNFekNDQWJxZ0F3SUJBZ0lVTWxJc2RzWk1JUVc1M2ZxSElOM1BjNUxHS1E4d0NnWUlLb1pJemowRUF3SXcKWGpFTE1Ba0dBMVVFQmhNQ1ZWTXhGekFWQmdOVkJBZ1REazV2Y25Sb0lFTmhjb
TlzYVc1aE1SUXdFZ1lEVlFRSwpFd3RJZVhCbGNteGxaR2RsY2pFUE1BMEdBMVVFQ3hNR1JtRmljbWxqTVE4d0RRWURWUVFERXdaMGJITXRZMkV3CkhoY05NalF3TmpFM01UZ3dNVEF3V2hjTk16a3dOakUwTVRnd01UQXdXakJlTVFzd0NRW
URWUVFHRXdKVlV6RVgKTUJVR0ExVUVDQk1PVG05eWRHZ2dRMkZ5YjJ4cGJtRXhGREFTQmdOVkJBb1RDMGg1Y0dWeWJHVmtaMlZ5TVE4d3pEUVlEVlFRTEV3WkdZV0p5YVdNeER6QU5CZ05WQkFNVEJuUnNjeTFqWVRCWk1CTUdCeXFHU000O
UFnRUdDQ3FHClNNNDlBd0VIQTBJQUJIMmcrYXUzT21BS1lLaG5xMytlUGo5aU5qMGdxNndpY2dFZUpsU1ZJeFB3NGZUeis1Z1QKME1ER2oveWYrcktWR3JmNGhlMF13aUhsMGpHblFBeHBGYVdqVmpCVU1BNEdBMVVkRHdFQi93UUVBd0lCQ
mpBUwpCZ05WSFJNQkFmOEVDREFHQVFIL0FnRUJNQjBHQTFVZERnUVdCQlFMU25vR2Jjanp6YnVrSXlncWVSZ0EzdzFDCmpUQVBCZ05WSFJFRUNEQUdod1FBQUFBQU1Bb0dDQ3FHU000OUJBTUNBMGNBTUVRQ0lBT1htSk8rZ1MrT2ZFVngKb
WlIaytESHBiMERuYThqSkYwb0w4UEo3L09la0FpQS9RNys0UzB4KzdPMmF5TElieHllWUhjUzBRSVNNSTFSZAo2S1pDSTRtNGtnPT0KLS0tLS1FTkQgQ0VSVElGSUNBVEUtLS0tLQo= CAName: IssuerPublicKey:CgJPVQoEUm9sZQoM
RW5yb2xsbWVudElEChBSZXZvY2F0aW9uSGFuZGxlEkQKIBLeR47eCAkF4v+uWsCfqzd2J8QDA23jBvCEoTZWMrllEiCyXIHn4gwui/CZr4uWlSWSFEj6YZvG1C2rwHmm/iZjpBpECiD4T4n3ST1yOI/3wnoUZkYSzlHR1owftX5rdWSeAi6Q
kxIgIUwJzLl7n2UinioGdcEH+rvPpvb7NfYxQ3aOuGCsx0AiRAogIyzn1cbp3MJN4gg3+g3O7t2Vpfx1A0ZROdaSvfKNB4YSIOIpvNgRf7TwKBxPSDnYFSCECm7bx5ozKPqhls4jVCRWIkQKIMprmZr0N2Xw8rdRJHhuHU3pr34Hdxfl9j4S
k45Yd2wdEiB45HliCquEYTHRwj2LIaQjP2HoqqE2VUf+Oaqrr4qF6SJECiDz/R4DFlnCly8iIdEHzG6pB8BNlKLmqpnFS/MxzmpthBIgDhh4LL27zyOTdBAttNLlPbrAEXbu6ZicmJglLPR7zv8iRAogsVMiB4t4eLFOftU0/TlztXYmo7Wf
nRECNMEI7bnhHfESIEy3NFWagSN3U9K2Q5twRBCmNfktc4mjK65sMkQssdh5KogBCiDDESpdNp3eBvhc45slEM9cLVF7iCHEk4LJAteDDXajKBIghmPh2Ls/OyGsGNEhxAdOV6OXttq0+MtAOCarlvU3qDUaIHGfRyEM7M4LyTqGVcFk+nlM
cIL4nfWPxpX3JcBnSksoIiAxDdIRaM+c7E/RDP4Gr8ejeEeCx0oKRkbFVgDQQrR9cDJECiDMb1FVc8xBF0MFIyRd7uWFgjj3gR2ssRkA39j/6SlIDxIgZOG8M0u0Vr63iWY/w3MfSBgXYW6PrgeXtEHYoBP6BO06RAogzp8ggCb5OTpUxS3c
L46+uSEqb6dEEBP71p3mjWnev9cSIIA0GBaqVxv6zlaSAVNmv6U/0SuR18QqE3B2n2nkePglQiCqCPVbh0+yDj7wJqMzvS52wavyCruWGLbH5PoJEsuwpkoqqO+g0sOueaKi9vfC4WUwM/yVTEGs2ImJJgUyMwUtHgdSIJfQra3WqD5G1IU3
/oBvTyxI680qS8FTs9qLtVow70tO IssuerRevocationPublicKey:LS0tLS1CRUdJTiBQVUJMSUMgS0VZLS0tLS0KTUhZd0VBWUhLb1pJemowQ0FRWUZLNEVFQUNJRFlnQUVBejVUSlpxZEx4WEF6bVN5THoyLzZSU1hlYXAvQ0JKbwp6d
U8rVUlJNVJVUk1NZDAwbXJEOFp4V1BLWERhM0hPZm5kVmlzanphWHBZd2k0RUhIUlpidWtvSWJnWkhKcytJCmlVSnBENHFaVFVxU2xJeUpadHFSNUxGN1NEMnBSMVp5Ci0tLS0tRU5EIFBVQkxJQyBLRVktLS0tLQo= Version:]]
```


```
2024/06/17 19:54:11 [DEBUG] newEnrollmentResponse peer1-org1
2024/06/17 19:54:11 [INFO] Stored client certificate at /tmp/hyperledger/org1/peer1/tls-msp/signcerts/cert.pem
2024/06/17 19:54:11 [INFO] Stored TLS root CA certificate at /tmp/hyperledger/org1/peer1/tls-msp/tlscacerts/tls-0-0-0-0-7052.pem
2024/06/17 19:54:11 [INFO] Stored Issuer public key at /tmp/hyperledger/org1/peer1/tls-msp/IssuerPublicKey
2024/06/17 19:54:11 [INFO] Stored Issuer revocation public key at /tmp/hyperledger/org1/peer1/tls-msp/IssuerRevocationPublicKey
```

**Figura 85:** Salida parcial del script **01_certificar_Orgs.sh**.

En el script **`01_certificar_Orgs.sh`**, se realiza el minucioso trabajo de almacenamiento de los certificados de cada organización en su entidad certificadora y los de cada componente de red (de cada organización) en la entidad certificadora de su organización. Al utilizarse el protocolo de transporte TLS, además de usarse un certificado digital que prueba que está emitido por su entidad certificadora, se tiene que almacenar también el certificado digital que le facilita **`ca-tls`**, esencial para firmar cada transacción en la red **`HFLines`**.

Comprobamos estos aspectos en el código del script:

Línea 8, 9: Se almacena el certificado de la organización **`org1`** para **`peer1-org1`**.

Línea 11, 12: Se almacena el certificado TLS de **`peer1-org1`**.

Líneas 14, 15, 16: Se da valor a las variables de entorno:

```
export FABRIC_CA_CLIENT_HOME=/tmp/hyperledger/org1/peer1
export FABRIC_CA_CLIENT_TLS_CERTFILES=/tmp/hyperledger/org1/peer1/assets/ca/org1-ca-cert.pem
export FABRIC_CA_CLIENT_MSPDIR=msp
```

Para la primera variable se indica la ruta de almacenamiento del componente del cual obtenemos el material criptográfico. Para la segunda, el certificado de la entidad certificadora a la que nos dirigimos. Y en la tercera, el nombre de la carpeta `member service provider`.

Línea 18: Obtenemos el certificado digital y todo el material criptográfico para **`peer1-org1`**.

Línea 24, 25: Se modifican los valores de las variables para obtener ahora el certificado y material criptográfico del protocolo de transporte TLS facilitado por **`ca-tls`**, que ya tiene a este componente registrado del paso anterior.

Línea 27: Se obtiene el certificado digital y material criptográfico realizando una operación de **`enroll`**.

El resto del script repite este proceso para el resto de los componentes de **`org1`** en **`rca-org1`** i **`ca-tls`**, y para los componentes de **`org2`** en **`rca-org2`** i **`ca-tls`**. Para la carpeta del msp del protocolo de transporte **`TLS`** utilizamos la notación **`msp-tls`**.

### Paso 4

Una vez generado el material criptográfico, podemos levantar el resto de los contenedores Docker de la red **`HFLines`**, proceso que realiza el script **`02_levantar_nodos_db.sh`**.

02_levantar_nodos_db.sh

```
# Levantar peers y clientes
docker compose up -d
sleep 5
echo -e $WHITE_L Arquitectura de contenedores de$BLUE HFLINES $NORMAL:
docker compose ps --format 'table {{.ID}}\t{{.Name}}\t{{.Status}}\t{{.Ports}}'
```

**Figura 86:** Código fuente del script **02_levantar_nodos_db.sh**.

```
esbrinachain@hfabric1:~/fabric-samples/hflines$ ./02_levantar_nodos_db.sh
[+] Running 9/9
 ✓ Container peer1-org2     Started
 ✓ Container couchdb1       Started
 ✓ Container rca-org2       Running
 ✓ Container couchdb2       Started
 ✓ Container rca-org1       Running
 ✓ Container orderer1-org1  Started
 ✓ Container orderer1-org2  Started
 ✓ Container ca-tls         Running
 ✓ Container peer1-org1     Started
Arquitectura de contenedores de HFLINES :
CONTAINER ID   NAME            STATUS          PORTS
76ea33aab83c   ca-tls          Up 3 hours      0.0.0.0:7052->7052/tcp, :::7052->7052/tcp, 7054/tcp
be3884aea88a   couchdb1        Up 5 seconds    4369/tcp, 9100/tcp, 0.0.0.0:5984->5984/tcp, :::5984->5984/tcp
87af6c8cbc5f   couchdb2        Up 5 seconds    4369/tcp, 9100/tcp, 0.0.0.0:7984->5984/tcp, :::7984->5984/tcp
e9c58b678b32   orderer1-org1   Up 5 seconds    0.0.0.0:7050->7050/tcp, :::7050->7050/tcp, 0.0.0.0:7080->7080/tcp, :::7080->7080/tcp, 0.0.0.0:9443->9443/tcp, :::9443->9443/tcp
344adbb24444   orderer1-org2   Up 5 seconds    0.0.0.0:9446->9446/tcp, :::9446->9446/tcp, 0.0.0.0:8050->7050/tcp, :::8050->7050/tcp, 0.0.0.0:8080->7080/tcp, :::8080->7080/tcp
f7aca82cc347   peer1-org1      Up 5 seconds    0.0.0.0:7051->7051/tcp, :::7051->7051/tcp, 0.0.0.0:9444->9444/tcp, :::9444->9444/tcp
b866e9673bf6   peer1-org2      Up 5 seconds    0.0.0.0:9051->9051/tcp, :::9051->9051/tcp, 7051/tcp, 0.0.0.0:9445->9445/tcp, :::9445->9445/tcp
88eb990a91dd   rca-org1        Up 3 hours      0.0.0.0:7054->7054/tcp, :::7054->7054/tcp
ff44d03a9d68   rca-org2        Up 3 hours      7054/tcp, 0.0.0.0:7055->7055/tcp, :::7055->7055/tcp
esbrinachain@hfabric1:~/fabric-samples/hflines$
```

**Figura 87:** Salida en terminal del script **02_levantar_nodos_db.sh.**

## Paso 5

En este momento ya tenemos en funcionamiento la red del proyecto **`HFLines`**. Pero no tenemos manera de ejecutar un `chaincode` ni de comunicar **`org1`** con **`org2`**. Para ello, necesitamos **definir un canal e incorporar uno o más nodos de cada organización de tipo `peer` y `orderer`**. En **`HFLines`** definimos un **canal** con **dos nodos `peer`** y **dos nodos `orderer`**.

Las decisiones de diseño se tomaron teniendo en cuenta que se debía empezar por una estructura de red sencilla y, cuando esta funcionara, ir incrementándola según necesidades operativas.

En cuanto al diseño de la red, aporta un elemento innovador diferente a los modelos existentes, pues se ha diseñado un esquema en el que no existe una organización destinada a mantener nodos **`orderer`**, sino que se ha optado por un diseño en que hay un nodo **`orderer`** por organización.

Este esquema nos parece que proporciona al proyecto unas capacidades apropiadas para nuestro caso de uso, en el que cada empresa representada por una organización puede usar el proyecto de manera interna o colaborar con más organizaciones.

Para crear un **registro de configuración de canal** y generar el **bloque génesis** para el canal ejecutaremos el script **`03_artifacts.sh`**.

Vemos, en las figuras 88 y 89, el código del script y su salida en el terminal, respectivamente:

03_artifacts.sh
```
configtxgen -profile SampleAppChannelEtcdRaft \
            -configPath ${PWD} \
            -outputBlock mychannel.block \
            -channelID mychannel

echo -e $WHITE_L Consultando el status del canal$NORMAL ...

osnadmin channel list -o localhost:7080 \
                      --ca-file $ORDERER_CA \
                      --client-cert /tmp/hyperledger/org1/admin/tls-msp/signcerts/cert.pem \
                      --client-key /tmp/hyperledger/org1/admin/tls-msp/keystore/key.pem
```

**Figura 88:** Código fuente del script **03_artifacts.sh.**

Si ejecutamos el script **`03_artifacts.sh`**, desde la línea de comandos necesitaremos pasarle 2 parámetros (dentro del script hemos indicado algunos parámetros fijos que veremos más adelante):

1. La ruta donde queramos definir el directorio de configuración, que será donde se almacenará el fichero del bloque génesis, con la notación **<nombre_canal>.block** (en nuestro caso usamos la ruta raíz de HFLines): **/home/esbrinachain/fabric-samples/hflines.**

2. Como el proceso lo ejecuta una organización, usamos **`org1`**, y como hace falta la referencia de un nodo orderer, usamos el **`orderer1-org1`** y la ruta de su certificado se pasa como segundo parámetro:

**`/tmp/hyperledger/org1/orderer1/tls-msp/tlscacerts/tls-0-0-0-0-7052.pem`**

```
esbrinachain@hfabric1:~/fabric-samples/hflines$ export ORDERER_CA=/tmp/hyperledger/org1/orderer1/tls-msp/tlscacerts/tls-0-0-0-0-7052.pem

esbrinachain@hfabric1:~/fabric-samples/hflines$ ./03_artifacts.sh /home/esbrinachain/fabric-samples/hflines
Creando bloque génesis para el canal ...
2024-06-17 21:12:34.578 UTC 0001 INFO [common.tools.configtxgen] main -> Loading configuration
2024-06-17 21:12:34.589 UTC 0002 INFO [common.tools.configtxgen.localconfig] completeInitialization -> orderer type: etcdraft
2024-06-17 21:12:34.588 UTC 0003 INFO [common.tools.configtxgen.localconfig] completeInitialization -> Orderer.EtcdRaft.Options unset, setting to tick_interval:"500ms" election_tic
k:10 heartbeat_tick:1 max_inflight_blocks:5 snapshot_interval_size:16777216
2024-06-17 21:12:34.589 UTC 0004 INFO [common.tools.configtxgen.localconfig] Load -> Loaded configuration: /home/esbrinachain/fabric-samples/hflines/configtx.yaml
2024-06-17 21:12:34.590 UTC 0005 INFO [common.tools.configtxgen] doOutputBlock -> Generating genesis block
2024-06-17 21:12:34.591 UTC 0006 INFO [common.tools.configtxgen] doOutputBlock -> Creating application channel genesis block
2024-06-17 21:12:34.591 UTC 0007 INFO [common.tools.configtxgen] doOutputBlock -> Writing genesis block
Consultando el status del canal ...
Status: 200
{
        "systemChannel": null,
        "channels": null
}
```

**Figura 89:** Salida en terminal del script **03_artifacts.sh**.

Utilizando estos parámetros generamos el **bloque génesis** y conseguimos definir un canal para la red.

### Paso 6

Para poder comunicar por el canal nos falta añadirle los **nodos `peer`** de cada organización y, en nuestro caso, añadir los **nodos `orderer`**. Este paso lo automatiza el script **`04_union_canal_orderer1-org1.sh`**.

Como se puede observar en la figura 90, necesitaremos actuar como la organización **`org1`** y, por ello, hay que definir todas las variables de entorno, que le indican a Hyperledger Fabric los valores usados en los comandos y que describen a **`org1`** prioritariamente a lo definido en el fichero **`configtx.yaml`**:

04_union_canal_orderer1-org1.sh

```
export PATH=$PATH:${HOME}/fabric-samples/bin
export FABRIC_CFG_PATH=${HOME}/fabric-samples/config/
export ORDERER_CA=/tmp/hyperledger/org1/orderer1/tls-msp/tlscacerts/tls-0-0-0-0-7052.pem

export CORE_PEER_TLS_ENABLED=true
export CORE_PEER_LOCALMSPID="org1MSP"
export CORE_PEER_TLS_ROOTCERT_FILE=/tmp/hyperledger/org1/peer1/tls-msp/tlscacerts/tls-0-0-0-0-7052.pem
export CORE_PEER_MSPCONFIGPATH=/tmp/hyperledger/org1/admin/msp
export CORE_PEER_ADDRESS=localhost:7051

echo -e $WHITE_L Estado actual del canal respecto Org1$NORMAL ...
sleep 2
osnadmin channel list -o localhost:7080 \
                      --ca-file $ORDERER_CA \
                      --client-cert /tmp/hyperledger/org1/admin/tls-msp/signcerts/cert.pem \
                      --client-key /tmp/hyperledger/org1/admin/tls-msp/keystore/key.pem

echo -e $WHITE_L Uniendo al canal a orderer1-org1$NORMAL ...
sleep 2
osnadmin channel join --channelID mychannel \
                      --config-block mychannel.block \
                      -o localhost:7080 \
                      --ca-file $ORDERER_CA \
                      --client-cert /tmp/hyperledger/org1/admin/tls-msp/signcerts/cert.pem \
                      --client-key /tmp/hyperledger/org1/admin/tls-msp/keystore/key.pem


echo -e $WHITE_L Estado final del canal una vez añadido orderer1-org1$NORMAL ...
sleep 2
osnadmin channel list -o localhost:7080 \
                      --ca-file $ORDERER_CA \
                      --client-cert /tmp/hyperledger/org1/admin/tls-msp/signcerts/cert.pem \
                      --client-key /tmp/hyperledger/org1/admin/tls-msp/keystore/key.pem
```

**Figura 90:** Código fuente del script **04_union_canal_orderer1-org1.sh**.

Observando el código podemos comprobar que:

Líneas 2, 3, 4, 6, 7, 8, 9, 10: Definen las variables de entorno que describen en la red **HFLines** a **org1**.

Líneas 14 a 17: Consultamos el estado del canal, utilizando el material criptográfico del usuario **admin** de **org1**, además de facilitar máquina y puerto de comunicaciones.

Líneas 21 a 26: Añadimos el nodo **orderer** de **org1**, **orderer-org1** al canal creado en el paso 5, pues utilizamos los parámetros anteriores de **orderer1-org1** y para el canal su identificador y fichero de **bloque génesis**.

Líneas 31 a 34: Repetimos la consulta para obtener si el canal sigue en estado correcto y funcionando sin errores.

```
esbrinachain@hfabric1:~/fabric-samples/hflines$ ./04_union_canal_orderer1-org1.sh
Estado actual del canal respecto Org1 ...
Status: 200
{
        "systemChannel": null,
        "channels": null
}

Uniendo al canal a orderer1-org1 ...
Status: 201
{
        "name": "mychannel",
        "url": "/participation/v1/channels/mychannel",
        "consensusRelation": "consenter",
        "status": "active",
        "height": 1
}

Estado final del canal una vez añadido orderer1-org1 ...
Status: 200
{
        "systemChannel": null,
        "channels": [
                {
                        "name": "mychannel",
                        "url": "/participation/v1/channels/mychannel"
                }
        ]
}
```

**Figura 91:** Salida en terminal del script `04_union_canal_orderer1-org1.sh`.

En el siguiente paso repetiremos el mismo proceso pero añadiremos el nodo **orderer1-org2** actuando como la organización **org2**.

### Paso 7

Mostramos el código fuente y la salida del terminal del script **05_union_canal_orderer1-org2.sh**, pero el procedimiento es el mismo del paso anterior y solo cambiamos las variables de entorno para que representen a la organización **org2**.

```
05_union_canal_orderer1-org2.sh
export PATH=$PATH:${HOME}/fabric-samples/bin
export FABRIC_CFG_PATH=${HOME}/fabric-samples/config/
export ORDERER_CA=/tmp/hyperledger/org2/orderer1/tls-msp/tlscacerts/tls-0-0-0-0-7052.pem

export CORE_PEER_TLS_ENABLED=true
export CORE_PEER_LOCALMSPID="org2MSP"
export CORE_PEER_TLS_ROOTCERT_FILE=/tmp/hyperledger/org2/peer1/tls-msp/tlscacerts/tls-0-0-0-0-7052.pem
export CORE_PEER_MSPCONFIGPATH=/tmp/hyperledger/org2/admin/msp
export CORE_PEER_ADDRESS=localhost:9051


echo -e $WHITE_L Estado actual del canal respecto Org1$NORMAL ...
sleep 2
osnadmin channel list -o localhost:8080 \
                      --ca-file $ORDERER_CA \
                      --client-cert /tmp/hyperledger/org2/admin/tls-msp/signcerts/cert.pem \
                      --client-key /tmp/hyperledger/org2/admin/tls-msp/keystore/key.pem

echo -e $WHITE_L Uniendo al canal a orderer1-org2$NORMAL ...
sleep 2
osnadmin channel join --channelID mychannel \
                      --config-block mychannel.block \
                      -o localhost:8080 \
                      --ca-file $ORDERER_CA \
                      --client-cert /tmp/hyperledger/org2/admin/tls-msp/signcerts/cert.pem \
                      --client-key /tmp/hyperledger/org2/admin/tls-msp/keystore/key.pem

echo -e $WHITE_L Estado final del canal una vez añadido orderer1-org2$NORMAL ...
sleep 2
osnadmin channel list -o localhost:8080 \
                      --ca-file $ORDERER_CA \
                      --client-cert /tmp/hyperledger/org2/admin/tls-msp/signcerts/cert.pem \
                      --client-key /tmp/hyperledger/org2/admin/tls-msp/keystore/key.pem
```

**Figura 92:** Código fuente del script **05_union_canal_orderer1-org2.sh.**

```
esbrinachain@hfabric1:~/fabric-samples/hflines$ ./05_union_canal_orderer1-org2.sh
Estado actual del canal respecto Org1 ...
Status: 200
{
        "systemChannel": null,
        "channels": null
}

Uniendo al canal a orderer1-org2 ...
Status: 201
{
        "name": "mychannel",
        "url": "/participation/v1/channels/mychannel",
        "consensusRelation": "consenter",
        "status": "active",
        "height": 1
}

Estado final del canal una vez añadido orderer1-org2 ...
Status: 200
{
        "systemChannel": null,
        "channels": [
                {
                        "name": "mychannel",
                        "url": "/participation/v1/channels/mychannel"
                }
        ]
}

esbrinachain@hfabric1:~/fabric-samples/hflines$
```

**Figura 93:** Salida en terminal del script **05_union_canal_orderer1-org2.sh.**

Al igual que se han añadido los **nodos orderer**, en el siguiente paso incluiremos los **nodos peer** ejecutando los scripts: **06_union_canal_peer1-org1.sh** y **07_union_canal_peer1-org2.sh**.

## Paso 8

Para añadir nodos peer utilizaremos la herramienta **`peer cli`**, pero usándola con el parámetro **`channel`**. El comando **`peer channel`** permite a los administradores realizar operaciones relacionadas con el canal en un nodo peer (en castellano, par), como por ejemplo:

1. Unirse a un canal.
2. Enumerar los canales a los que está unido un peer.

```
peer channel
Operate a channel: create|fetch|join|joinbysnapshot|joinbysnapshotstatus|list|update|signconfigtx|getinfo.

Usage:
  peer channel [command]

Available Commands:
  create              Create a channel
  fetch               Fetch a block
  getinfo             get blockchain information of a specified channel.
  join                Joins the peer to a channel.
  joinbysnapshot      Joins the peer to a channel by the specified snapshot
  joinbysnapshotstatus Query if joinbysnapshot is running for any channel
  list                List of channels peer has joined.
  signconfigtx        Signs a configtx update.
  update              Send a configtx update.

Flags:
      --cafile string                       Path to file containing PEM-encoded trusted certificate(s) for the ordering endpoint
      --certfile string                     Path to file containing PEM-encoded X509 public key to use for mutual TLS communication with the orderer endpoint
      --clientauth                          Use mutual TLS when communicating with the orderer endpoint
      --connTimeout duration                Timeout for client to connect (default 3s)
  -h, --help                                help for channel
      --keyfile string                      Path to file containing PEM-encoded private key to use for mutual TLS communication with the orderer endpoint
  -o, --orderer string                      Ordering service endpoint
      --ordererTLSHostnameOverride string   The hostname override to use when validating the TLS connection to the orderer
      --tls                                 Use TLS when communicating with the orderer endpoint
      --tlsHandshakeTimeShift duration      The amount of time to shift backwards for certificate expiration checks during TLS handshakes with the orderer endpoint
```

**Figura 94:** Ayuda del comando **peer channel** para la ejecución de **peer channel join.**

Actuando como organización **`org1`** uniremos al canal a **`peer1-org1`**.

El código fuente del script **`06_union_canal_peer1-org1.sh`** es el mostrado en la figura 95:

```
06_union_canal_peer1-org1.sh
export PATH=$PATH:${HOME}/fabric-samples/bin
export FABRIC_CFG_PATH=${HOME}/fabric-samples/config/
export ORDERER_CA=/tmp/hyperledger/org1/orderer1/tls-msp/tlscacerts/tls-0-0-0-0-7052.pem

export CORE_PEER_TLS_ENABLED=true
export CORE_PEER_LOCALMSPID="org1MSP"
export CORE_PEER_TLS_ROOTCERT_FILE=/tmp/hyperledger/org1/peer1/tls-msp/tlscacerts/tls-0-0-0-0-7052.pem
export CORE_PEER_MSPCONFIGPATH=/tmp/hyperledger/org1/admin/msp
export CORE_PEER_ADDRESS=localhost:7051

echo -e $WHITE_L Uniendo al canal a peer1-org1$NORMAL ...
peer channel join -b mychannel.block
```

**Figura 95:** Código fuente del script **`06_union_canal_peer1-org1.sh`**.

Una vez configuradas las variables de entorno para referenciar a la organización **org1,** agregamos al canal su nodo **peer1-org1** utilizando el comando:

**`peer channel join -b mychannel.block`**

La salida del script **`06_union_canal_peer1-org1.sh`** en el terminal es la siguiente (figura 96):

```
esbrinachain@hfabric1:~/fabric-samples/hflines$ ./06_union_canal_peer1-org1.sh
Uniendo al canal a peer1-org1 ...
2024-06-17 23:17:37.545 UTC 0001 INFO [channelCmd] InitCmdFactory -> Endorser and orderer connections initialized
2024-06-17 23:17:37.665 UTC 0002 INFO [channelCmd] executeJoin -> Successfully submitted proposal to join channel
esbrinachain@hfabric1:~/fabric-samples/hflines$
```

**Figura 96:** Salida en terminal del script **06_union_canal_peer1-org1.sh.**

Como organización **`org2`** repetimos el proceso para añadir al canal el nodo **`peer1-org2`**.

El código fuente del script **`07_union_canal_peer1-org2.sh`** es el mostrado en la figura 97:

```
07_union_canal_peer1-org2.sh
export PATH=$PATH:${HOME}/fabric-samples/bin
export FABRIC_CFG_PATH=${HOME}/fabric-samples/config/
export ORDERER_CA=/tmp/hyperledger/org2/orderer1/tls-msp/tlscacerts/tls-0-0-0-0-7052.pem

export CORE_PEER_TLS_ENABLED=true
export CORE_PEER_LOCALMSPID="org2MSP"
export CORE_PEER_TLS_ROOTCERT_FILE=/tmp/hyperledger/org2/peer1/tls-msp/tlscacerts/tls-0-0-0-0-7052.pem
export CORE_PEER_MSPCONFIGPATH=/tmp/hyperledger/org2/admin/msp
export CORE_PEER_ADDRESS=localhost:9051

echo -e $WHITE_L Uniendo al canal a peer2-org1$NORMAL ...
peer channel join -b mychannel.block
```

**Figura 97:** Código fuente del script **07_union_canal_peer1-org2.sh**.

La salida del script **`07_union_canal_peer1-org2.sh`** en el terminal es la siguiente (figura 98):

```
esbrinachain@hfabric1:~/fabric-samples/hflines$ ./07_union_canal_peer1-org2.sh
Uniendo al canal a peer2-org1 ...
2024-06-17 23:21:03.466 UTC 0001 INFO [channelCmd] InitCmdFactory -> Endorser and orderer connections initialized
2024-06-17 23:21:03.580 UTC 0002 INFO [channelCmd] executeJoin -> Successfully submitted proposal to join channel
esbrinachain@hfabric1:~/fabric-samples/hflines$
```

**Figura 98:** Salida en terminal del script **`07_union_canal_peer1-org2.sh`**.

Una vez añadidos todos los nodos al canal, ya habremos finalizado el proceso de creación de la red **`HFLines`** y veremos en el terminal un mensaje nos informa de ello:

**Red Hyperledger Fabric HFLINES levantada**

Todo el proceso que se ha descrito queda automatizado y se puede ejecutar en un solo comando mediante el script **`09_levantar_hflines.sh`**.

Ahora, **`HFLines` está levantada** y tiene configurado un **canal de comunicaciones de nombre `mychannel`** preparado para recibir transacciones (tx). El canal de comunicaciones registrará todas las **`tx`** en su **libro mayor** (en inglés, **ledger**). Para acceder al **ledger** los usuarios o miembros de **`org1`** y **`org2`** deben ejecutar la funcionalidad programada en algún chaincode.

# CAPÍTULO 11
# DEFINICIÓN, INSTALACIÓN Y EJECUCIÓN DE UN CHAINCODE

El ejemplo de ejecución de un chaincode implica realizar varias tareas:

1. Desarrollar un código en alguno de los siguientes lenguajes de programación: Go, Node.js o **Java** utilizando e integrando el API facilitado por **Hyperledger Fabric** para el desarrollo de smart contracts, que en **Hyperledger Fabric** se empaquetan en **chaincodes.** Las organizaciones que quieran **validar transacciones** o **consultar el libro mayor** (en inglés, **ledger**) de un canal deben instalar un **chaincode** en sus **peers** adscritos al canal.
2. Usar la aplicación **peer cli** para ejecutar el ciclo de vida del **chaincode**:
   - Empaquetar el **chaincode** (en inglés, **package**).
   - Instalar el paquete **chaincode** (en inglés, **install**).
   - Aprobar la definición del **chaincode** (en inglés, **approveformyorg**).
   - Enviar la definición del chaincode al canal (en inglés, **commit**).
   - Invocar al **chaincode** (en inglés, **invoke)** para ejecutar su funcionalidad.

Este último paso lo podemos realizar con **peer chaincode invoke** o usar una aplicación programada para utilizar e integrar el API **Fabric Gateway Client** de **Hyperledger Fabric** que se conecte al canal y envíe transacciones para que ejecuten la funcionalidad de ese **chaincode**.

En esta sección describiremos cómo se puede realizar todo **el ciclo de vida del chaincode**, y ejecutar su funcionalidad para **consultar** (operación de **lectura** en el libro mayor) o modificar (operación de **escritura** en el **libro mayor**). Para este proceso suponemos que tenemos ya programado un chaincode.

Para realizar el empaquetado e instalación del chaincode en el **peer** de la organización **org1**, utilizaremos el script **10a_chaincode_alta_org1.sh**.

```
10a_chaincode_alta_org1.sh
1   # Muestra del parametro $1
2   # $1=./chcodes/hf1/build/install/hf1
3
4   # Ruta chaincode code compiled
5   ruta_install=./chcodes/chaincode/build/install/chaincode
6
7   source ./term-org1
8
9   peer lifecycle chaincode package chaincode.tar.gz \
10                      --path $ruta_install \
11                      --lang java \
12                      --label chaincode$1
13
14  peer lifecycle chaincode install chaincode.tar.gz \
15                      --peerAddresses $CORE_PEER_ADDRESS_ORG1 \
16                      --tlsRootCertFiles $CORE_PEER_TLS_ROOTCERT_FILE
17
18  peer lifecycle chaincode queryinstalled \
19                      --peerAddresses $CORE_PEER_ADDRESS_ORG1 \
20                      --tlsRootCertFiles $CORE_PEER_TLS_ROOTCERT_FILE
21
```

**Figura 99:** Código fuente del script **10a_chaincode_alta_org1.sh.**

En la figura 99, analizando el código, observamos que:

El script recibe un parámetro de ejecución **`$1`**. Este parámetro se utiliza para poder ejecutar el script modificando dinámicamente el nombre del chaincode añadiendo un índice numérico a la palabra chaincode (ej.: chaincode1, chaincode2...). Para nuestro caso, consideraremos **`$1`**=1. El script utiliza la herramienta **`peer cli`** con el comando **lifecycle chaincode.**

Línea 5: Definimos la variable **`ruta_install`** asignándole el valor de la ruta donde se encuentra nuestro chaincode (su carpeta de proyecto). En el proyecto **`HFLines`**, todas las carpetas de chaincodes se encuentra localizadas en la carpeta **`chCodes`**.

Línea 7: Definimos las variables de Hyperledger Fabric para operar en el canal como la organización **`org1`** y que están almacenadas en el fichero **`term-org1`**. El comando **`source`** ejecuta todas las asignaciones definidas en **`term-org1`**.

Líneas 9 a 12: Empaquetamos el chaincode localizado en **`ruta_install`** en un fichero llamado **`chaincode.tar.gz`** y lo etiquetamos en la red **`HFLines`** con el valor **`chaincode`** **`+$1`**. Suponiendo una ejecución con $1=1, etiquetamos el chaincode como **`chaincode1`**.

Líneas 14 a 16: Instalamos el paquete **`chaincode.tar.gz`** en **`peer-org1`**.

Líneas 18 a 20: Consultamos el resultado del comando de instalación (install).

En la figura 100, vemos la salida de la ejecución de este código en la terminal:

```
esbrinachain@hfabric1:~/fabric-samples/hflines$ ./10a_chaincode_alta_org1.sh 1
2024-06-18 18:50:31.648 UTC 0001 INFO [cli.lifecycle.chaincode] submitInstallProposal -> Installed remotely: response:<status:200 payload:"\nKchaincode1:e64e4222158d5aaf7036416166e
2fbce5baa32f1115af0861bba128817e0b3d6\022\nchaincode1" >
2024-06-18 18:50:31.845 UTC 0002 INFO [cli.lifecycle.chaincode] submitInstallProposal -> Chaincode code package identifier: chaincode1:e64e4222158d5aaf7036416166e2fbce5baa32f1115af
0861bba128817e0b3d6
Installed chaincodes on peer:
Package ID: chaincode1:e64e4222158d5aaf7036416166e2fbce5baa32f1115af0861bba128817e0b3d6, Label: chaincode1
esbrinachain@hfabric1:~/fabric-samples/hflines$
```

**Figura 100:** Salida parcial del script **10a_chaincode_alta_org1.sh.**

La petición de instalación ha funcionado bien:

***submitInstallProposal -> Installed remotely.***

La consulta de los chaincodes instalados en **`peer1-org1`** nos responde el package ID de nuestro chaincode con etiqueta (label) **`chaincode1`**.

El parámetro indicado en el terminal **`Package ID`** lo utilizaremos como parámetro de entrada en los próximos scripts a ejecutar, y deberemos copiarlo/pegarlo en la terminal. En nuestro ejemplo es:

**chaincode1:e64e4222158d5aaf7036416166e2fbce5baa32f1115af0861bba128817e0b3d6**

Y la ejecución de nuestro próximo script será:

**./10b_chaincode_alta_org1.sh 1**
**chaincode1:e64e4222158d5aaf7036416166e2fbce5baa32f1115af0861bba128817e0b3d6**

Siguiendo con el procedimiento de ejecutar el ciclo de vida del chaincode chaincode1, necesitamos **aprobarlo** una vez instalado en el **`peer`** de **`org1`**. Este paso lo automatiza el script **`10b_chaincode_alta_org1.sh`**.

Una vez más, analizamos su código fuente y su salida por el terminal una vez ejecutado (figuras 101 y 104).

```
10b_chaincode_alta_org1.sh
source ./term-org1

peer lifecycle chaincode approveformyorg \
    -o $ORDERER_ORG1_ADDRESS \
    --ordererTLSHostnameOverride orderer1-org1
    --tls --cafile $ORDERER_CA \
    --channelID mychannel \
    --name chaincode$1 \
    --version 1.0 \
    --package-id $2 \
    --sequence 1
```

**Figura 101:** Código fuente del script **10b_chaincode_alta_org1.sh.**

El script mantiene los parámetros que arrastramos durante todo el proceso:

$1: El índice usado para el etiquetado del chaincode instalado (1, para generar chaincode1).
$2: El package ID del chaincode:
**chaincode1:e64e4222158d5aaf7036416166e2fbce5baa32f1115af0861bba128817e0b3d6**

Como parámetros fijados para facilitar los datos del comando:

1. Indicamos la máquina y puerto de **orderer1-org1** (flag: -o).
2. Nombre TLS del nodo orderer: **orderer-org1** (flag: --ordererTLSHostnameOverride).
3. Su material criptográfico (flag: --tls) (flag: --cafile).
4. El nombre del canal (flag: --channelID).
5. Versión del chaincode: 1.0.
6. Secuencia del chaincode: 1.

En la figura 102 observamos el resultado de su ejecución en el terminal de la orden:

./10b_chaincode_alta_org1.sh **1 chaincode1:e64e4222158d5aaf7036416166e2fbce5baa32f1115af0861bba128817e0b3d6**

```
esbrinachain@hfabric1:~/fabric-samples/hflines$ ./10b_chaincode_alta_org1.sh 1 chaincode1:e64e4222158d5aaf7036416166e2fbce5baa32f1115af0861bba128817e0b3d6
2024-06-18 20:55:36.318 UTC 0001 INFO [chaincodeCmd] ClientWait -> txid [23dd862b3be85f2237efe3d00dfd3f2d0ae9f1e87ffde43fd35140b7bee2fcac] committed with status (VALID) at localhos
t:7051
esbrinachain@hfabric1:~/fabric-samples/hflines$
```

**Figura 102:** Salida en terminal del script **10b_chaincode_alta_org1.sh.**

En la figura 102 observamos que el chaincode1 queda respaldado en el canal (operación de **`commit`**), con estado ***VALIDO*** en el **`peer1-org1`**. Y se nos proporciona la **tx** de la cadena de bloques del canal que ha realizado la operación. Si nos interesara conocer más sobre los procesos, siempre podemos ejecutar la instrucción:

```
docker logs id_contenedor_docker
```

Esta instrucción nos muestra todo lo que vamos ejecutando en cada contenedor. En nuestro caso, le indicaríamos el ID del contenedor **`peer-org1`**.

Hasta ahora hemos instalado el **`chaincode`** en el peer de la organización **org1** (**peer1-org1**). Ahora vamos a hacer lo mismo en la organización **`org2`** (**`peer1-org2`**). El proceso es idéntico pero usando las variables de entorno para describir a la organización **`org2`**.

Mostramos el código fuente (figura 103) y el resultado de su salida por el terminal (figura 104):

11_chaincode_alta_org2.sh

```
1  # La última ejecución de peer en '10_chaincode_alta_org1.sh', genera el parametro $1
2  # (ejemplo que varia por ser id de chaincode generado)
3  # ejemplo exacto en formato:
4  #           chaincode1:8029661264f62c396e5c8086ff41d46ae9704cdeace463e1a1aebbf3df4c39e6
5  # Si no se pasa este parámetro se genera un error.
6
7  source ./term-org2
8
9  peer lifecycle chaincode install chaincode.tar.gz \
10                                 --peerAddresses $CORE_PEER_ADDRESS \
11                                 --tlsRootCertFiles $CORE_PEER_TLS_ROOTCERT_FILE
12
13 peer lifecycle chaincode queryinstalled --peerAddresses $CORE_PEER_ADDRESS \
14                                         --tlsRootCertFiles $CORE_PEER_TLS_ROOTCERT_FILE
15
16 peer lifecycle chaincode approveformyorg \
17     -o $ORDERER_ORG2_ADDRESS \
18     --ordererTLSHostnameOverride orderer1-org2 \
19     --tls --cafile $ORDERER_CA \
20     --channelID mychannel \
21     --name chaincode$1 \
22     --version 1.0 \
23     --package-id $2 \
24     --sequence 1
```

**Figura 103:** Código fuente del script **11_chaincode_alta_org2.sh.**

La instrucción de la línea 7, **`source ./term-org2`**, es la que establece las variables de entorno a los valores correctos para describir a la organización **`org2`**. El resto del script es igual al caso de la organización **`org1`**.

```
esbrinachain@hfabric1:~/fabric-samples/hflines$ ./11_chaincode_alta_org2.sh 1 chaincode1:e64e4222158d5aaf7036416166e2fbce5baa32f1115af0861bba128817e0b3d6
2024-06-18 21:12:01.378 UTC 0001 INFO [cli.lifecycle.chaincode] submitInstallProposal -> Installed remotely: response:<status:200 payload:"\nKchaincode1:e64e4222158d5aaf7036416166e
2fbce5baa32f1115af0861bba128817e0b3d6\022\nchaincode1" >
2024-06-18 21:12:01.378 UTC 0002 INFO [cli.lifecycle.chaincode] submitInstallProposal -> Chaincode code package identifier: chaincode1:e64e4222158d5aaf7036416166e2fbce5baa32f1115af
0861bba128817e0b3d6
Installed chaincodes on peer:
Package ID: chaincode1:e64e4222158d5aaf7036416166e2fbce5baa32f1115af0861bba128817e0b3d6, Label: chaincode1
2024-06-18 21:12:03.625 UTC 0001 INFO [chaincodeCmd] ClientWait -> txid [e4031edbd9946b06f22092e4ed357cc25ef798df30cb99926dc1ec7932ea8cff] committed with status (VALID) at localhos
t:9051
esbrinachain@hfabric1:~/fabric-samples/hflines$
```

**Figura 104:** Salida en terminal del script **11_chaincode_alta_org2.sh.**

En la figura 104 observamos que el chaincode1 pasa por el mismo ciclo de vida (instalación, aprobación y commit), pero ahora en la organización **`org2`** en el **`peer1-org2`** **(localhost:9051)**. Finalmente queda aprobado en el canal (operación de **`approveformyorg`**), con estado ***VALIDO*** en el **`peer1-org2`**. Y se nos proporciona la **tx** de la cadena de bloques del canal que ha realizado la operación.

El último paso para completar el ciclo de vida del chaincode consiste en realizar un commit del mismo.

Mientras que hasta ahora hemos instalado y validado en los peers del canal el chaincode, nos queda **instanciar el chaincode en el canal** (operación de **commit**) para que pueda ser ejecutado por los posibles usuarios de las aplicaciones conectadas al canal. Con esta operación podemos afirmar que hemos desplegado (en inglés, **`deploy`**) el chaincode en el canal utilizado.

Esta parte del proceso queda automatizada en el script **`12_chaincode_aprove_commit.sh`** (figura 105).

```
12_chaincode_aprove_commit.sh
1  # Parametro $1
2  # chaincode:711f71f0a7d3fa0262aa2c3572e92bec4b49942aa7b190a38eb56cc83f493963
3
4  source ./term-org1
5
6  peer lifecycle chaincode checkcommitreadiness \
7          --channelID mychannel \
8          --name chaincode$1 \
9          --version 1.0 \
10         --sequence 1 \
11         --output json
12
13 peer lifecycle chaincode commit -o $ORDERER_ORG1_ADDRESS \
14                                 --ordererTLSHostnameOverride orderer1-org1 \
15                                 --tls $CORE_PEER_TLS_ENABLED \
16                                 --cafile $ORDERER_CA \
17                                 --channelID mychannel \
18                                 --name chaincode$1 \
19                                 --peerAddresses $CORE_PEER_ADDRESS_ORG1 \
20                                 --tlsRootCertFiles $CORE_PEER_TLS_ROOTCERT_FILE_ORG1 \
21                                 --peerAddresses $CORE_PEER_ADDRESS_ORG2 \
22                                 --tlsRootCertFiles $CORE_PEER_TLS_ROOTCERT_FILE_ORG2 \
23                                 --version 1.0 \
24                                 --sequence 1
25
26 peer lifecycle chaincode querycommitted --channelID mychannel --name chaincode$1
```

**Figura 105:** Código fuente del script **`12_chaincode_aprove_commit.sh`**.

En el código fuente del script **`12_chaincode_aprove_commit.sh`** podemos observar:

Línea 4: Activamos los valores de las variables de entorno a los valores de la organización **`org1`**, que es la organización que instanciará el chaincode en el canal.

Líneas 6 a 11: Comprobamos la factibilidad de poder realizar el **commit** del chaincode.

Líneas 13 a 24: Se realiza el commit del chaincode y el chaincode queda desplegado.

Línea 26: Comprobamos el resultado de la operación anterior, consultando los chaincodes desplegados en el canal.

En la figura 106, visualizamos la salida en el terminal al ejecutar el script **`12_chaincode_aprove_commit.sh`**.

```
esbrinachain@hfabric1:~/fabric-samples/hflines$ ./12_chaincode_aprove_commit.sh 1
{
        "approvals": {
                "org1MSP": true,
                "org2MSP": true
        }
}
2024-06-18 22:05:36.084 UTC 0001 INFO [chaincodeCmd] ClientWait -> txid [0e3297ca3951649ce56d364e427524f402df2de1007f0a8318563dbc271f0e10] committed with status (VALID) at localhos
t:7051
2024-06-18 22:05:36.125 UTC 0002 INFO [chaincodeCmd] ClientWait -> txid [0e3297ca3951649ce56d364e427524f402df2de1007f0a8318563dbc271f0e10] committed with status (VALID) at localhos
t:9051
Committed chaincode definition for chaincode 'chaincode1' on channel 'mychannel':
Version: 1.0, Sequence: 1, Endorsement Plugin: escc, Validation Plugin: vscc, Approvals: [org1MSP: true, org2MSP: true]
esbrinachain@hfabric1:~/fabric-samples/hflines$
```

**Figura 106:** Salida en terminal del script **`12_chaincode_aprove_commit.sh`**.

Al ejecutar el siguiente comando:

```
peer lifecycle chaincode checkcommitreadiness \
    –channelID mychannel \
    –name chaincode$1 \
    –version 1.0 \
    –sequence 1 \
    –output json
```

obtenemos que tanto `org1MSP` como `org2MSP` han aprobado el chaincode (“`approvals`”) y, por tanto, se puede realizar el commit.

De la ejecución de:

```
peer lifecycle chaincode commit -o $ORDERER_ORG1_ADDRESS \
        –ordererTLSHostnameOverride orderer1-org1 \
        –tls $CORE_PEER_TLS_ENABLED \
        –cafile $ORDERER_CA \
        –channelID mychannel \
        –name chaincode$1 \
        –peerAddresses $CORE_PEER_ADDRESS_ORG1 \
        –tlsRootCertFiles $CORE_PEER_TLS_ROOTCERT_FILE_ORG1 \
        –peerAddresses $CORE_PEER_ADDRESS_ORG2 \
        –tlsRootCertFiles $CORE_PEER_TLS_ROOTCERT_FILE_ORG2 \
        –version 1.0 \
        –sequence 1
```

obtenemos los dos **`commit`** tanto para el **`peer1-org1`** como para el **`peer1-org2`**, y las transacciones donde queda registrado. Finalmente, al consultar qué chaincodes están en estado de **`commit`** en el canal:

```
peer lifecycle chaincode querycommitted –channelID mychannel –name chaincode$1
```

en la salida se visualiza el mensaje de que tanto **`org1`** como **`org2`** ahora tienen el código del chancode1 desplegado en el canal **`mychannel`** en su versión 1.0 y su secuencia 1:

```
Committed chaincode definition for chaincode 'chaincode1' on channel 'mychannel':
Version: 1.0, Sequence: 1, Endorsement Plugin: escc, Validation Plugin: vscc, Approvals: [org1MSP: true, org2MSP: true]
```

En este momento ya se puede afirmar que el **`chaincode`** está instanciado al canal **`mychannel`** y lo podemos usar.

Para ejecutar el chaincode desde el terminal, utilizaremos el comando **`chaincode invoke`** de la herramienta **`peer cli`**. Antes de hacerlo, vamos a describir en qué consiste el chaincode **chaincode1** y, luego, con detalle ejecutaremos su funcionalidad.

# CAPÍTULO 12
# IMPLEMENTACIÓN Y EJECUCIÓN DE UN CHAINCODE EN HFLINES

Para describir cómo implementar y ejecutar un chaincode en la red **HFLines**, necesitaremos tomar decisiones previas:

1. Framework de desarrollo.
2. Lenguaje de alto nivel usado.

Para la red **HFLines** se ha utilizado **IntelliJ IDEA Community Edition** y **Java**. Todos los ejemplos se mostrarán en este contexto de aplicaciones.

En **HFLines** se pretende implementar una red **Hyperledger Fabric** que dote a sus usuarios de un **sistema de mensajería auditado por blockchain** que permita a las dos organizaciones tener un **registro de todas las decisiones propuestas, realizadas o no, y operaciones ejecutadas,** de manera que ninguna de las empresas **sea la que controle el registro**. La cadena de bloques nos permite disponer de un registro transparente de las transacciones realizadas, al mismo tiempo que da opción a la definición de canales privados de comunicación, donde solo los usuarios habilitados tendrán acceso a la información.

El chaincode diseñado se compone de un activo **Mensaje** y de un conjunto de operaciones realizadas con ese activo: **enviarMensaje**, **verMensaje**, **listarMensajes**, **eliminarMensaje**, **enviadoA**, **enviadoPor**, **buscarEnAsunto**. Cada vez que se usa la funcionalidad del chaincode accedemos al `world state` del canal ejecutando la operación requerida y la cadena de bloques registra todas las transacciones realizadas en la operación.

**Spring Boot** nos permite programar en Java y nos facilita parte de las tareas a realizar mediante código para ejecutar la aplicación. Nosotros solo nos concentraremos en definir activos e implementar su funcionalidad.

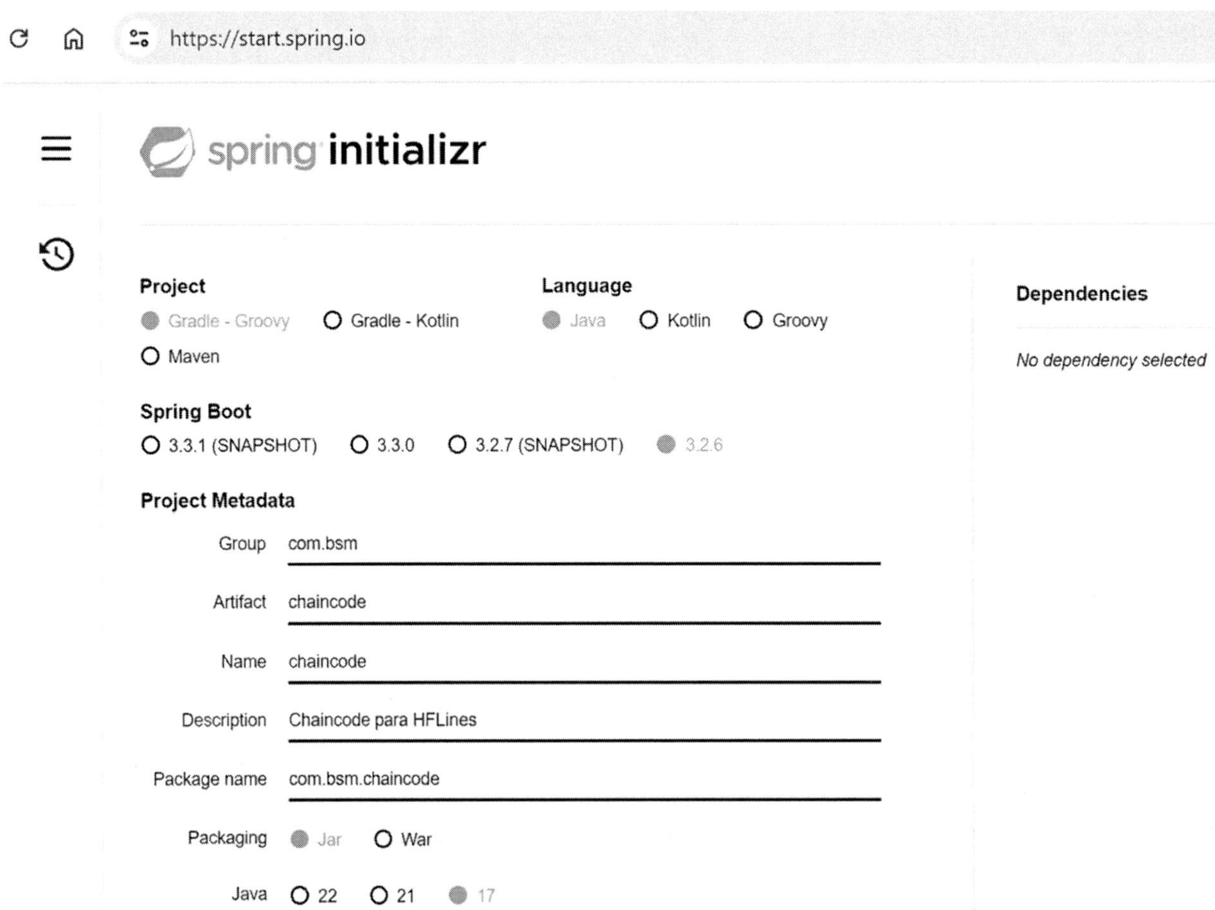


**Figura 107:** Website de Spring Boot para la generación rápida de una Java application.

Como se puede ver en la figura 107, se ha elegido Gradle-Groovy como controlador de dependencias y versiones, pero Maven sería igualmente válido. Se muestra marcada la versión 17 de Java, pero la documentación de Hyperledger Fabric recomienda, por compatibilidad general, usar la versión 11 del JDK.

Sobre todo para el desarrollo de chaincodes, se debe configurar en la estructura del proyecto el uso de un JDK 11 (a no ser que el usuario avanzado consiga actualizar la versión JDK 11 del contenedor levantado por cada **`peer`**, y que proporciona el servicio de ejecución de chaincodes, a una versión superior sin problemas).

Para que el objeto de la clase **Mensaje y su funcionalidad** implementada en el chaincode sean considerados un **contrato** y puedan ejecutarse como un **`Smart Contract`** en **`Hyperledger Fabric`** usaremos en el proyecto **`Java`** de **`Spring Boot`**, las librerías facilitadas por HF para la implementación de **chaincodes**.

```
// https://mvnrepository.com/artifact/org.hyperledger.fabric-chaincode-java/fabric-chaincode-shim
implementation 'org.hyperledger.fabric-chaincode-java:fabric-chaincode-shim:2.5.0'
```

En la figura 108, podemos observar todas las dependencias usadas en el proyecto de java Chaincode descritas en el fichero **`build.gradle`**.

Destacamos el uso de **`com.owlike:genson:1.5`** para la conversión de string a notación `JSON` en las dos direcciones. El lector deberá buscar librerías compatibles si por alguna razón aparecen incompatibilidades o bugs de seguridad en alguna librería o, simplemente, ignorar esos warning. Es un problema común en las dependencias si no se actualizan o dejan de mantenerse, pero no debe ser motivo para no seguir avanzando en el tortuoso, complejo y muchas veces desesperante cruce de tecnologías que implica este proyecto de ejemplo.

Otro aspecto importante es añadir en el fichero **`build.gradle`**, la línea:

**`id 'application'`**

al objeto JSON '**`plugins`**', (ver figura 108). Esta línea nos permite usar **`gradle`** y compilar el proyecto sin necesidad de tener **`gradle`** instalado en el ordenador.

MensajeTransfer.java | build.gradle (chaincode) | Mensaje.java | ChaincodeApplication.java

```
plugins {
    id 'java'
    id 'org.springframework.boot' version '2.7.17'
    id 'io.spring.dependency-management' version '1.0.15.RELEASE'
    id 'application'
}

group = 'com.bsm'
version = '0.0.1-SNAPSHOT'

java {
    sourceCompatibility = '11'
}

repositories {
    mavenCentral()
    maven {
        url 'https://jitpack.io'
    }

}

dependencies {
    implementation 'org.springframework.boot:spring-boot-starter'
    testImplementation 'org.springframework.boot:spring-boot-starter-test'
    // https://mvnrepository.com/artifact/org.hyperledger.fabric-chaincode-java/fabric-chaincode-shim
    implementation 'org.hyperledger.fabric-chaincode-java:fabric-chaincode-shim:2.5.0'
    // https://mvnrepository.com/artifact/com.owlike/genson
     implementation 'com.owlike:genson:1.5'
    //implementation 'com.google.code.gson:gson:2.11.0'
}

tasks.named('test') {
    useJUnitPlatform()
}
```

**Figura 108:** Contenido del fichero **build.gradle**.

A continuación, mostramos el código fuente de los ficheros **Mensaje.java** y **MensajeTransfer.java**, que contienen la programación de la `clase Mensaje` para poder instanciar objetos de tipo `Mensaje` y la `clase` **`MensajeTransfer`**, que describe de qué funcionalidad dotamos a los mensajes enviados.

En la figura 109 se puede observar el código java de la clase **Mensaje.java**, y en la figura 110 el código fuente del fichero **MensajeTransfer.java**.

MensajeTransfer.java × Mensaje.java × ChaincodeApplication.java ×

```java
package com.bsm.chaincode;

import com.owlike.genson.annotation.JsonProperty;
import org.hyperledger.fabric.contract.annotation.DataType;
import org.hyperledger.fabric.contract.annotation.Property;

import java.util.List;
import java.util.Objects;

@DataType()  22 usages
public final class Mensaje {

    @Property()  3 usages
    private final String id;
    @Property()  3 usages
    private final String emisor;
    @Property()  3 usages
    private final String asunto;
    @Property()  3 usages
    private final String receptor;
    @Property()  3 usages
    private final String texto;
    @Property()  3 usages
    private final String enCopia;

    public Mensaje(@JsonProperty("id") final String id,  1 usage
                   @JsonProperty("emisor") final String emisor,
                   @JsonProperty("asunto") final String asunto,
                   @JsonProperty("receptor") final String receptor,
                   @JsonProperty("texto") final String texto,
                   @JsonProperty("enCopia") final String enCopia) {
        this.id = id;
        this.emisor = emisor;
        this.asunto = asunto;
        this.receptor = receptor;
        this.texto = texto;
        this.enCopia = enCopia;
    }

    public String getId() {  4 usages
        return id;
    }

    public String getEmisor() {  4 usages
        return emisor;
    }

    public String getAsunto() {  4 usages
        return asunto;
    }

    public String getReceptor() {  4 usages
        return receptor;
    }

    public String getTexto() {  3 usages
        return texto;
    }

    public String getEnCopia() {  3 usages
        return enCopia;
    }

    @Override
    public boolean equals(final Object obj) {
        if (this == obj) {
            return true;
        }

        if ((obj == null) || (getClass() != obj.getClass())) {
            return false;
        }

        Mensaje other = (Mensaje) obj;

        return Objects.deepEquals(
                new String[] {getId(), getEmisor(), getAsunto(), getReceptor(), getTexto(), getEnCopia()},
                new String[] {other.getId(), other.getEmisor(), other.getAsunto(), other.getReceptor(), other.getTexto(), other.getEnCopia()});
    }

    @Override
    public int hashCode() {
        return Objects.hash(getId(), getEmisor(), getAsunto(), getReceptor(), getTexto(), getEnCopia());
    }

    @Override
    public String toString() {
        return this.getClass().getSimpleName() + "@" + Integer.toHexString(hashCode()) + " [id=" + id + ", emisor="
                + emisor + ", asunto=" + asunto + ", receptor=" + receptor + ", texto=" + texto + ", enCopia=" + enCopia + "]";
    }
}
```

**Figura 109:** Contenido del fichero **Mensaje.java**.

```java
MensajeTransfer.java   Mensaje.java   ChaincodeApplication.java

package com.bsm.chaincode;

import com.owlike.genson.Genson;
import org.hyperledger.fabric.contract.Context;
import org.hyperledger.fabric.contract.ContractInterface;
import org.hyperledger.fabric.contract.annotation.Contract;
import org.hyperledger.fabric.contract.annotation.Default;
import org.hyperledger.fabric.contract.annotation.Info;
import org.hyperledger.fabric.contract.annotation.Transaction;
import org.hyperledger.fabric.shim.ChaincodeException;
import org.hyperledger.fabric.shim.ChaincodeStub;
import org.hyperledger.fabric.shim.ledger.KeyValue;
import org.hyperledger.fabric.shim.ledger.QueryResultsIterator;

import java.util.ArrayList;
import java.util.List;

@Contract(
        name = "MensajeTransfer",
        info = @Info(
                title = "MensajeTransfer contract",
                description = "Chaincode para la transacción de Mensajes.",
                version = "0.0.1"))
@Default
public final class MensajeTransfer implements ContractInterface {

    private final Genson genson = new Genson();

    private enum MensajeTransferErrors {
        MENSAJE_NOT_FOUND,
        MENSAJE_ALREADY_EXISTS
    }

    @Transaction(intent = Transaction.TYPE.SUBMIT)
    public Mensaje enviarMensaje(final Context ctx, final String id, final String emisor,
                                 final String asunto, final String receptor, final String texto,
                                 final String enCopia) {

        ChaincodeStub stub = ctx.getStub();

        String state = stub.getStringState(id);

        if (!state.isEmpty()) {
            String errorMessage = String.format("Mensaje %s ya registrado", id);
            System.out.println(errorMessage);
            throw new ChaincodeException(errorMessage, MensajeTransferErrors.MENSAJE_ALREADY_EXISTS.toString());
        }

        Mensaje mensaje = new Mensaje(id, emisor, asunto, receptor, texto, enCopia);

        String newState = genson.serialize(mensaje);

        stub.putStringState(id, newState);
        return mensaje;
    }

    @Transaction(intent = Transaction.TYPE.EVALUATE)
    public Mensaje verMensaje(final Context ctx, final String id) {
        ChaincodeStub stub = ctx.getStub();
        String state = stub.getStringState(id);

        if (state.isEmpty() || state == null) {
            String errorMessage = String.format("Mensaje %s no existe", id);
            System.out.println(errorMessage);
            throw new ChaincodeException(errorMessage, MensajeTransferErrors.MENSAJE_NOT_FOUND.toString());
        }

        Mensaje mensaje = genson.deserialize(state, Mensaje.class);
        return mensaje;
    }

    @Transaction(intent = Transaction.TYPE.SUBMIT)
    public void eliminarMensaje(final Context ctx, final String id) {
        ChaincodeStub stub = ctx.getStub();

        String state = stub.getStringState(id);

        if (state.isEmpty() || state == null) {
            String errorMessage = String.format("Mensaje %s no existe", id);
            System.out.println(errorMessage);
            throw new ChaincodeException(errorMessage, MensajeTransferErrors.MENSAJE_NOT_FOUND.toString());
        }

        stub.delState(id);
    }

    @Transaction(intent = Transaction.TYPE.EVALUATE)
    public String listarMensajes(final Context ctx) {
        ChaincodeStub stub = ctx.getStub();

        List<Mensaje> queryResults = new ArrayList<>();
        QueryResultsIterator<KeyValue> results = stub.getStateByRange("", "");

        for (KeyValue result: results) {
            Mensaje asset = genson.deserialize(result.getStringValue(), Mensaje.class);
            System.out.println(asset);
            queryResults.add(asset);
        }

        final String response = genson.serialize(queryResults);

        return response;
    }

    @Transaction(intent = Transaction.TYPE.EVALUATE)
    public String enviadosPor(final Context ctx, String emisor){
        ChaincodeStub stub = ctx.getStub();

        List<Mensaje> queryResults = new ArrayList<>();
        QueryResultsIterator<KeyValue> results = stub.getStateByRange("", "");

        for (KeyValue result: results) {
            Mensaje asset = genson.deserialize(result.getStringValue(), Mensaje.class);
            String emitidoPor=asset.getEmisor();
            if (emisor.equals(emitidoPor)) {
                System.out.println(asset);
                queryResults.add(asset);
            }
        }
        final String response = genson.serialize(queryResults);
        return response;
    }

    @Transaction(intent = Transaction.TYPE.EVALUATE)
    public String enviadosA(final Context ctx, String receptor){
        ChaincodeStub stub = ctx.getStub();

        List<Mensaje> queryResults = new ArrayList<>();
        QueryResultsIterator<KeyValue> results = stub.getStateByRange("", "");

        for (KeyValue result: results) {
            Mensaje asset = genson.deserialize(result.getStringValue(), Mensaje.class);
            String enviadoA = asset.getReceptor();
            if (receptor.equals(enviadoA)) {
                System.out.println(asset);
                queryResults.add(asset);
            }
        }
        final String response = genson.serialize(queryResults);
        return response;
    }

    @Transaction(intent = Transaction.TYPE.EVALUATE)
    public String buscarEnAsunto(final Context ctx, String txt){
        ChaincodeStub stub = ctx.getStub();

        List<Mensaje> queryResults = new ArrayList<>();
        QueryResultsIterator<KeyValue> results = stub.getStateByRange("", "");

        for (KeyValue result: results) {
            Mensaje asset = genson.deserialize(result.getStringValue(), Mensaje.class);
            String textoAsunto = asset.getAsunto();
            if (textoAsunto.toLowerCase().contains(txt.toLowerCase())) {
                System.out.println(asset);
                queryResults.add(asset);
            }
        }
        final String response = genson.serialize(queryResults);
        return response;
    }

    @Transaction(intent = Transaction.TYPE.SUBMIT)
    public String eliminarTodosMensajes(final Context ctx) {

        ChaincodeStub stub = ctx.getStub();

        List<String> eliminados = new ArrayList<>();
        QueryResultsIterator<KeyValue> results = stub.getStateByRange("", "");

        for (KeyValue result: results) {
            Mensaje asset = genson.deserialize(result.getStringValue(), Mensaje.class);
            String MensajeId = asset.getId();
            stub.delState(MensajeId);
            eliminados.add(MensajeId);
        }
        final String response = genson.serialize(eliminados);
        return response;
    }
}
```

**Figura 110:** Contenido del fichero **MensajeTransfer.java**.

El proceso de compilación del código Java de estas dos clases y sus ediciones se realiza utilizando **gradle**, y se ha automatizado en el script **r.sh** (ver figura 111):

chcodes > chaincode > r.sh

```
rm -rf build
./gradlew installDist
ls -l
rm -rf ../../chaincode.tar.gz
```

**Figura 111:** Contenido del script **r.sh**.

Una vez ejecutado en el directorio raíz del proyecto creado para el chaincode, se genera una nueva versión compilada del chaincode, lista para ser usada por el script **10a_chaincode_alta_org1.sh**, que lo empaqueta antes de instalarlo en los nodos **peer** con unas políticas de aprobación (en inglés, **endorsement**) que restringen quién puede ejecutarlo. En nuestro caso, en el canal **mychannel** las organizaciones **org1** y **org2** pueden ejecutar el chaincode (como se ha describió al principio del capítulo 7).

Queda fuera del alcance de este libro la descripción de las librerías para la programación del acceso y modificación del **libro mayor** del canal (en inglés, **ledger**) que utiliza el chaincode para almacenar los mensajes enviados y registrar toda la información de interés para las auditorías. Sirva el código de la figura 110 para averiguar cómo se almacena y recupera la información del world state del **ledger**, declarando transacciones de tipo **EVALUATE** cuando no se modifica el **ledger** y de tipo **SUBMIT** cuando se escribe en el world state. **Hyperledger Fabric** se encarga de la interacción con el **ledger** y nos facilita una variable **Context** que nos permite el uso de toda una funcionalidad existente para tal efecto.

En la figura 112, se puede observar la URL donde se puede consultar la documentación de esta estructura de clases y obtener un listado de todas las que están disponibles.

https://hyperledger.github.io/fabric-chaincode-java/release-2.0/api/allclasses-frame.html

**All Classes**

*Chaincode*
Chaincode.Response
Chaincode.Response.Status
ChaincodeException
*ChaincodeStub*
ClientIdentity
CompositeKey
Contact
Context
Contract
*ContractInterface*
DataType
Default
Info
*KeyModification*
*KeyValue*
License
Logger
Logging
Metrics
*MetricsProvider*
Property
*QueryResultsIterator*
*QueryResultsIteratorWithMetadata*
ResponseUtils
Serializer
Serializer.TARGET
*StateBasedEndorsement*
StateBasedEndorsement.RoleType
*TaskMetricsCollector*
Transaction
Transaction.TYPE

**Figura 112:** Conjunto de clases del **API Fabric-Chaincode-shim** para Java.

Ahora que conocemos la estructura y funcionalidad del chaincode **chaincode1**, podemos invocarlo actuando como **org1** o actuando como **org2**.

El proyecto **HFLines** contiene toda una serie de scripts para la ejecución individual de cada funcionalidad del **chaincode1** y está implementada en los ficheros de script con prefijo **20_app0x**. En total son 7 scripts que, conociendo los parámetros de ejecución, permiten enviar un mensaje, visualizar un mensaje, eliminar un mensaje, conocer los mensajes enviados por un emisor, o los recibidos por un receptor, o buscar un texto específico en un asunto de un mensaje, entre otras cosas.

Debido a que conocer los parámetros puede no ser una tarea fácil, se han implementado dos scripts: **30_ejemplos_uso_20_app0x_org1.sh** y **30_ejemplos_uso_20_app0x_org2.sh**, donde se pueden encontrar patrones de ejecución (para cada función implementada en el chaincode) listos para ser ejecutados y visualizar por pantalla los resultados.

Para utilizar estos scripts son requisitos indispensables:

1. Tener levantada la red **HFLines**.
2. Tener definido un canal.
3. Tener el chaincode instalado (install), aprobado (approve) e instanciado al canal (commit).

Veamos cómo usar la herramienta **peer cli** con el comando **chaincode invoke** para ejecutar un chaincode.

Utilizamos el script **20_app01_enviarMensaje.sh** que recibe como parámetro el índice de chaincode usado (en nuestro caso será 1, porque el chaincode está etiquetado como **chaincode1**).

En la figura 113 se puede visualizar el código fuente de la secuencia de scripts que se ejecutan y el resultado obtenido en el terminal.

La figura 113 se compone de tres partes. En la parte superior, se puede observar el código fuente del script **20_app01_enviarMensaje.sh.** En la segunda parte, se puede observar la ejecución de este script en el script **30_ejemplos_uso_20_app0x_org1.sh** (que aquí se muestra parcialmente, solo en el caso de uso que utiliza la función **enviarMensaje** del chaincode **chaincode1**). Y, finalmente, en la tercera parte, vemos la salida obtenida en el terminal, que nos confirma que el chaincode se ha invocado satisfactoriamente, retornando el mensaje incluido en el **ledger** del canal **mychannel**:

**(Mensaje de salida por el terminal)**

2024-06-19 20:50:37.416 UTC 0001
INFO [chaincodeCmd] chaincodeInvokeOrQuery -> Chaincode invoke successful.
result: status:200
payload:"{\"texto\":\"Reunion Lunes 22/09/2024 a las 11h, oficinas TELCO\",\"receptor\":\"Maria Castillo\",\"id\":\"1\",\"enCopia\":\"Antonio Maria Rebeca\",\"asunto\":\"Reunion urgente\",\"emisor\":\"Juan Solana\"}"

En este momento, si queremos consultar el ledger del canal para ver este mensaje, podemos utilizar la función **verMensaje** del chaincode1, si disponemos de la información de su **id**. O bien podríamos utilizar la función **enviadosPor**, si sabemos quién ha enviado el mensaje, o bien la función **enviadosA**, si conocemos el destinatario, o finalmente la función **listarMensajes**, si no tenemos ninguna información (en ese caso, tendríamos que buscarlo entre toda la lista facilitada).

Conociendo la metodología y sus parámetros, se pueden usar los scripts de prefijo **20_app0x** directamente. Pero mientras no tenemos esa práctica, se recomienda ver cómo se pueden ejecutar consultando los ficheros de ejemplo con prefijo **30_ejemplos**.

20_app01_enviarMensaje.sh

```
# Muestra para la ejecución de funciones del chaincode.
# App01:  ./20_app_enviar_mensaje.sh $1 $2 $3 $4 $5 $6 $7

# enviarMensaje
#
#                idMensaje $2="2"
#                   Emisor $3="Emisor"
#                   Asunto $4="Asunto"
#             Destinatario $5="destinatario",
#                Contenido $6="Contenido"
#                  enCopia $7="enCopias"

. color.sh
source ./term-org1

echo -e $WHITE_L Enviando de Mensaje por $BLUE HFLINES $NORMAL
echo ""

printf -v param1 '{"Args":["enviarMensaje","%s","%s","%s","%s","%s","%s"]}' "$2" "$3" "$4" "$5" "$6" "$7"
#echo $param1

op="peer chaincode invoke \
   -o $ORDERER_ORG1_ADDRESS \
   --ordererTLSHostnameOverride orderer1-org1 \
   --tls $CORE_PEER_TLS_ENABLED \
   --cafile $ORDERER_CA \
   -C mychannel \
   -n chaincode$1 \
   --peerAddresses $CORE_PEER_ADDRESS_ORG1 \
   --tlsRootCertFiles $CORE_PEER_TLS_ROOTCERT_FILE_ORG1 \
   --peerAddresses $CORE_PEER_ADDRESS_ORG2 \
   --tlsRootCertFiles $CORE_PEER_TLS_ROOTCERT_FILE_ORG2 \
   -c '${param1}"

op="${op}'"
#printf -v op $op

#echo $op

echo $op | bash
echo ""
```

30_ejemplos_uso_20_app0x_org1.sh

```

# Ejemplos de ejecución de las app que facilitan el uso
# de las funciones incluidas en el chaincode.

clear
. color.sh
source ./term-org1

echo -e $WHITE_L Ejemplo 1 sobre HFLINES $NORMAL
echo ""
echo -e $WHITE_L Enviando Mensaje 1 : Emisor: Juan Solana, destinataria: Maria Castillo $BLUE RED HFLINES $NORMAL

./20_app01_enviarMensaje.sh $1 "1" "Juan Solana" "Reunion urgente" "Maria Castillo" "Reunion Lunes 22/09/2024 a las 11h, oficinas TELCO" "Antonio Maria Rebeca"

sleep 3
```

```
Ejemplo 1 sobre HFLINES

Enviando Mensaje 1 : Emisor: Juan Solana, destinataria: Maria Castillo  RED HFLINES
Enviando de Mensaje por  HFLINES

2024-06-19 20:50:37.416 UTC 0001 INFO [chaincodeCmd] chaincodeInvokeOrQuery -> Chaincode invoke successful. result: status:200 payload:"{\"texto\":\"Reunion Lunes 22/09/2024 a las 11h, oficinas TELCO\",\"receptor\":\"Maria Castillo\",\"id\":\"1\",\"enCopia\":\"Antonio Maria Rebeca\",\"asunto\":\"Reunion urgente\",\"emisor\":\"Juan Solana\"}"

esbrinachain@hfabric1:~/fabric-samples/hflines$
```

**Figura 113:** Ejemplo de ejecución para enviar un mensaje en **HFLines**.

El código contenido en los scripts **30_ejemplos_uso_20_app0x_org1.sh** y **30_ejemplos_uso_20_app0x_org2.sh** es equivalente; estos scripts nos permiten comprobar que el chaincode1 se puede ejecutar desde las dos organizaciones **org1** y **org2**.

En la figura 114, se muestra la ejecución completa del script **30_ejemplos_uso_20_app0x_org1.sh**, donde se prueban todas las funciones implementadas en el **chaincode1**.

```
SSH en el navegador                                   SUBIR ARCHIVO   DESCARGAR ARCHIVO
  Ejemplo 1 sobre HFLINES

  Enviando Mensaje 1 : Emisor: Juan Solana, destinataria: Maria Castillo  RED HFLINES
  Enviando de Mensaje por  HFLINES

2024-06-19 21:39:41.812 UTC 0001 INFO [chaincodeCmd] chaincodeInvokeOrQuery -> Chaincode invoke successful. result: status:200 payload:"{\"texto\":\"Reunion Lunes 22/09/2024 a las
11h, oficinas TELCO\",\"receptor\":\"Maria Castillo\",\"id\":\"1\",\"enCopia\":\"Antonio Maria Rebeca\",\"asunto\":\"Reunion urgente\",\"emisor\":\"Juan Solana\"}"

  Ejemplo 2 Envio de tres mensajes por HFLINES

  Enviando Mensaje 2 : Emisor: Maria Castillo, destinatario: Juan Solana  RED HFLINES
  Enviando de Mensaje por  HFLINES

2024-06-19 21:39:44.912 UTC 0001 INFO [chaincodeCmd] chaincodeInvokeOrQuery -> Chaincode invoke successful. result: status:200 payload:"{\"texto\":\"Reunion Lunes - OK. Nos desplaz
amos 4 personas\",\"receptor\":\"Juan Solana\",\"id\":\"2\",\"enCopia\":\"antonio maria rebeca\",\"asunto\":\"Reunion aceptada\",\"emisor\":\"Maria Castillo\"}"


  Enviando Mensaje 3 : Emisor: Maria Castillo, destinatario: Anna Gracia  RED HFLINES
  Enviando de Mensaje por  HFLINES

2024-06-19 21:39:45.009 UTC 0001 INFO [chaincodeCmd] chaincodeInvokeOrQuery -> Chaincode invoke successful. result: status:200 payload:"{\"texto\":\"Deberias asistir a la reunion d
el lunes, oficinas TELCO a las 11h.\",\"receptor\":\"Anna Gracia\",\"id\":\"3\",\"enCopia\":\"Antonio Maria Rebeca\",\"asunto\":\"Reunion Lunes TELCO\",\"emisor\":\"Maria Castillo\
"}"


  Enviando Mensaje 4 : Emisor: Maria Castillo, destinatario: Anna Gracia  RED HFLINES
  Enviando de Mensaje por  HFLINES

2024-06-19 21:39:45.109 UTC 0001 INFO [chaincodeCmd] chaincodeInvokeOrQuery -> Chaincode invoke successful. result: status:200 payload:"{\"texto\":\"Finalmente, no podre asistir a
la reunion del lunes. Por favor, encargate tu de substituirme.\",\"receptor\":\"Anna Gracia\",\"id\":\"4\",\"enCopia\":\"Antonio Maria Rebeca\",\"asunto\":\"Reunion de ultima hora.
..\",\"emisor\":\"Maria Castillo\"}"

  Ejemplo 3 - Ver todos los mensajes en HFLINES

  Listar todos Mensajes en  HFLINES
2024-06-19 21:39:48.258 UTC 0001 INFO [chaincodeCmd] chaincodeInvokeOrQuery -> Chaincode invoke successful. result: status:200 payload:"[{\"asunto\":\"Reunion urgente\",\"emisor\":
\"Juan Solana\",\"enCopia\":\"Antonio Maria Rebeca\",\"id\":\"1\",\"receptor\":\"Maria Castillo\",\"texto\":\"Reunion Lunes 22/09/2024 a las 11h, oficinas TELCO\"},{\"asunto\":\"Re
union aceptada\",\"emisor\":\"Maria Castillo\",\"enCopia\":\"antonio maria rebeca\",\"id\":\"2\",\"receptor\":\"Juan Solana\",\"texto\":\"Reunion Lunes - OK. Nos desplazamos 4 pers
onas\"},{\"asunto\":\"Reunion Lunes TELCO\",\"emisor\":\"Maria Castillo\",\"enCopia\":\"Antonio Maria Rebeca\",\"id\":\"3\",\"receptor\":\"Anna Gracia\",\"texto\":\"Deberias asisti
r a la reunion del lunes, oficinas TELCO a las 11h.\"},{\"asunto\":\"Reunion de ultima hora...\",\"emisor\":\"Maria Castillo\",\"enCopia\":\"Antonio Maria Rebeca\",\"id\":\"4\",\"r
eceptor\":\"Anna Gracia\",\"texto\":\"Finalmente, no podre asistir a la reunion del lunes. Por favor, encargate tu de substituirme.\"}]"

  Ejemplo 4 - Eliminar mensaje - World state, no del legder-blockchain - sobre HFLINES

  Eliminando Mensaje 1 : Emisor: Juan Solana, destinataria: Maria Castillo  RED HFLINES
  Eliminando Mensaje en  HFLINES

2024-06-19 21:39:51.357 UTC 0001 INFO [chaincodeCmd] chaincodeInvokeOrQuery -> Chaincode invoke successful. result: status:200
eceptor\":\"Anna Gracia\",\"texto\":\"Finalmente, no podre asistir a la reunion del lunes. Por favor, encargate tu de substituirme.\"}]"

  Ejemplo 4 - Eliminar mensaje - World state, no del legder-blockchain - sobre HFLINES

  Eliminando Mensaje 1 : Emisor: Juan Solana, destinataria: Maria Castillo  RED HFLINES
  Eliminando Mensaje en  HFLINES

2024-06-19 21:39:51.357 UTC 0001 INFO [chaincodeCmd] chaincodeInvokeOrQuery -> Chaincode invoke successful. result: status:200

  Ejemplo 5 - Ver mensaje por _id_ en HFLINES

  Visualizando Mensaje 2 _existente_ : Emisor: Maria Castillo, destinatario: Juan Solana  RED HFLINES
  Ver Mensaje por [id] en  HFLINES
2024-06-19 21:39:54.464 UTC 0001 INFO [chaincodeCmd] chaincodeInvokeOrQuery -> Chaincode invoke successful. result: status:200 payload:"{\"texto\":\"Reunion Lunes - OK. Nos desplaz
amos 4 personas\",\"receptor\":\"Juan Solana\",\"id\":\"2\",\"enCopia\":\"antonio maria rebeca\",\"asunto\":\"Reunion aceptada\",\"emisor\":\"Maria Castillo\"}"

  Ejemplo 6 - Intento de _Ver mensaje_ eliminado previamente

  Visualizando Mensaje 1 : Emisor: Juan Solana, destinataria: Maria Castillo  RED HFLINES
  Ver Mensaje por [id] en  HFLINES
Error: endorsement failure during invoke. response: status:500 message:"Mensaje 1 no existe" payload:"MENSAJE_NOT_FOUND"

  Ejemplo 7 - Dado un emisor, mostrar todos sus mensajes

  Búsqueda de Mensajes enviados por  Maria Castillo   en  HFLINES
2024-06-19 21:40:00.655 UTC 0001 INFO [chaincodeCmd] chaincodeInvokeOrQuery -> Chaincode invoke successful. result: status:200 payload:"[{\"asunto\":\"Reunion aceptada\",\"emisor\"
:\"Maria Castillo\",\"enCopia\":\"antonio maria rebeca\",\"id\":\"2\",\"receptor\":\"Juan Solana\",\"texto\":\"Reunion Lunes - OK. Nos desplazamos 4 personas\"},{\"asunto\":\"Reuni
on Lunes TELCO\",\"emisor\":\"Maria Castillo\",\"enCopia\":\"Antonio Maria Rebeca\",\"id\":\"3\",\"receptor\":\"Anna Gracia\",\"texto\":\"Deberias asistir a la reunion del lunes, o
ficinas TELCO a las 11h.\"},{\"asunto\":\"Reunion de ultima hora...\",\"emisor\":\"Maria Castillo\",\"enCopia\":\"Antonio Maria Rebeca\",\"id\":\"4\",\"receptor\":\"Anna Gracia\",\
"texto\":\"Finalmente, no podre asistir a la reunion del lunes. Por favor, encargate tu de substituirme.\"}]"

  Ejemplo 8 - Dado un receptor, mostrar todos los mensajes que se le han enviado

  Búsqueda de Mensajes enviados a  Anna Gracia   en  HFLINES
2024-06-19 21:40:03.750 UTC 0001 INFO [chaincodeCmd] chaincodeInvokeOrQuery -> Chaincode invoke successful. result: status:200 payload:"[{\"asunto\":\"Reunion Lunes TELCO\",\"emiso
r\":\"Maria Castillo\",\"enCopia\":\"Antonio Maria Rebeca\",\"id\":\"3\",\"receptor\":\"Anna Gracia\",\"texto\":\"Deberias asistir a la reunion del lunes, oficinas TELCO a las 11h.
\"},{\"asunto\":\"Reunion de ultima hora...\",\"emisor\":\"Maria Castillo\",\"enCopia\":\"Antonio Maria Rebeca\",\"id\":\"4\",\"receptor\":\"Anna Gracia\",\"texto\":\"Finalmente, n
o podre asistir a la reunion del lunes. Por favor, encargate tu de substituirme.\"}]"

  Ejemplo 9 - Mostrar todos los mensajes con el texto indicado en el _Asunto_ del mensaje

  Búsqueda de Mensajes enviados en HFLINES con el texto  reunion   en el campo  ASUNTO
2024-06-19 21:40:06.848 UTC 0001 INFO [chaincodeCmd] chaincodeInvokeOrQuery -> Chaincode invoke successful. result: status:200 payload:"[{\"asunto\":\"Reunion aceptada\",\"emisor\"
:\"Maria Castillo\",\"enCopia\":\"antonio maria rebeca\",\"id\":\"2\",\"receptor\":\"Juan Solana\",\"texto\":\"Reunion Lunes - OK. Nos desplazamos 4 personas\"},{\"asunto\":\"Reuni
on Lunes TELCO\",\"emisor\":\"Maria Castillo\",\"enCopia\":\"Antonio Maria Rebeca\",\"id\":\"3\",\"receptor\":\"Anna Gracia\",\"texto\":\"Deberias asistir a la reunion del lunes, o
ficinas TELCO a las 11h.\"},{\"asunto\":\"Reunion de ultima hora...\",\"emisor\":\"Maria Castillo\",\"enCopia\":\"Antonio Maria Rebeca\",\"id\":\"4\",\"receptor\":\"Anna Gracia\",\
"texto\":\"Finalmente, no podre asistir a la reunion del lunes. Por favor, encargate tu de substituirme.\"}]"

esbrinachain@hfabric1:~/fabric-samples/hflines$
```

**Figura 114:** Ejemplo de ejecución del script **30_ejemplos_uso_20_app0x_org1.sh**.

Podemos comprobar que todas las funciones han salido bien. Si ejecutamos el script **30_ejemplos_uso_20_app0x_org2.sh**, comprobaremos que desde la organización **org2** también se puede ejecutar el chaincode **chaincode1**. El resultado de esta ejecución lo podemos observar en la figura 115:

```
SSH en el navegador                                   SUBIR ARCHIVO   DESCARGAR ARCHIVO

 Ejemplo 10 sobre HFLINES

 Enviando Mensaje 5 : Emisor: Julio Solana, destinataria: Maria Garcia  RED HFLINES
 Enviando de Mensaje por  HFLINES

2024-06-19 21:54:55.317 UTC 0001 INFO [chaincodeCmd] chaincodeInvokeOrQuery -> Chaincode invoke successful. result: status:200 payload:"{\"texto\":\"Entrega Martes 23/09/2024 a las 11h, oficinas TELCO\",\"receptor\":\"Maria Garcia\",\"id\":\"5\",\"enCopia\":\"Antonio Maria Rebeca\",\"asunto\":\"Entrega urgente\",\"emisor\":\"Julio Solana\"}"

 Ejemplo 11 Envio de tres mensajes por HFLINES

 Enviando Mensaje 6 : Emisor: Maria Garcia, destinatario: Julio Solana  RED HFLINES
 Enviando de Mensaje por  HFLINES

2024-06-19 21:55:01.424 UTC 0001 INFO [chaincodeCmd] chaincodeInvokeOrQuery -> Chaincode invoke successful. result: status:200 payload:"{\"texto\":\"Entrega Martes - OK. 12 copias.\",\"receptor\":\"Julio Solana\",\"id\":\"6\",\"enCopia\":\"antonio maria rebeca\",\"asunto\":\"Entrega aceptada\",\"emisor\":\"Maria Garcia\"}"


 Enviando Mensaje 7 : Emisor: Maria Garcia, destinatario: Soledad Tuset  RED HFLINES
 Enviando de Mensaje por  HFLINES

2024-06-19 21:55:01.517 UTC 0001 INFO [chaincodeCmd] chaincodeInvokeOrQuery -> Chaincode invoke successful. result: status:200 payload:"{\"texto\":\"Tenemos que realizar la Entrega del proyecto el martes 23/09/2024, oficinas TELCO a las 11h.\",\"receptor\":\"Soledad Tuset\",\"id\":\"7\",\"enCopia\":\"Antonio Maria Rebeca\",\"asunto\":\"Entrega Lunes TELCO\",\"emisor\":\"Maria Garcia\"}"


 Enviando Mensaje 8 : Emisor: Maria Garcia, destinatario: Soledad Tuset  RED HFLINES
 Enviando de Mensaje por  HFLINES

2024-06-19 21:55:01.615 UTC 0001 INFO [chaincodeCmd] chaincodeInvokeOrQuery -> Chaincode invoke successful. result: status:200 payload:"{\"texto\":\"Finalmente, no podre participar de la Entrega del martes. Por favor, encargate tu de todo.\",\"receptor\":\"Soledad Tuset\",\"id\":\"8\",\"enCopia\":\"Antonio Maria Rebeca\",\"asunto\":\"Cambios de ultima hora...\",\"emisor\":\"Maria Garcia\"}"

 Ejemplo 12 - Ver todos los mensajes en HFLINES

 Listar todos Mensajes en  HFLINES
2024-06-19 21:55:04.711 UTC 0001 INFO [chaincodeCmd] chaincodeInvokeOrQuery -> Chaincode invoke successful. result: status:200 payload:"[{\"asunto\":\"Reunion aceptada\",\"emisor\":\"Maria Castillo\",\"enCopia\":\"antonio maria rebeca\",\"id\":\"2\",\"receptor\":\"Juan Solana\",\"texto\":\"Reunion Lunes - OK. Nos desplazamos 4 personas\"},{\"asunto\":\"Reunion Lunes TELCO\",\"emisor\":\"Maria Castillo\",\"enCopia\":\"Antonio Maria Rebeca\",\"id\":\"3\",\"receptor\":\"Anna Gracia\",\"texto\":\"Deberias asistir a la reunion del lunes, oficinas TELCO a las 11h.\"},{\"asunto\":\"Reunion de ultima hora...\",\"emisor\":\"Maria Castillo\",\"enCopia\":\"Antonio Maria Rebeca\",\"id\":\"4\",\"receptor\":\"Anna Gracia\",\"texto\":\"Finalmente, no podre asistir a la reunion del lunes. Por favor, encargate tu de substituirme.\"},{\"asunto\":\"Entrega urgente\",\"emisor\":\"Julio Solana\",\"enCopia\":\"Antonio Maria Rebeca\",\"id\":\"5\",\"receptor\":\"Maria Garcia\",\"texto\":\"Entrega Martes 23/09/2024 a las 11h, oficinas TELCO\"},{\"asunto\":\"Entrega aceptada\",\"emisor\":\"Maria Garcia\",\"enCopia\":\"antonio maria rebeca\",\"id\":\"6\",\"receptor\":\"Julio Solana\",\"texto\":\"Entrega Martes - OK. 12 copias.\"},{\"asunto\":\"Entrega Lunes TELCO\",\"emisor\":\"Maria Garcia\",\"enCopia\":\"Antonio Maria Rebeca\",\"id\":\"7\",\"receptor\":\"Soledad Tuset\",\"texto\":\"Tenemos que realizar la Entrega del proyecto el martes 23/09/2024, oficinas TELCO a las 11h.\"},{\"asunto\":\"Cambios de ultima hora...\",\"emisor\":\"Maria Garcia\",\"enCopia\":\"Antonio Maria Rebeca\",\"id\":\"8\",\"receptor\":\"Soledad Tuset\",\"texto\":\"Finalmente, no podre participar de la Entrega del martes. Por favor, encargate tu de todo.\"}]"

 Ejemplo 13 - Eliminar mensaje - World state, no del legder-blockchain - sobre HFLINES

 Eliminando Mensaje 5 : Emisor: Julio Solana, destinataria: Maria Garcia  RED HFLINES
 Eliminando Mensaje en  HFLINES

2024-06-19 21:55:07.806 UTC 0001 INFO [chaincodeCmd] chaincodeInvokeOrQuery -> Chaincode invoke successful. result: status:200

 Ejemplo 14 - Ver mensaje por _id_ en HFLINES

 Visualizando Mensaje 6 _existente_ : Emisor: Maria Garcia, destinatario: Julio Solana  RED HFLINES
 Ver Mensaje por [id] en  HFLINES
2024-06-19 21:55:10.910 UTC 0001 INFO [chaincodeCmd] chaincodeInvokeOrQuery -> Chaincode invoke successful. result: status:200 payload:"{\"texto\":\"Entrega Martes - OK. 12 copias.\",\"receptor\":\"Julio Solana\",\"id\":\"6\",\"enCopia\":\"antonio maria rebeca\",\"asunto\":\"Entrega aceptada\",\"emisor\":\"Maria Garcia\"}"

 Ejemplo 15 - Intento de _Ver mensaje_ eliminado previamente

 Visualizando Mensaje 5 : Emisor: Julio Solana, destinataria: Maria Garcia  RED HFLINES
 Ver Mensaje por [id] en  HFLINES
Error: endorsement failure during invoke. response: status:500 message:"Mensaje 5 no existe" payload:"MENSAJE_NOT_FOUND"

 Ejemplo 16 - Dado un emisor, mostrar todos sus mensajes

 Búsqueda de Mensajes enviados por  Maria Garcia   en  HFLINES
2024-06-19 21:55:17.096 UTC 0001 INFO [chaincodeCmd] chaincodeInvokeOrQuery -> Chaincode invoke successful. result: status:200 payload:"[{\"asunto\":\"Entrega aceptada\",\"emisor\":\"Maria Garcia\",\"enCopia\":\"antonio maria rebeca\",\"id\":\"6\",\"receptor\":\"Julio Solana\",\"texto\":\"Entrega Martes - OK. 12 copias.\"},{\"asunto\":\"Entrega Lunes TELCO\",\"emisor\":\"Maria Garcia\",\"enCopia\":\"Antonio Maria Rebeca\",\"id\":\"7\",\"receptor\":\"Soledad Tuset\",\"texto\":\"Tenemos que realizar la Entrega del proyecto el martes 23/09/2024, oficinas TELCO a las 11h.\"},{\"asunto\":\"Cambios de ultima hora...\",\"emisor\":\"Maria Garcia\",\"enCopia\":\"Antonio Maria Rebeca\",\"id\":\"8\",\"receptor\":\"Soledad Tuset\",\"texto\":\"Finalmente, no podre participar de la Entrega del martes. Por favor, encargate tu de todo.\"}]"

 Ejemplo 17 - Dado un receptor, mostrar todos los mensajes que se le han enviado

 Búsqueda de Mensajes enviados a  Soledad Tuset   en  HFLINES
2024-06-19 21:55:20.167 UTC 0001 INFO [chaincodeCmd] chaincodeInvokeOrQuery -> Chaincode invoke successful. result: status:200 payload:"[{\"asunto\":\"Entrega Lunes TELCO\",\"emisor\":\"Maria Garcia\",\"enCopia\":\"Antonio Maria Rebeca\",\"id\":\"7\",\"receptor\":\"Soledad Tuset\",\"texto\":\"Tenemos que realizar la Entrega del proyecto el martes 23/09/2024, oficinas TELCO a las 11h.\"},{\"asunto\":\"Cambios de ultima hora...\",\"emisor\":\"Maria Garcia\",\"enCopia\":\"Antonio Maria Rebeca\",\"id\":\"8\",\"receptor\":\"Soledad Tuset\",\"texto\":\"Finalmente, no podre participar de la Entrega del martes. Por favor, encargate tu de todo.\"}]"

 Ejemplo 18 - Mostrar todos los mensajes con el texto indicado en el _Asunto_ del mensaje

 Búsqueda de Mensajes enviados en HFLINES con el texto  Entrega   en el campo  ASUNTO
2024-06-19 21:55:23.286 UTC 0001 INFO [chaincodeCmd] chaincodeInvokeOrQuery -> Chaincode invoke successful. result: status:200 payload:"[{\"asunto\":\"Entrega aceptada\",\"emisor\":\"Maria Garcia\",\"enCopia\":\"antonio maria rebeca\",\"id\":\"6\",\"receptor\":\"Julio Solana\",\"texto\":\"Entrega Martes - OK. 12 copias.\"},{\"asunto\":\"Entrega Lunes TELCO\",\"emisor\":\"Maria Garcia\",\"enCopia\":\"Antonio Maria Rebeca\",\"id\":\"7\",\"receptor\":\"Soledad Tuset\",\"texto\":\"Tenemos que realizar la Entrega del proyecto el martes 23/09/2024, oficinas TELCO a las 11h.\"}]"

esbrinachain@hfabric1:~/fabric-samples/hflines$
```

**Figura 115:** Ejemplo de ejecución del script **30_ejemplos_uso_20_app0x_org2.sh**.

El lector observará que se trata de ejemplos sencillos para mostrar cómo se almacena la información en la cadena de bloques permisionada implementada en **`HFLines`**. Las interfaces web de llamada al `API Rest` son mejorables en caso de un proyecto en producción, y veremos ejemplo de ello.

# CAPÍTULO 13
# API REST DE CONEXIÓN A LA RED PARA CLIENTES DE HFLINES

El proyecto **`HFLines`** también proporciona un **`API REST`** de conexión a la red **HFLines**. El proyecto de desarrollo se encuentra en la carpeta del proyecto **`chCodes`** con el nombre de **`Gateway`**.

En la figura 116, se muestran algunos de los diferentes módulos implementados para la ejecución de la funcionalidad del chaincode instanciado en la red:

- **`MensajeriaService.java`**,
- **`MensajeController.java`**,
- **`FabricGateway.java`**
- **`EnviarMensajeDTO.java`**.

Una vez ejecutado el proyecto Gateway desde el entorno de programación, está disponible un **`API Rest`** en el **`puerto 8085`** que puede ser testeado en la **`URL localhost`**:

*http://localhost:8085/swagger-ui/*

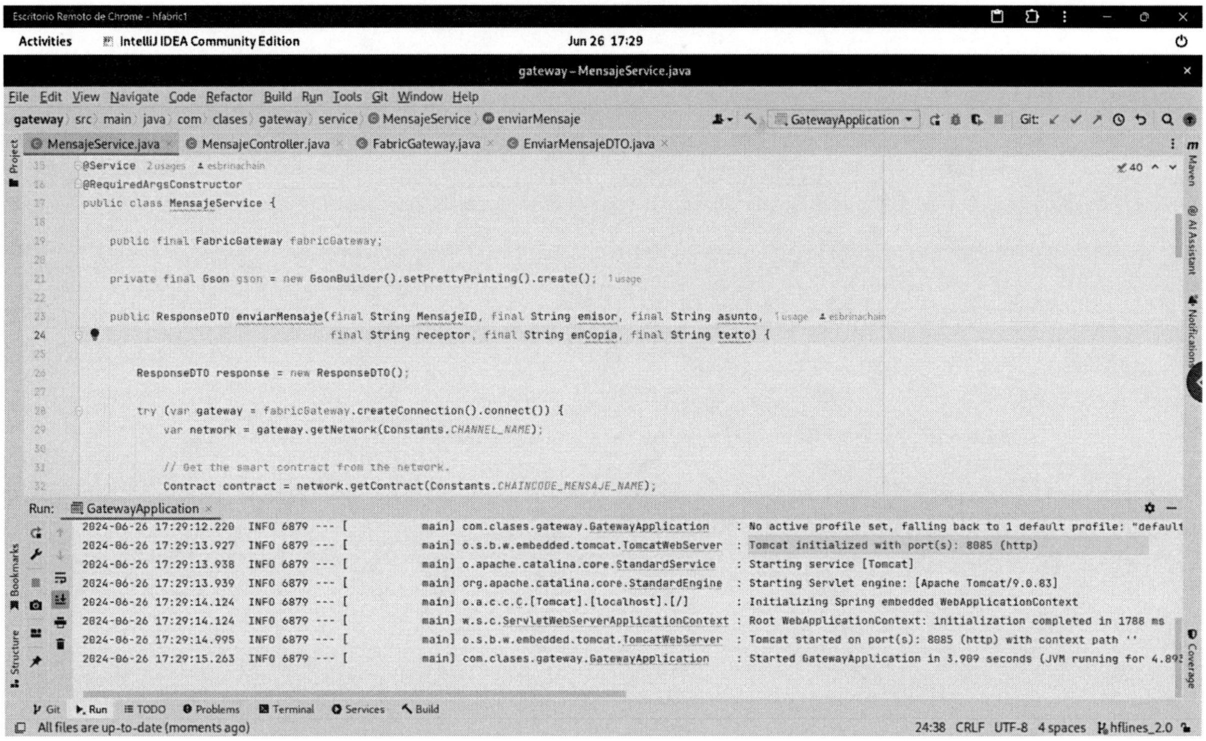

**Figura 116:** Código del proyecto Gateway a modo de **backend API Rest**.

En la figura 117, se puede observar toda la funcionalidad del chaincode:

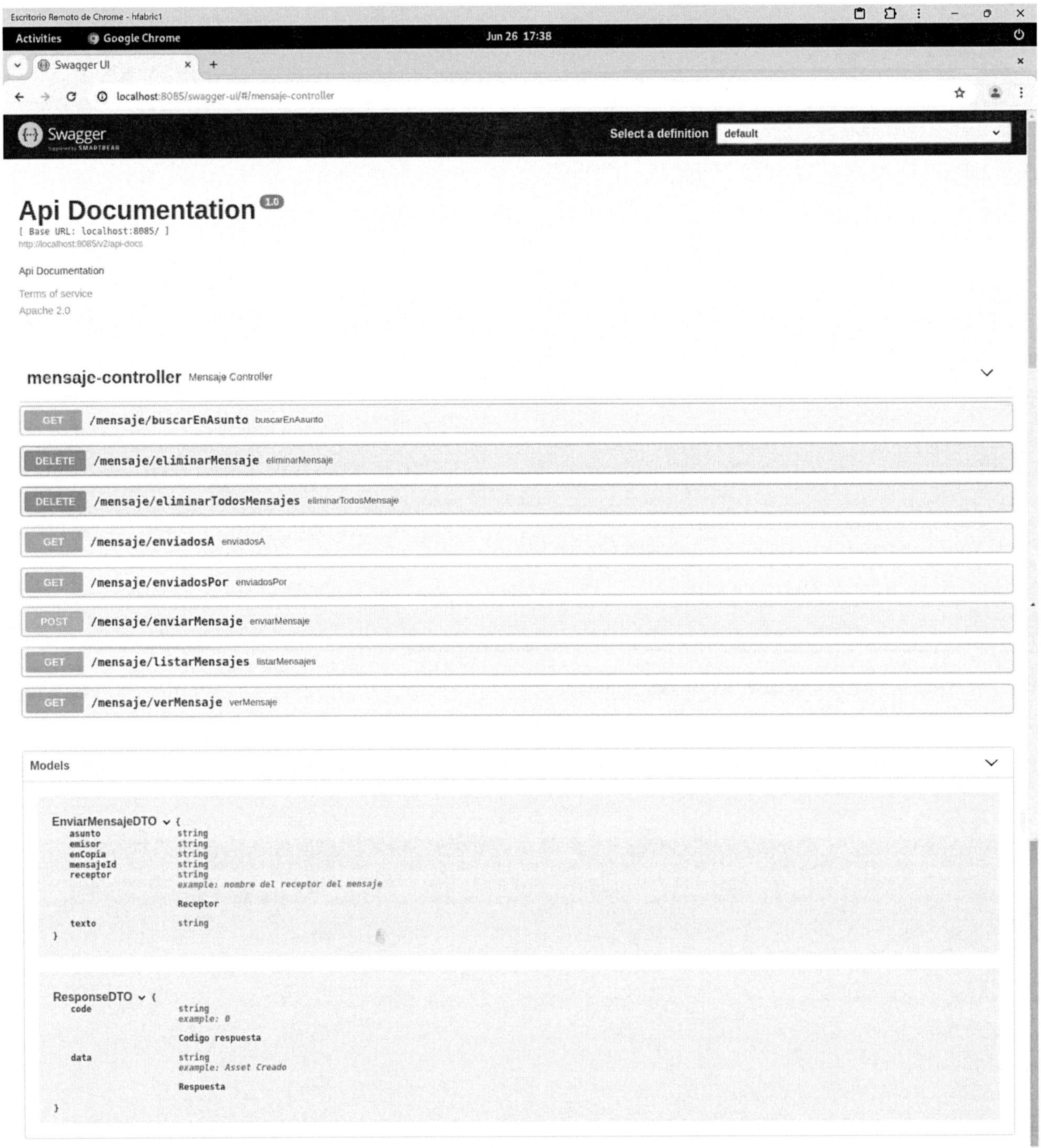


**Figura 117:** API Rest Gateway de acceso a la funcionalidad del chaincode de HFLines.

En la figura 118, se muestra la ejecución de la función **`ListarMensajes`** una vez ejecutados los ejemplos del script **`30_ejemplos_uso_20_app0x_org1.sh`**.

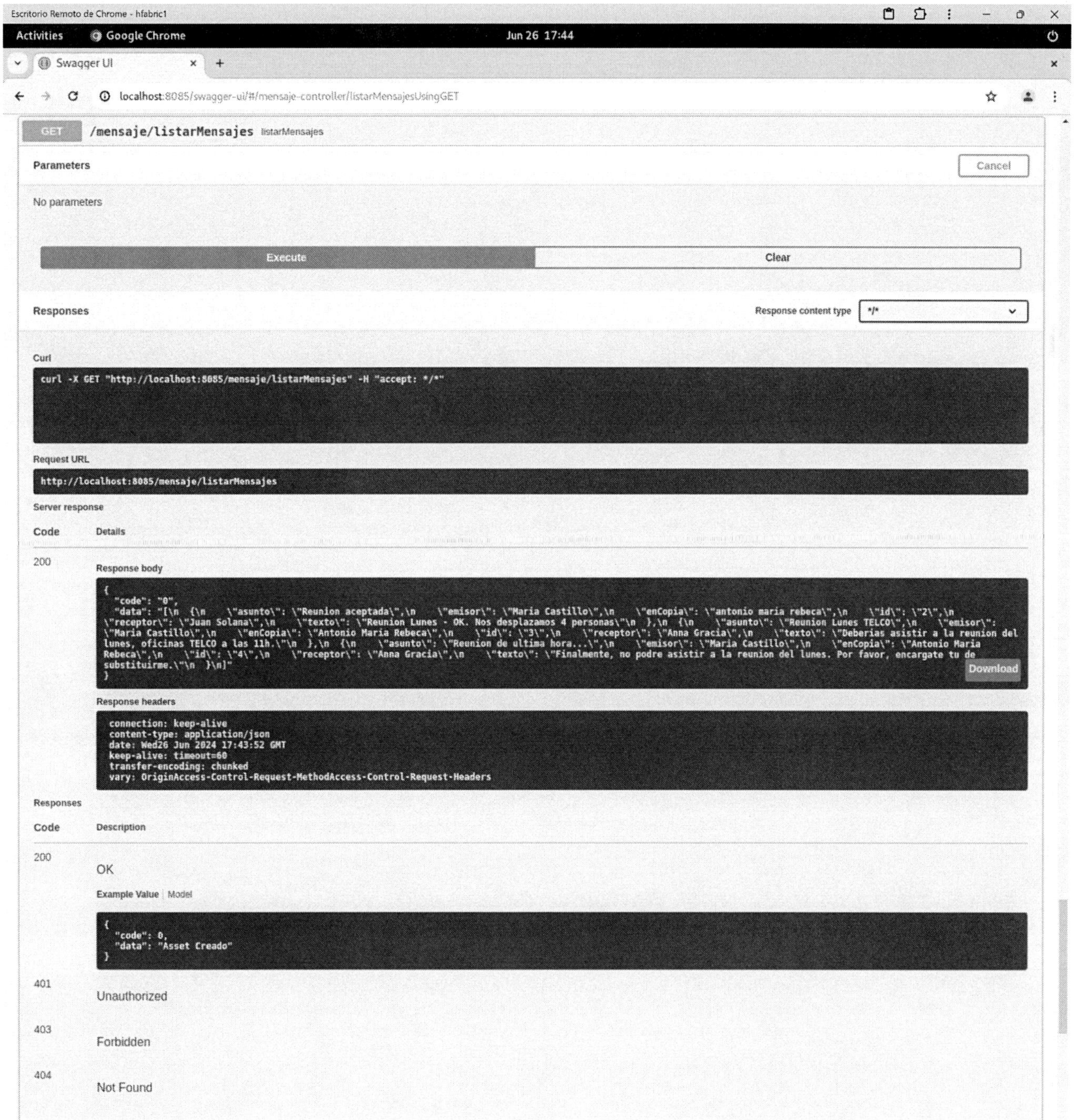


**Figura 118:** Ejecución de la función **ListarMensajes** usando el **API Rest** del proyecto **Gateway** utilizando la librería **Swagger**.

Queda comprobado que se puede programar un cliente web que podría utilizar el **API Rest** del **backend** implementado en el **proyecto Gateway** para ejecutar la funcionalidad de nuestro **chaincode** sobre la cadena de bloques de **HFLines.**

## CAPÍTULO 14

# MONITORIZACIÓN DE LA RED HFLINES: PROMETHEUS Y GRAFANA

Es esencial medir el rendimiento de la red **Hyperledger Fabric HFLines**. Para obtener las métricas de funcionamiento, disponemos de la herramienta **Prometheus** y, para generar gráficos de estas métricas (o del rendimiento de la ejecución de los contenedores en tiempo real), disponemos de la herramienta **Grafana**.

El website de **Prometheus** está activo en el puerto 9090 de nuestra máquina virtual. En el caso de uso que nos ocupa, en el momento de realizar el proyecto, la instancia virtual de Google utilizaba la IP externa: 34.175.201.73 y podíamos consultar las métricas de **Prometheus** en la Url,

http://34.175.201.73:9090/

En la figura 119, se muestra un ejemplo de dos consultas (en inglés, query). Se consultan los contenedores levantados en este momento en la red **HFLines** y la versión de **cadvisor** (facilita métricas a `Prometheus`):

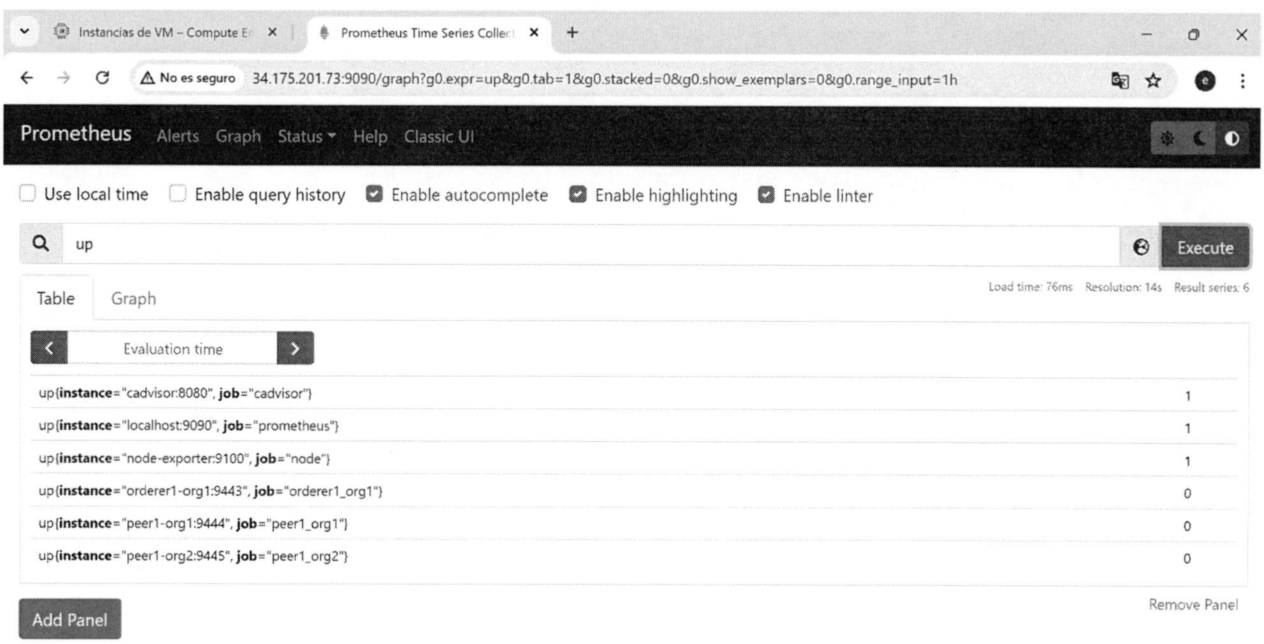

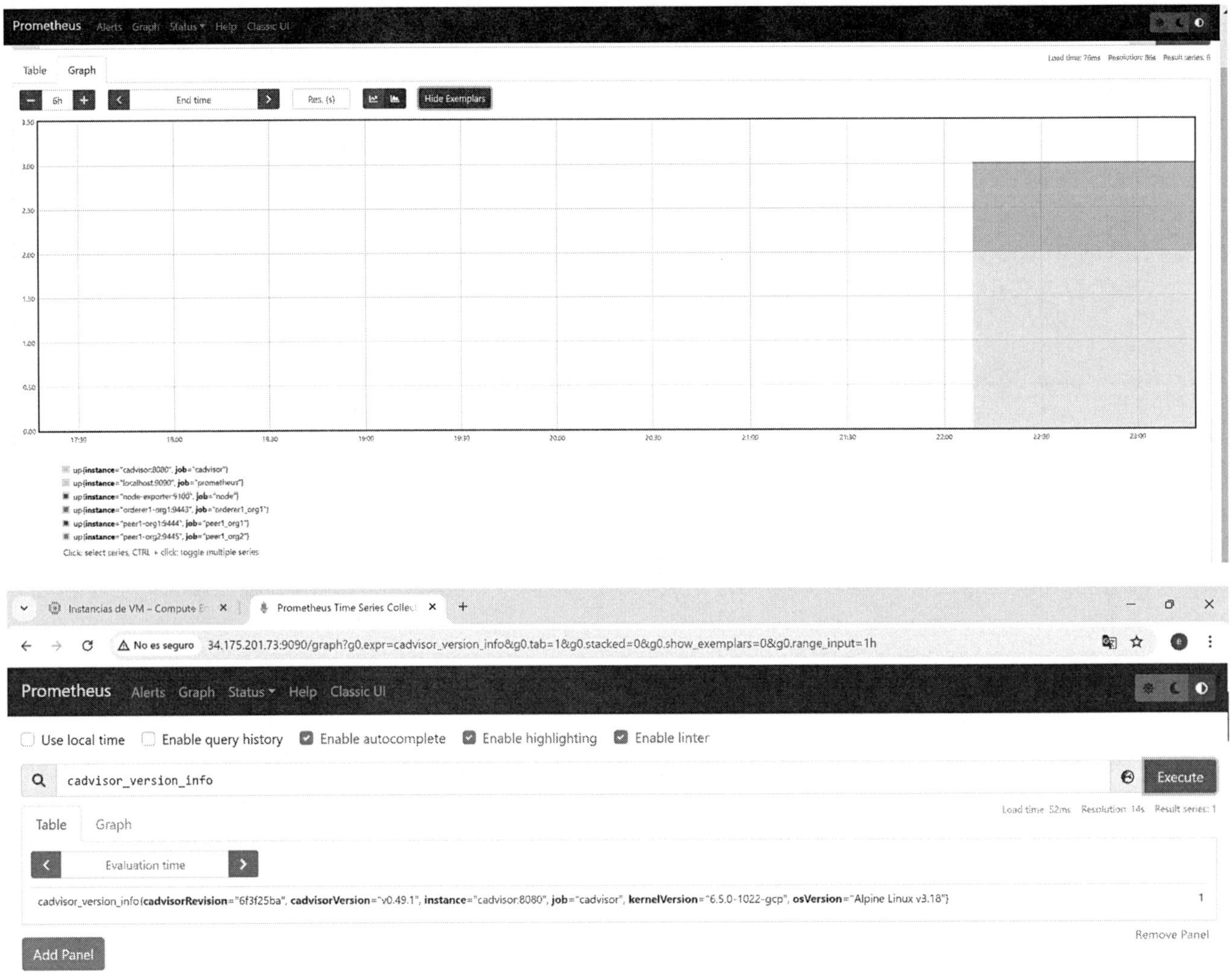


**Figura 119:** Consultas en Prometheus: (a) de métrica **up** (b) versión de cadvisor activa.

Para obtener **gráficas en tiempo real**, la herramienta **`Grafana`** nos proporciona un generador de paneles para ver el comportamiento de nuestra red.

En la figura 120, podemos observar un ejemplo de panel (en inglés, dashboard) obtenido con **`Grafana`**:

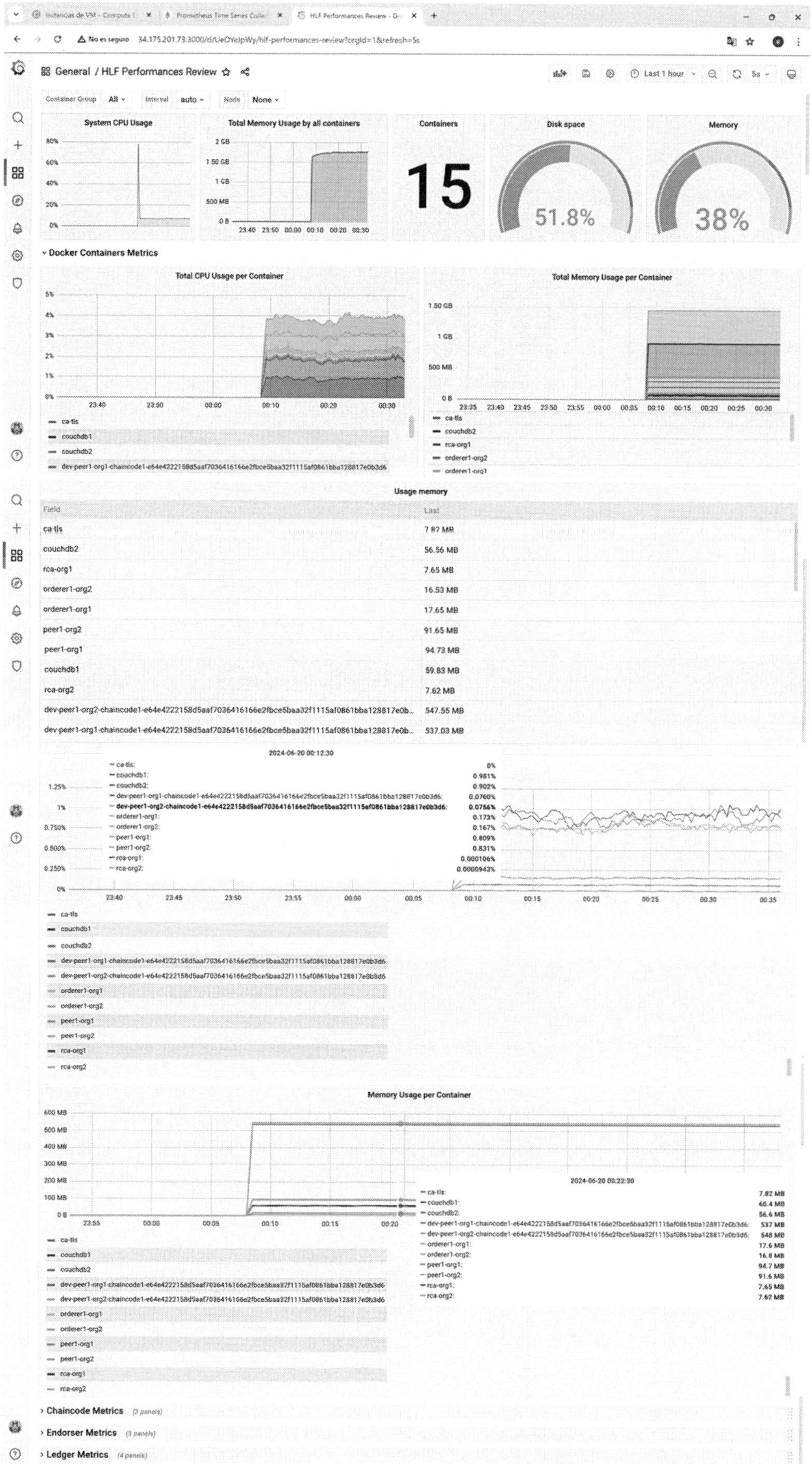

Figura 120: Ejemplos de dashboard en tiempo real con la herramienta **Grafana**.

## CONCLUSIONES

La red `Hyperledger Fabric` **`HFLines`** es un proyecto pensado para poner en práctica los conocimientos adquiridos en un curso académico e intenta ser un proyecto cercano a lo que sería un proyecto en producción real. Aunque en aspectos de configuración y despliegue lo es, en otros (como su arquitectura hardware) se ha optado por la estrategia de montar una red simple que funcione a modo de prototipo, con todos los contenedores Docker funcionando en la misma máquina virtual. De esta manera es posible, después, ir ampliando la red en base a un núcleo inicial sólido y bien configurado.

El diseño inicial de la red propone como objetivo implementar un sistema de comunicaciones para el envío y recepción de mensajes, y en este caso no necesitaba de una gran cantidad de nodos **`peer`** ni nodos **`orderer`**, sobre todo si tenemos en cuenta que se ha pensado para una `UTE` de empresas de tipo `PYME`. Es por ello por lo que, al no requerir una gran cantidad de nodos, se ha optado por adquirir experiencia y ver cómo **configurar un diseño de red innovador y diferente a los esquemas tradicionales** (proporcionados en `fabric-samples`) que dedican una organización de la red únicamente a los nodos **`orderer`**. Para el sistema de mensajería **`HFLines`**, cada organización tiene un nodo **`orderer`**, y el sistema puede funcionar dando cobertura a una sola empresa internamente y también le permite colaborar con otra, si esta existe, incorporando canales privados entre partes singulares si fuera necesario.

Respecto a la implementación de la red, el lector comprobará que siempre cuesta bastante al principio; se ha de dedicar mucho tiempo en generar el material criptográfico y disponerlo en una estructura de directorios accesible para su uso. El volumen resultante de carpetas, a pesar de tener pocos nodos, ya es de una dimensión considerable.

En cuanto al número de nodos **`peer`**, se podrían haber incluido más por organización, pero para empezar y aprender este tipo de red blockchain, solo haría que incrementar la posibilidad de cometer más errores. La necesidad de que funcione algo en los inicios aconseja que el lector pruebe algo básico aunque diferente de la `test-network` usada por Fabric en sus ejemplos. Por todo ello, se ha mantenido el diseño simple inicial, para conseguir un fichero **`docker-compose.yaml`** y un fichero **`configtx.yaml`** solventes y funcionales.

Las configuraciones del canal y las políticas de aprobación (en inglés, endorsement) también requieren paciencia para entender cómo funcionan y realizar muchas pruebas hasta conseguir configurar el canal, después de ir superando infinidad de errores, que no siempre disponen de solución documentada. Es por eso por lo que este proyecto, aunque complejo, puede ser un buen ejemplo para el lector de este libro. La configuración de los perfiles (en inglés, `profiles`) también es otro apartado en que la red **`Hyperledger Fabric`** no es sencilla de sintonizar. Se pueden buscar alternativas a la propuesta actual (*`SampleAppChannelEtcdRaft`*), si al lector le gustan los retos.

La implementación mediante **contenedores** es un punto a favor de este tipo de redes pues, una vez configurados, permanecen sólidos y fallan poco, siendo relativamente sencillo realizar cambios o levantar un tipo de configuración o, simplemente, cambiarla por otra. La adaptación de Prometheus-Grafana puede variar con el cambio de nuevas versiones, pero para este caso de uso no ha sido complicada.

La facilidad de implementar **`chaincodes`** con lenguajes de alto nivel también es una de las ventajas destacables en este tipo de redes.

En general, el proyecto debe servir para adquirir más experiencia práctica de aquellos aspectos teóricos aprendidos en la documentación existente sobre Hyperledger Fabric,

*https://hyperledger-fabric.readthedocs.io/en/release-2.5/*

y que durante la lectura de la teoría quizás no se llegan a entender del todo. Este proyecto nos permite entender la versatilidad de **`Hyperledger Fabric`** para generar redes de colaboración entre organizaciones utilizando multitud de canales de comunicación para dar solución con seguridad y privacidad a las necesidades en cada proyecto.

## AGRADECIMIENTOS

Para este caso de uso, me gustaría dar mi agradecimiento a **Eloy Valdera Carrasco**, **Alberto García Castro** y **Domingo Martínez Ródenas**, que han hecho posible la elaboración de este proyecto, por su dedicación y esfuerzo en todas sus explicaciones. Y una mención especial para **K. C. Tam**, cuyos artículos me ayudaron en más de un problema que parecía imposible de solucionar.

## ANEXO 1: INSTALACIÓN DE LA MÁQUINA VIRTUAL (GOOGLE CLOUD)

Acceder con un usuario con cuenta de Google a Google Cloud. Seleccionar opciones del menú principal hasta llegar a Computer Engine (figura 121).

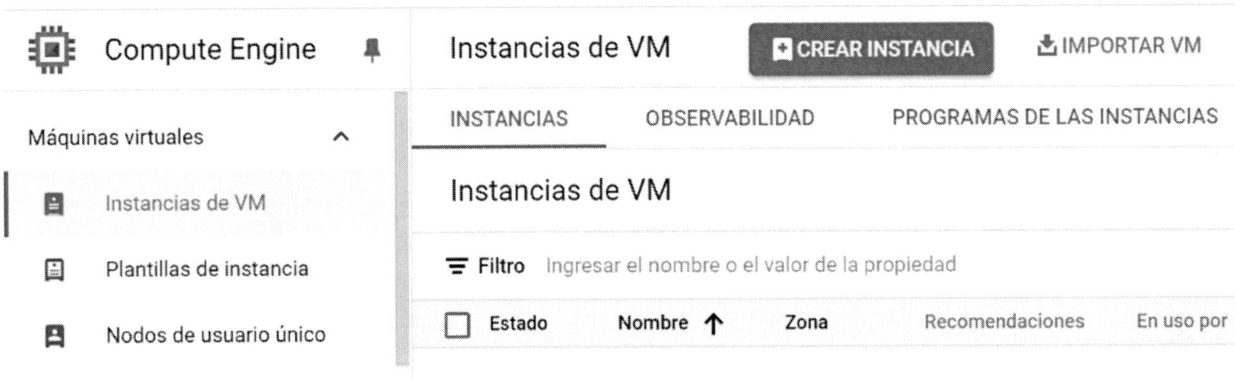


**Figura 121:** Acceso a Computer Engine para dar de alta una máquina virtual.

A continuación, seleccionamos CREAR INSTANCIA. Facilitamos los datos de la figura 122: nombre, región y zona. En la figura 123, vemos una posible selección.

**Figura 122:** Datos identificativos de la máquina virtual.

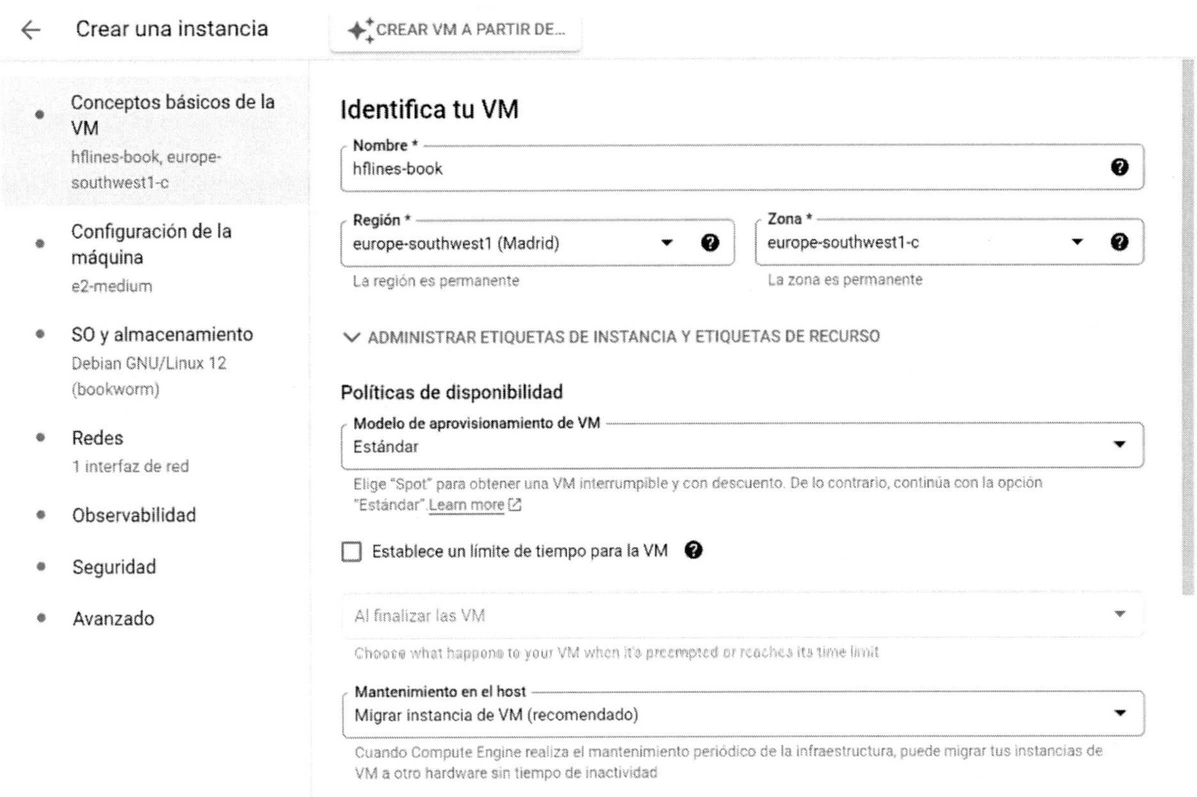


**Figura 123**: Pantalla y menú para la definición de una instancia.

Hay que recorrer cada una de las opciones del menú vertical situado en la izquierda para facilitar los datos de la nueva instancia.

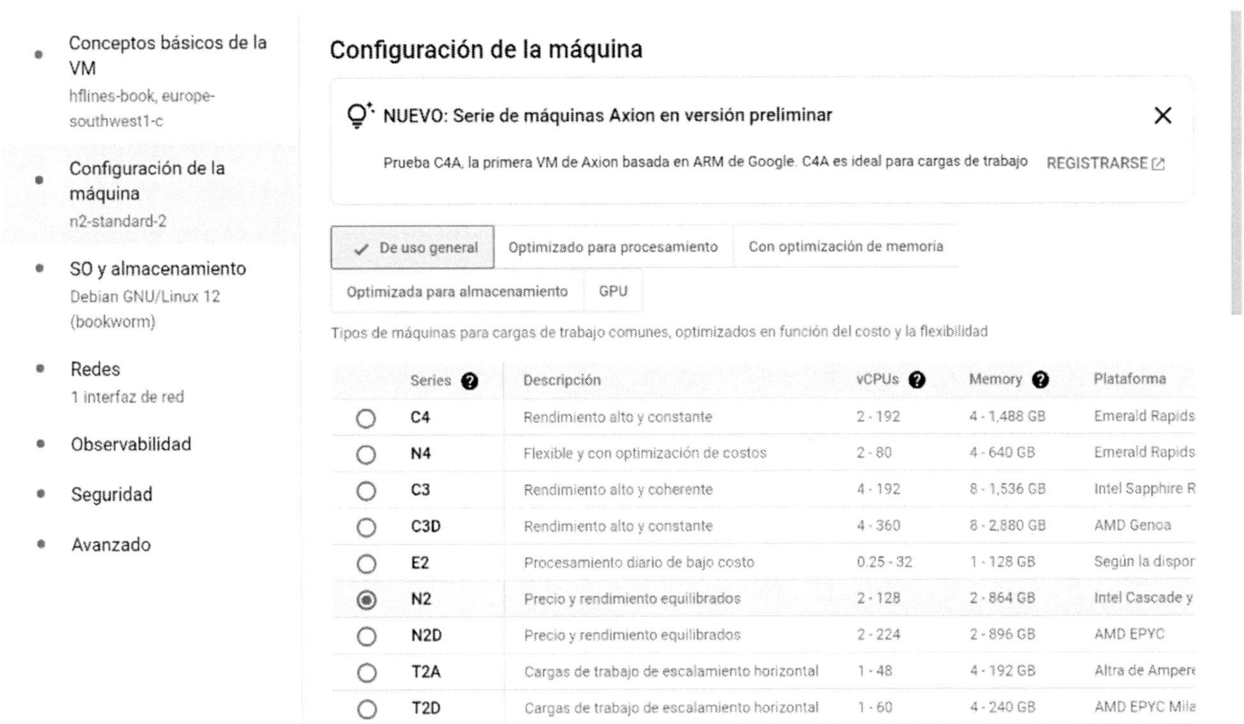


**Figura 124:** Configuración del tipo de instancia, sistema operativo, CPU y memoria.

En la figura 125, vemos una selección adecuada para la máquina del proyecto `HFLines`:

**Figura 125**: Selección final para la máquina virtual configurada para `HFLines`.

En el apartado Redes, se debe configurar que se permita el tráfico HTTP y HTTPS.

**Figura 126**: Configuración de Redes en la máquina virtual.

Para disponer del acceso a puertos como, por ejemplo, el de Prometheus (9090), tendremos que acceder a las reglas del firewall y abrir los puertos que necesitemos ver desde el exterior.

**Figura 127:** Máquina virtual activa y lista para acceder vía SSH.

La ventaja de dar de alta una máquina virtual en la nube para configurar una red como **`HFLines`** es que existe la posibilidad de usar conjuntos de recursos durante un periodo de pruebas de forma gratuita. En nuestro caso, una configuración como la propuesta, con el objetivo de aprender el funcionamiento de Hyperledger Fabric, el coste ha sido cero. La posibilidad durante 3 o 4 meses de trabajar en el sistema sin coste es ideal y, además, es una buena oportunidad para testear un entorno que se está consolidando cada vez más para implementar sistemas de este tipo en producción.

PARTE 3
GESTIÓN DE PROYECTOS BLOCKCHAIN

# CAPÍTULO 15
# PROYECTO FoodChain_Km0. VENTA DE PRODUCTO DE PROXIMIDAD Y MARCA DE CALIDAD

**Seguridad y Confianza en la Trazabilidad de BlockChain para la Venta de Productos de Proximidad y Marca de Calidad**

La futura comunidad de la Venta de Proximidad bajo la tecnología BlockChain.

Todos cooperando por compartir el valor sostenible de la venta de proximidad.

Todos implicados, todos ganamos.

## 15.1. Introducción

`FoodChain_Km0` también es fruto de un proyecto académico. En este caso se realizó de forma compartida con mi amigo Toni Navarro, experto en gestión empresarial. Surge de la necesidad de llevar a la práctica nuestros conocimientos teóricos sobre blockchain, de la voluntad de crear un proyecto que solucionara algún problema de nuestro día a día, pero utilizando la tecnología blockchain de manera útil, sostenible, práctica y económicamente viable.

Desde el punto de vista de la dirección del proyectos, se analizan todos los pros y contras de su viabilidad tanto técnica como económica, con la mente puesta en la definición de un producto mínimo viable (PMV).

Aspectos clave de la tecnología blockchain, como el intercambio digital de valor sin necesitar un tercero de confianza, la cooperación en comunidad bajo un objetivo común como ventaja competitiva y el uso combinado de bases de datos en nodos de redes distribuidas, criptografía y la interoperabilidad con otros sistemas surgidos de las nuevas tecnologías, son factores clave en este proyecto. Todo ello se combina en un proyecto con el objetivo de dar al consumidor final **la confianza** necesaria para comprar productos de proximidad y ampliable a productos de marca de calidad.

Aunque el proyecto es un caso de uso ejemplo, el lector comprobará que, a medida que se va avanzando en cada uno de los aspectos, surgen multitud de nuevas tareas para las cuales se debe incluir una partida en el presupuesto final o, simplemente, finalizar el desarrollo hasta solucionar la tarea. Las tareas de este tipo, las más críticas, están relacionadas con los aspectos legales del cumplimiento de todas las normativas existentes.

## 15.2. Resumen ejecutivo

### 15.2.1. Problemática por resolver

Aspectos como el desarrollo industrial, la sobrepoblación del planeta y la falta de protección en la explotación de los recursos que nos proporcionan la vida a los seres vivos que lo habitamos han colocado líder de nuestras necesidades básicas la voluntad de ***crear y establecer un modo de vida sostenible***. En el proceso de comunicación y transmisión a la población mundial de los hábitos sostenibles, el sector agroalimentario tiene un papel fundamental. ***Una de las iniciativas mainstream en este sector es la producción de alimentos locales y, en concreto, la*** <u>venta de productos de proximidad o de marca de calidad</u> ***que, por sus características esenciales, es un producto sostenible, ecológico y sano***.

La venta de proximidad se enfrenta a muchos retos y muy variados. La mayoría de sus participantes no pertenecen a comunidades de poder económico elevado. Son pequeños productores de explotaciones reducidas, que tienen una producción limitada y por ello están necesitados de soporte y ayudas en la búsqueda de canales de venta, en dar visibilidad a sus productos y en la demostración de la <u>trazabilidad</u> de origen en sus procesos de elaboración. En la ***venta del producto de proximidad, es clave que el productor pueda probar que su producto es ecológico, sano y sostenible en su concepción, elaboración, procesado y venta***. Por tanto, todas estas etapas deben ser transparentes para el consumidor final, de manera irrefutable y evitando al máximo los casos de fraude de cualquier tipo.

El ***problema principal que queremos solucionar es el problema de la confianza***. El consumidor final incrementará el consumo de productos de proximidad si confía en la autenticidad de su producción, calidad de elaboración y su ámbito de proximidad. En cuanto a su perfil, son consumidores que potencialmente apuestan por un cambio sostenible y que rechazan los productos tradicionales elaborados con pesticidas o en grandes cantidades por medios industriales tradicionales.
Según (Damoska Sekuloska & Erceg, 2022), el 84 % de los consumidores quiere comprar productos locales, obtenidos en un radio de 100 km. Además, las cadenas de suministro ineficientes generan una gran cantidad de desperdicio/pérdida de alimentos durante la cosecha, almacenamiento, transporte, preparación, distribución y consumo. El 25 % de todos los alimentos transportados en la cadena de frío se desperdician en las cadenas de suministros de alimentos debido a fallos en la integridad del transporte, lo que provoca fluctuaciones de temperatura y degradación del producto.
La distribución es uno de los mayores ***desafíos para las redes alimentarias locales de pequeña escala***. Los productores, especialmente de las áreas rurales, ***enfrentan el desafío de la distancia*** que exige el transporte, ***el manejo del producto***, ***la seguridad alimentaria y el control de calidad***, ***el etiquetado y los problemas de documentación***.

El interés de los consumidores por la comida local ha aumentado considerablemente en los últimos años. El interés en los alimentos locales acelera varios beneficios potenciales, que incluyen ***desarrollo económico***, ***ambiental***, ***sanitario***, ***de seguridad alimentaria*** y ***rural***.

### 15.2.2. Propuesta de solución

El objetivo es generar y mantener de manera inequívoca la ***reputación de los productores*** de agro alimentos. Reforzar sus canales de venta reduciendo los costes actuales. La herramienta propuesta para conseguirlo consiste en ***diseñar un ecosistema blockchain, un sistema tecnológico digital fiable, transparente, operable, sin la necesidad de un tercero de confianza, donde la identidad de los participantes se incorpora a la venta del producto, incluyendo todas las acreditaciones sostenibles requeridas en el marco legal del comercio de proximidad y marca de calidad***. De esta manera, habremos resuelto la mayoría de los subproblemas que provocan la falta de confianza y alto precio de este tipo de productos. Podemos implementar la **trazabilidad de los productos de proximidad** mediante el uso de la tecnología de cadena de bloques (en inglés, blockchain). ***Podremos conseguir que los productores dispongan de un entorno de comercio digitalizado trazable, donde pueden cooperar para crear un sistema más competitivo en su propio beneficio, y que proporcionará todas las garantías al consumidor final***, de manera que todos los participantes sean recompensados. El productor amplía su visibilidad, ve facilitado su canal de venta y promocionados sus productos de forma confiable, de manera que le permite fidelizar al consumidor final. Incluso podría, en un futuro, desarrollar la tokenización de su producto. El comercio minorista incrementa la diversidad de producto llegando a un mayor número de consumidores finales. También se acredita como vendedor sostenible mediante acreditación regulada digital. ***Actualmente la mayor garantía de confianza que ofrecen productores y minoristas es su palabra, sin más respaldo***. Los entes gubernamentales o entidades reguladoras refuerzan su objetivo de cumplimiento de la normativa vigente, ***agilizando los procesos necesarios al estar estos digitalizados por la cadena de bloques de manera inmutable, reduciendo el papeleo y sus costes***. Favorecer el uso de la regulación vigente no es un concepto menor, pues en el momento de publicar este libro es opcional. En el proceso de venta del producto de proximidad se tiene en cuenta también la ***logística y el transporte*** que se lleva una comisión por la entrega y, finalmente, ***el consumidor final***, para el cual se genera todo el proceso de trazabilidad y que ***se ve recompensado con la posibilidad de disponer de un producto agroalimentario con garantías a mejor precio***, y en el que incluso podría llegar a invertir o promocionar en un futuro en base a la confianza adquirida, aplicando tokenización.

La tecnología de cadena de bloques ***posibilita, en un entorno de no confianza, llegar a un consenso sobre la información y su cronología***. FoodChain_Km0 almacenará registros de trazabilidad irrevocables en tiempo real y se podrá analizar a tres niveles:

1. ***Modelo de negocio***: Ítems principales del ecosistema y participantes, los bienes, el tiempo de entrega, el tiempo de pedido, inventario, el stock de existencias y aspectos que lo inspiren todo, como la eficiencia, la confianza y la satisfacción del consumidor final.
2. ***Plataforma***: Es el framework tecnológico. Representa la comunicación con la blockchain, con la funcionalidad de acceso al libro mayor de transacciones compartido, distribuido e inmutable. Es el diálogo transaccional en la cadena de bloques que audita todos los procesos y que garantiza la confianza entre productor y consumidor por ser parte de un objetivo común.
3. ***Aplicación***: Funcionalidades de interfaz en frontend que conecta con la cadena de bloques accedida desde backend. Es la capa que la hace transparente y que facilita la lógica de negocio que opera sobre la cadena de bloques. Incluye el website de acceso de usuario y el conjunto de DApps compuesta de contratos inteligentes (en inglés, smarts contracts) y elementos de IoT.

La tecnología blockchain mejorará los procesos de este tipo de economía de proximidad focalizándose en la calidad y satisfaciendo las necesidades de un consumidor final más exigente.

### 15.2.3. Metodología de funcionamiento a diseñar

Se definen los elementos que componen el sistema, los participantes y sus roles, aunque posiblemente se vayan incorporando gradualmente al proyecto:

- ***Administrador de la plataforma:*** Da de alta a las empresas o entidades cliente, asignándoles un usuario administrador para el acceso con un `SmartContract Address` y la autogestión de su espacio en el aplicativo web de FoodChain_Km0. Si el usuario no dispone de claves propias se le facilitarán si lo solicita. Si ya dispone de wallet, se integra su acceso para que use su wallet digital. El productor tiene que dar toda la información de interés del procesado de sus cultivos para incorporarlo a la plataforma i/o blockchain, utilizando el `Smart Contract (SC)` (mientras no se pase esta información al sistema, no se aceptará la venta). La validación del certificado de productor de proximidad la realizará la entidad CERTIFICADORA y se guardará en la blockchain. Mientras no se disponga de entidad certificadora, los avales de certificaciones presentados por el productor constarán en la blockchain gestionados por un SC de FoodChain_Km0.

- ***Administrador del productor***: El productor designará un administrador representativo de su empresa y que con sus credenciales dará de alta al productor y sus colaboradores (gestionado todo por un contrato inteligente de FoodChain_Km0). Cada uno tendrá su correspondiente wallet en Metamask. A partir de ahí, como representante de la empresa en la plataforma, tendrá una aplicación donde tiene que introducir los datos que le indiquen (aplicar las etiquetas de la guía de etiquetado) y designar qué miembros de la empresa con acceso y wallet tendrán derecho a generar las etiquetas de producto. Siguiendo la normativa vigente, recoge los productos y los identifica en cajas (si es a granel) o individualmente si es unitario (melones, sandías, etc.). También puede identificar una caja de productos variados si es un pedido directo de un cliente (no minorista). Este caso sería un nuevo canal de venta de lucha contra el fraude.

- **Gestor de pedidos**:
  a. Pedido de minorista: El minorista realiza un contrato de venta (pedido) con las condiciones acordadas, el contrato se registra, codifica y guarda en una estructura de cadena de bloques. El contrato se inicia después de que se cumplan las condiciones de las negociaciones. Lo siguiente es transferir el dinero y los bienes siguiendo el contrato. Es fundamental señalar que estas actividades no cuentan con un intermediario; por lo tanto, acelera la transacción, promueve la reducción de costes y mejora la confianza dentro de la red y, además, todos los participantes en el proceso tienen una copia del libro mayor contable (cadena de bloques, en inglés blockchain).
  b. Pedido de consumidor final: Mismo caso que el pedido minorista, aunque el envío será directo desde el productor al consumidor a través de la aplicación web de FoodChain_Km0.
- **Distribuidor**:
  a. Identifica los productos que recoge del productor (sigue la trazabilidad y la activación del contrato de distribución previamente acordado).
  b. En caso de que el distribuidor fuera también el productor, este lo identificaría igualmente como distribuidor.
- **Minorista**: En la recepción del producto, lo identifica para seguir registrando la trazabilidad y cierra el ciclo del contrato de compra/venta.
- **Consumidor final**: Mediante una aplicación en su dispositivo (tablet, teléfono móvil, PC etc.), puede verificar el origen y la fecha de recolección, la fecha de transporte, así como otros datos de interés que certifican la venta de proximidad o marca de calidad.
- **Reguladora**: Los productores tienen que estar dados de alta en esta entidad o certificados por ella, con lo que gana en prestigio y nuevos clientes porque el productor que no esté regulado no podrá participar en la cadena. Todo se digitaliza, por lo que se reducen costes administrativos.
- **Transporte**: El transporte debe ser excelente en este sistema. Se debe centrar la atención en este caballo de batalla, por ser un aspecto crítico que puede hacer descarrilar el proyecto.
- **FoodChain_Km0**: Plataforma que se encarga de las altas y bajas, así como del frontend, donde todos los participantes pueden ver toda la información y enlazar directamente con la blockchain. En la misma página web se podrán realizar pedidos. El precio indicado en la web será de consumidor final y, si son de minoristas, entrarán con su código y comprarán con el precio estipulado.
- **Comité de expertos**: Participarán en la página web con sus opiniones y consejos. Existe la posibilidad de que permitan establecer en un futuro las bases para definir un sistema de reputación de usuarios en el sistema en base a las métricas disponibles en la plataforma FoodChain_Km0.

Dado que todos los miembros de la red blockchain pueden acceder a los mismos datos, cumple con una de las promesas importantes de la cadena de bloques, la transparencia, y proporciona un único punto de referencia de datos certificados auditados, inmutables, gestionados mediante contratos inteligentes.

### 15.2.4. Conclusiones

Este proyecto se centra en diseñar y consolidar un ecosistema blockchain para ***promocionar la producción y venta digitalizada de productos de proximidad y calidad reforzando la confianza en su autenticidad siguiendo la normativa legal existente***. Se considera un caso de uso piloto muy importante para la futura implementación de la venta de productos ecológicos de todo tipo. Además, nos permite experimentar las problemáticas tanto tecnológicas como derivadas de los procesos de venta monitorizados al detalle para la acreditación de cualquiera de sus características básicas o aspectos clave de funcionamiento, partiendo de la colaboración de sus participantes. ***Difiere de la mayoría de los casos de uso existentes*** aplicados a una cadena de suministros, donde una gran multinacional controla el sistema blockchain en su totalidad y monitoriza la cadena de suministros, con el objetivo de optimizarla o para detectar productos en mal estado y donde no existe un equilibrio democrático en los beneficios de cada participante.

Casos piloto, como FoodChain_Km0, ***permiten introducir y chequear aspectos innovadores en el modelo de negocio***, como nuevas técnicas de venta o la existencia de una identidad sostenible, reflejo de las actividades sostenibles realizadas y favoreciendo la interoperabilidad con otros proyectos basados en sostenibilidad. Permite el uso de sistemas de gestión de la reputación sostenible como incentivo del sistema.

Hoy en día, ***los consumidores quieren poder saber más sobre los alimentos que comen*** y quieren saber exactamente el ***origen, cómo se cultivaron y en qué condiciones***. La gente prefiere consumir alimentos locales cultivados en un ambiente sano e higiénico y producidos de forma tradicional o artesana sin agregar ingredientes artificiales y pesticidas. La cadena local de suministro de alimentos tiene el desafío en implementar un sistema que realice un seguimiento de cualquier actividad en la cadena de valor.

***La UE ha establecido un enfoque estratégico para los sistemas alimentarios locales***, «***De la granja a la mesa***», y la tecnología blockchain puede considerarse una tecnología muy prometedora para garantizar una gestión eficiente y sostenible.

## 15.3. Propuesta de valor

***La propuesta de valor del proyecto radica en su tecnología innovadora y disruptiva***. La tecnología de cadena de bloques es reciente y tiene un amplio margen de evolución y desarrollo, pero está promocionada y avalada por la Comisión Europea (CE). Es una ***tecnología óptima para el desarrollo de la nueva web 3.0, donde el intercambio de valor seguro y confiable en Internet será una realidad, constituyéndose en una ventaja competitiva su uso y dominio en cualquier tipo de sector***.

Es una propuesta de valor donde la ***digitalización segura y confiable de los procesos queda garantizada***, evitando la necesidad de un tercero de confianza que, actualmente, realizan entidades gubernamentales, públicas, nacionales o internacionales, o entidades privadas como pueden ser las entidades financieras. Con el tiempo, el objetivo será que estas mismas entidades se sumen a estos procesos optimizando aún más la cadena de bloques, sin ralentizar los procesos comerciales.

La venta de productos de proximidad y de marca de calidad es el resultado de un conjunto de procesos previos en los que los pequeños productores locales o grupos asociados de los mismos producen y/o elaboran un producto sostenible, ecológico y sano. Este producto de proximidad está ***sometido a un conjunto de garantías demandadas por el consumidor final*** y exigidas por las entidades reguladoras que las certifican, aplicando una legislación opcional en cuanto a su venta y obligatoria en cuanto a su higiene. ***Dar soporte y reforzar su cumplimiento dando visibilidad a los productores que la aplican forma parte de la propuesta de valor del proyecto***.

Pero la propuesta de valor de este proyecto es ***múltiple y variada***, puesto que reside tanto en los ***aspectos tecnológicos*** que garantizan visibilidad, seguridad y transparencia, ***como en los sociales*** que garantizan la promoción de un cambio de mentalidad y cultura en la alimentación de la población. El propio consumidor final demanda, antes de comprar, poder comprobar que las explotaciones agrarias actúan de forma sostenible, ***produciendo un producto sostenible, ecológico y sano***.

El proyecto proporciona los valores de ***trazabilidad accesible, visibilidad y confianza en la veracidad de la producción, de manera que permanece garantizada***.

Los pequeños productores que apuestan por la vuelta a la elaboración de productos de proximidad o marca de calidad, identificados por la zona geográfica en la que producen, ***disponen de una herramienta confiable, segura, que evita el fraude, permitiéndoles incrementar y consolidar las ventas con garantías,*** al mismo tiempo que visualizan la información acreditada que ***el consumidor final no encuentra en los alimentos tradicionales*** producidos por la ***industria alimentaria tradicional***.

Este proyecto se concibe para ***proporcionar un entorno tecnológico y de operativa fácil para el ecosistema formado por los productores de productos de proximidad y marca de calidad, los minoristas que los venden, las empresas que realicen su distribución, los entes gubernamentales o privados que los certifican y los consumidores finales que los demandan optimizando los procesos y reduciendo sus costes***. Este entorno tecnológico habilita ***la automatización contractual*** de muchos procesos existentes sin la necesidad de un tercero de confianza, puesto que son almacenados en la cadena de bloques, permaneciendo inmutables, pero de libre acceso para todos los participantes.

En todo este ecosistema, la tecnología de cadena de bloques (blockchain) añade de manera innovadora ***un valor competitivo único***, proporcionando la ***capacidad de cooperar de manera descentralizada y otorgando toda la confianza necesaria entre todos sus participantes***.

La precariedad del escenario actual, donde el consumidor final debe ***confiar en la palabra de los pequeños productores y minoristas***, mejora sustancialmente si ***los consumidores finales tienen la posibilidad de acceder en tiempo real a las acreditaciones y garantías de cada producto***.

El detalle de la funcionalidad en producto, servicios y aplicaciones de este ecosistema se mostrará posteriormente pero, a modo de resumen para esta propuesta de valor del proyecto, los aplicativos (DApps) serán capaces de:

- Posibilitar la compra de productos de proximidad y marca de calidad tanto en la modalidad de ***venta directa*** o ***venta en circuito corto***.
- Mostrar los productores (y datos de localización) que venden productos de proximidad y marca de calidad y están ***subscritos al proyecto***, bien de manera ***directa*** o indirectamente, y realizar una colaboración mediante una conexión a sus proyectos.
- Mostrar ***los productos que vende cada productor y sus avales y acreditaciones*** correspondientes a su identidad como explotadores reconocidos en los procesos de cultivo o elaboración.
- Mostrar ***la trazabilidad de los procesos*** realizados por los productores a modo de metadatos accesibles mediante el ***etiquetado identificativo del producto o en su catálogo***.
- Mantener ***las certificaciones accesibles y facilitar que las entidades certificadoras las concedan, activen o revoquen*** en función de que todos los datos introducidos durante la producción/elaboración de los productos se correspondan con su cumplimiento.
- Visualizar la trazabilidad de detalle de los procesos de distribución y logística.
- ***Canalizar la información de retroalimentación*** facilitada por el consumidor final a cada uno de los participantes.
- Facilitar la ***comunicación entre productores y certificadores***.

La introducción de la tecnología de cadena de bloques a la cadena de suministro incorpora la capacidad de trazabilidad y monitoreo que resuelve las necesidades de los consumidores finales, amplía la reputación de los productores en base a su comportamiento y reduce los tiempos de tramitación y costes en los procesos administrativos que la regulación aplica. Paralelamente, los servicios de distribución se nutrirán de toda esta base de conocimiento para ***ofrecer un transporte óptimo en el caso de ser necesario***.

Como consecuencia de la puesta en funcionamiento de este proyecto, ***el incremento de posibilidades de venta e inversión en la agricultura sostenible no tiene límites***, tanto para reforzar económicamente a los pequeños productores como para adoptar nuevos modelos de *marketing* y venta de los productos de proximidad y marca de calidad que, ***sin la tecnología blockchain en producción, no tendrían un medio donde aplicarse***. Sirva como ejemplo el mantenimiento de una ***identidad de sostenibilidad*** para cada persona, activando las futuras sinergias e interoperabilidad de este proyecto con otras iniciativas sostenibles a base de nuevos beneficios canjeables o contrapartidas.

Este proyecto ***se concibe intrínsicamente como un espacio para fomentar la cooperación e integración en la venta de proximidad*** para cualquier participante que, sin ser parte de los concebidos inicialmente como necesarios en la venta de productos de proximidad y marca de calidad, aporte valor a la sostenibilidad del proyecto. Un ejemplo de ello podría ser un ***grupo de expertos*** que actuara de potenciador en todas las iniciativas de la comunidad, facilitara la adopción de iniciativas innovadoras de cualquiera de los participantes o resolviera problemáticas globales al modelo de negocio.

## 15.4. Comparación con los sistemas tradicionales

### 15.4.1. ¿Qué aporta la tecnología blockchain en comparación con los sistemas tradicionales?

Actualmente los sistemas que se utilizan para hacer un seguimiento de los productos o para saber su origen son **centralizados** y se basan, en la mayoría de los casos, en simples etiquetas que se adjuntan en origen indicando, entre otros, su procedencia, número de lote/serie y fecha de envasado. En todos estos casos no queda garantizada dicha información, ya que puede ser manipulada o falseada.

A continuación, detallamos los beneficios que se conseguirían utilizando la tecnología blockchain:

- ***Transparencia***: Todas las transacciones pueden ser observadas por todos los participantes.
- ***Seguridad***: La información es inmutable.
- ***Dinamismo***: Todo en tiempo real.
- ***Trazabilidad***: Desde el origen hasta el destino, todo queda reflejado con una fecha inmutable.
- **Garantía**: Los datos generan una trazabilidad inmodificable.
- ***Satisfacción del consumidor final***: El consumidor final quiere saber el origen y el proceso a seguir por los productos que va a consumir.
- ***Lucha contra el fraude***: Los productos no se pueden falsificar porque estarán etiquetados y se podrá ver la información desde cualquier dispositivo.
- ***Reduce costes***: La entrega se realiza sin intermediarios.
- ***Desintermediación de los procesos***: Todos los datos van directamente a la blockchain.
- ***Fortalece la confianza entre las entidades y los actores del ecosistema***: Blockchain es perfecta para entornos de desconfianza.
- ***Aumenta la competitividad de las empresas***: Al ahorrar procesos y evitar errores, las empresas se hacen más competitivas.
- ***Innovación del modelo de negocio***: Se basa en la confianza de los consumidores.
- ***Aporta valor a todos los participantes***: El productor y el minorista son más reconocidos y valorados, por lo que consiguen más fidelidad de los clientes.
- ***Ayuda a crear una cadena de suministros digital***: Al ser procesos interconectados entre sí, todo estará digitalizado.
- ***Genera confianza en el consumidor final***: El cliente puede verificar que el producto que va a consumir es realmente de proximidad.
- ***Crea una competitividad sostenible en el ecosistema alimentario local***: El productor que está inscrito sabe que no habrá competencia desleal dentro de la plataforma.

### 15.4.2. Casos de uso

Al ser la tecnología blockchain una tecnología muy incipiente, suponemos que irán apareciendo nuevos casos de uso a medida que se vayan implementando los identificados. A continuación, les mostramos tres casos de uso directos:

- **Identificar productos falsificados:**
  Los productos falsificados siempre han sido un problema en todas las cadenas de suministros; con blockchain, los productos se identifican de forma inmutable, con lo que no hay cabida para el fraude.
- **Facilitar el seguimiento y la localización del origen:**
  El consumidor final podrá localizar su origen, seguir la trazabilidad del producto y, si se detectara algún problema en el producto, se puede saber qué otros productos pueden estar afectados y actuar de forma rápida y segura.
- **Puede operar con tecnología IoT:**
  Se pueden recoger datos emitidos por distintos oráculos y registrarlos de manera inalterable y directa.

### 15.4.3. Resumen

En comparación con los sistemas tradicionales, la solución aportada por FoodChain_KmO implica un conjunto de beneficios individuales para cada participante y globales para el conjunto.

Promociona a aquellos que se comportan de manera no fraudulenta y penaliza para motivar el cumplimiento de la normativa vigente, excluyendo a los que no la cumplen.

Refuerza todas las iniciativas institucionales autonómicas, nacionales y europeas, ya que utiliza de manera innovadora la tecnología blockchain para la promoción de la producción agraria de proximidad sostenible a menor coste.

***Garantiza la fiabilidad mediante la trazabilidad de los productos, proporcionando visibilidad y confianza a un sector*** que, actualmente, está bastante desarrollado pero que, desgraciadamente en muchos casos, ***basa su confianza en la palabra de honor del productor o en pruebas no garantizadas***.

## 15.5. Partes interesadas en FoodChain_KmO

Una vez conocidas las ventajas de la venta propuesta mediante FoodChain_KmO respecto a la venta de proximidad tradicional, es importante ***conocer en detalle todas las partes interesadas*** (*stakeholders*). Como en la mayoría de los proyectos blockchain, se dispone de una ***estrategia y un sistema de incentivos que equilibra los beneficios de todos sus participantes interesados***.

La metodología seguida en este proyecto es de ***tipo ágil***, para que nos permita disponer en breve de prototipos en funcionamiento y se pueda testear el interés de los clientes para corregir errores de diseño lo antes posible. Establecemos los casos piloto para la venta de productos agroalimentarios de proximidad (en principio podrían ser hortalizas y huevos) bajo un entorno seguro, fiable y transparente, donde ***la trazabilidad bajo la tecnología de la cadena de bloques establecerá la confianza y las garantías de sostenibilidad demandada por el consumidor final*** (actualmente derivada de la palabra del productor).

Esta metodología ágil ha de facilitar la puesta en marcha del proyecto mediante una estructura de base sencilla, donde los participantes tienen unas funciones y posibilidades muy básicas. Todo ello se utiliza para definir con claridad el Proyecto Mínimo Viable (PMV). Una vez en funcionamiento, paulatinamente se irán añadiendo nuevas funcionalidades que implementen todas las ideas descritas.

En este apartado se detalla toda la posible complejidad del diseño del proyecto, aunque la implementación será gradual, y muchas de las funciones que inicialmente se centralizan en la plataforma podrían desenvolverse bajo un escenario descentralizado aprovechando al máximo las propiedades de la tecnología.

Antes de describir a los participantes de la venta de productos de proximidad o marca de calidad, definiremos algunos conceptos básicos del tipo de venta en la que participan y bajo qué criterios actúan, según la *Guía para la venda de proximidad*, editada por la Generalitat de Catalunya, que se rige por el Decreto Ley 24/2013 actualizado en última instancia por el decreto 254/2019:

***Venta de proximidad***: Es la venta de productos agroalimentarios y agrarios procedentes de la tierra o de la ganadería, resultantes de un proceso de elaboración o de transformación que se realiza en favor de los consumidores finales directamente o mediante la intervención, por parte de los productores o agrupaciones de los productores agrarios, de un establecimiento intermediario.

Existen dos tipos de ***venta de proximidad***:

***Venta directa***: No interviene ningún intermediario entre el productor y el consumidor final

***Venta en circuito corto***: Puede existir como máximo un intermediario, que en el proyecto es el minorista.

Hay que tener claro que no se produce venta de proximidad cuando el intermediario es una industria alimentaria. La normativa para acreditar la venta no es obligatoria, sino opcional, pero para acreditar la venta de proximidad un productor ha de cumplir las siguientes condiciones:

1. ***La venta de proximidad la hace*** el productor o la agrupación de productores agroalimentarios o agrarios, o una persona jurídica que esté participada en más del 50 % por el productor mismo en favor del consumidor final, sin intermediación o con la intervención de un único establecimiento intermediario.
2. ***El número de intermediarios posibles se limita a un único establecimiento***, que debe ser un establecimiento minorista o de restauración que vende directamente al consumidor final.
3. Los productos agroalimentarios y agrarios comercializados ***deben ser de producción y/o elaboración propia***.
4. Los productos agroalimentarios de elaboración propia ***se han de elaborar o transformar en instalaciones específicas de la misma titularidad o de una persona jurídica que esté participada en más del 50 % por el productor mismo***[1], o de la agrupación de productores, estén dentro o fuera de la explotación.

Sin embargo, algunos productos de elaboración propia necesitan ser transformados obligatoriamente en establecimientos de diferente titularidad a la del productor o agrupación de productores. Estos ***establecimientos transformadores actuarían de servicios técnicos, no de intermediarios*** y, por tanto, la venta de proximidad directa sigue siendo posible en estos casos. No se consideran en este

[1] La actualización del Decreto amplía la «misma titularidad» a «persona jurídica que esté participada en más del 50 % por el propio productor»; en los productos agrarios, también se les aplica la ampliación de la titularidad.

proyecto la venta de productos recolectados en el medio natural (setas, caracoles, bayas...), los productos para el autoconsumo y los productos obtenidos de la caza.

En la Tabla 1, se describe a los ***participantes o partes interesadas*** consideradas en **FoodChain_KmO** y se resaltan ***en negrita*** los participantes esenciales de su puesta en marcha inicial:

| Participante | Descripción |
|---|---|
| ***Productor*** | Puede ser individual o un grupo asociado, pero el sistema lo considera un ente individual. |
| ***Minorista*** | Es el único intermediario permitido en la venda de proximidad. Interviene en la modalidad de venta de circuito corto. Puede comprar en modalidad directa al productor, vender al consumidor final o scr punto de recogida de pedidos para el consumidor final. |
| ***Entidad reguladora*** | Concede certificaciones a los productores que los acreditan como «válidos» en la venta de productos de proximidad y marca de calidad (PPMC). |
| **Empresas de logística y transporte** | Realizan el transporte del producto local a los puntos de venta directa. |
| **Consumidor final** | Es quien compra el PPMC. |
| Entes gubernamentales | Órganos reguladores oficiales que certifican a las entidades reguladores y actúan como oráculos para aspectos de la normativa legal existente. |
| Grupo de expertos | Son participantes de carácter estrictamente individual, que contribuyen a consolidar la comunidad de la venta de proximidad y, por tanto, son capaces de resolver consultas de los productores, como proponer aspectos tecnológicamente sostenibles innovadores que vayan surgiendo en este sector. |
| **Gestor de proyecto y Plataforma** | *Start up* que realiza la puesta en marcha del proyecto con capital propio o de terceros y se ocupa de aspectos organizativos. |

**Tabla 1:** Participantes del proyecto FoodChain_KmO.

En nuestro caso, este proyecto ***proporciona entorno tecnológico y operativo al ecosistema formado por los productores de productos de proximidad y marca de calidad, los minoristas que los venden, las empresas que realicen su distribución, los entes gubernamentales o privados que los certifican y los consumidores finales que los demandan optimizando los procesos y reduciendo sus costes.*** Este entorno tecnológico posibilita ***la automatización contractual*** de muchos procesos existentes sin la necesidad de un tercero de confianza, puesto que son almacenados en la cadena de bloques, permaneciendo inmutables, pero de libre acceso para todos los participantes.

La plataforma desarrollará un aplicativo en el cual ***todos los participantes se identifican con un rol adecuado a sus necesidades y posibilidades***. En la siguiente tabla se describen ***las capacidades de cada uno en el sistema*** y, posteriormente, se identificarán con las funcionalidades del aplicativo del proyecto ***FoodChain_Km0***. En la Tabla 2, se resaltan en negrita las capacidades esenciales que se integrarían en la 1ª fase de puesta en marcha del proyecto.

| Rol | Capacidades en el sistema/Interrelaciones con otros participantes |
|---|---|
| ***Gestor plataforma*** | 1. Inicialmente diseña el aplicativo que ayuda/facilita al resto de usuarios operar con el sistema.<br>2. Crea el PMV y pone en marcha el proyecto.<br>3. Da de alta a los participantes y opera el sistema, dando el soporte necesario. |
| ***Productor*** | 1. Facilita al gestor de la plataforma los datos de su empresa (propietario y agentes colaboradores), junto con su localización.<br>2. Introduce su catálogo de productos manualmente o importando un fichero en formato estándar (xlsx, csv o json) con sus características preestablecidas en el proyecto.<br>3. Indica qué productos están en venta, la cantidad disponible, precio/peso, tanto para consumidor final como minorista, así como si están de oferta y los precios de las ofertas.<br>4. Puede votar a los tres mejores: consumidores finales, reguladoras, empresas de transporte y expertos.<br>5. Puede obtener informes de: ventas realizadas, incidencias, y visualizar sus transacciones en la blockchain.<br>6. Obtiene certificado de ventas realizadas.<br>7. Realiza consultas a expertos de la comunidad.<br>8. Pide un certificado de vigencia de DUN a un ente gubernamental. |
| ***Minorista*** | 1. Proporciona al gestor de la plataforma los datos de su empresa (propietario y agentes colaboradores), junto con su localización.<br>2. Valida la fecha de recepción de pedido.<br>3. Confirma la recogida de un pedido en su punto de venta.<br>4. Hace pedidos a precio de minorista.<br>5. Realiza una incidencia a un productor.<br>6. Obtiene certificados de ventas/incidencias realizadas.<br>7. Puede votar a los tres mejores: productores, consumidores finales, reguladoras, empresas de transporte y expertos.<br>8. Obtiene certificado de compras/incidencias realizadas.<br>9. Pide una certificación a una reguladora.<br>10. Pide un certificado de vigencia en estar adscrito la normativa legal vigente a un ente gubernamental. |
| ***Agencia reguladora*** | 1. Facilita al gestor de la plataforma los datos de su empresa (propietario y agentes colaboradores).<br>2. Certifica a productores de la plataforma.<br>3. Certifica a otras agencias certificadoras mediante procesos multifirma (Multisign de 2 o 3 firmas).<br>4. Actúa como oráculo en consultas de vigencia de acreditaciones. |
| ***Empresa de transporte*** | 1. Facilita al gestor de la plataforma los datos de su empresa (propietario y agentes colaboradores), junto con su localización.<br>2. Puede resolver el transporte de cada pedido. Es crucial en la acreditación de la *fecha/hora de salida* de un pedido y la *fecha /hora* de llegada a destino, y el kilometraje realizado.<br>3. Puede dar de alta incidencias en el transporte realizado. |
| *Ente gubernamental* | 1. Certifica agencias reguladoras.<br>2. Actúa como oráculo en consultas de vigencia de las acreditaciones. |
| *Grupo de expertos* | 1. Cada miembro facilita al gestor de la plataforma los datos particulares o de empresa para que le dé de alta, solo a título individual.<br>2. Recibe/da respuestas a consultas de los productores. |

| | |
|---|---|
| | 3. Contribuye en la gobernanza de la comunidad de venta de proximidad con aspectos tecnológicos, sostenibles e innovadores que vayan surgiendo en este sector. |
| ***Consumidor final*** | 1. Puede realizar pedidos a un productor seleccionado y crear una cesta de la compra de productos alimentarios.<br>2. Puede comprar y puede consultar las acreditaciones de cada productor y la trazabilidad de cada producto agroalimentario que compra.<br>3. Puede seguir la trazabilidad del transporte de los pedidos.<br>4. Notificar la recepción un pedido.<br>5. Valorar una compra.<br>6. Puede votar a los tres mejores: productores, empresas de transporte y expertos.<br>7. Realiza consultas a expertos.<br>8. Obtiene un certificado de compras de productos de proximidad y marca de calidad.<br>9. Dispone de una identidad de sostenibilidad que califica su reputación sostenible en el sistema y podría utilizar en un futuro en otros proyectos interoperables con FoodChain_Km0. |

**Tabla 2:** Capacidades de cada participante del proyecto FoodChain_Km0.

En la Tabla 3, se resumen las necesidades, beneficios y la propuesta de valor de cada participante en el proyecto:

| Participante | | |
|---|---|---|
| ***Productor*** | Necesidades<br>▪ Promoción de los productos de proximidad y marca de calidad. El perfil predominante, aunque no único, es de pequeños productores de producción limitada, que necesitan canales de venta para dar visibilidad y trazabilidad sostenible a su producto.<br>▪ Visibilizar su excelencia en el cumplimiento de la normativa vigente y la vigencia de sus acreditaciones de la producción sostenible de los productos de proximidad y marca de calidad. | Beneficios de FoodChain_Km0<br>▪ Soporte fiable para demostrarle al consumidor final la trazabilidad sostenible y confiable del productor y sus productos frescos.<br>▪ Formar parte de una comunidad del sector de la venta de PPMC.<br>▪ La venta del producto, tanto en venta directa como circuito corto.<br>▪ Recibir *feedback* del resto de participantes de la comunidad de la venta de proximidad.<br>▪ Disponer de una identidad de sostenibilidad. |
| | Propuesta de valor<br>▪ Mediante el uso de la tecnología de cadena de bloques, ***ofrece visibilidad, transparencia y trazabilidad de la veracidad de sus productos*** de proximidad y marca de calidad.<br>▪ ***Transmite la confianza demandada por el consumidor final antes de la compra*** de productos, ya que toda la información de acreditación del producto es visible en tiempo real y firmada por cada actor participante en cada momento.<br>▪ Es capaz de incrementar la competitividad de los precios de los productos, que en el mercado actual son más caros, pero que puede abaratar al reducir costes usando la plataforma ***FoodChain_Km0***. | |
| ***Minorista*** | Necesidades<br>▪ Ampliar la oferta de productos de proximidad a mejor precio.<br>▪ Atraer nuevos clientes al local comercial. | Beneficios de FoodChain_Km0<br>▪ Añadir un nuevo canal de venta más competitivo.<br>▪ Acelerar el proceso de la obtención de acreditaciones y certificados, que al automatizarse en un entorno de |

| | | |
|---|---|---|
| | ▪ Obtener acreditaciones y certificados para la venta de productos de proximidad y marca de calidad. | cooperación entre las partes es más rápido.<br>▪ Capacidad de acceso a un mayor conjunto de proveedores de PPMC.<br>▪ Al ser punto de recogida, usuarios nuevos pueden visitar sus locales comerciales.<br>▪ Disponer de una identidad de sostenibilidad. |
| | Propuesta de valor<br>▪ Contribuir al desarrollo de la venta de proximidad y a la promoción de los productos autóctonos.<br>▪ Incrementar su reputación sostenible.<br>▪ Incrementar su ventaja competitiva. | |
| ***Agencia reguladora*** | Necesidades<br>▪ Incrementar el número de certificaciones.<br>▪ Reconocimiento en la labor de acreditar la venta de PPMC.<br>▪ Reducir costes en el proceso de tramitación. | Beneficios de FoodChain_Km0<br>▪ Reducir costes y automatizar los procesos de certificación mediante cooperación con los productores de PPMC.<br>▪ Mejorar su relación y comunicación con las entidades gubernamentales.<br>▪ Formar parte de un ecosistema y comunidad de venta de proximidad.<br>▪ Transmitir y visualizar el proceso de regulación de la venta PPMC.<br>▪ Colaborar con entidades reguladoras para procesos de interés común, como el riesgo de certificar a algunos productores.<br>▪ Obtener reconocimiento y reputación sostenible y publicitaria. |
| | Propuesta de valor<br>▪ Disponer de un estándar de certificación legal en la venta de proximidad.<br>▪ Disponer de información nueva procedente de técnicas innovadoras en la trazabilidad de la cadena de suministro.<br>▪ Mayor capacidad de influencia en la actualización de la normativa legal existente. | |
| ***Empresa de transporte*** | Necesidades<br>▪ Incrementar el volumen de negocio.<br>▪ Desarrollo de un tipo especial de transporte de proximidad que le proporcione ventaja competitiva a la empresa.<br>▪ Reducir costes en el transporte de mercancía en distancias reducidas. | Beneficios de FoodChain_Km0<br>▪ Integración en el mercado de la venta de PPMC.<br>▪ Incrementar la reputación mediante el respaldo de su servicio por parte de la comunidad.<br>▪ Disponer de una identidad de sostenibilidad. |
| | Propuesta de valor<br>▪ Representa una comisión de beneficio por venta para la plataforma. | |
| ***Ente gubernamental*** | Necesidades<br>▪ Transmitir mensaje de sostenibilidad y de idoneidad de la producción de producto local, propio en origen a una zona geográfica y reforzar la cultura del territorio.<br>▪ Promocionar la adscripción a la normativa actual en materia de venta de proximidad y marca de calidad. | Beneficios de FoodChain_Km0<br>▪ Incorporar de manera paulatina la validación de las empresas certificadoras por parte de las entidades oficiales.<br>▪ Facilitar su participación en el proceso de digitalización y automatización de la tramitación y certificación de la venta de |

<table>
<tr><td rowspan="2"></td><td>▪ Dar soporte y conectar a productores locales poco desarrollados.<br>▪ Agilizar los procesos de tramitación.</td><td>proximidad como autoridad máxima y oficial a nivel autonómico o nacional.<br>▪ Participación en los procesos de gobernabilidad de la venta de proximidad en la comunidad.</td></tr>
<tr><td colspan="2">Propuesta de valor<br>▪ Acción dinámica y recepción de la información de retroalimentación generada en la plataforma por parte de todos los participantes de la venta de proximidad.<br>▪ Consolidación de estandarización de procesos en las empresas certificadoras.</td></tr>
<tr><td rowspan="2">Grupo de expertos</td><td>Necesidades<br>▪ Obtener datos dinámicos de la venta de proximidad y posibilidad de análisis de técnicas innovadoras aplicadas por los productores.<br>▪ Liderar la innovación en el sector.<br>▪ Establecer sinergias internacionales.</td><td>Beneficios de FoodChain_KmO<br>▪ Visibilidad como autoridad en el sector.<br>▪ Participación activa en el desarrollo, uso y difusión de nuevas tecnologías en el sector de PPMC. Por ejemplo en el caso del proceso de etiquetación y escaneado de las etiquetas mediante QR, códigos de barras o RFID.<br>▪ Acceso e interacción con entes gubernamentales en procesos organizativos y de planificación del sector.</td></tr>
<tr><td colspan="2">Propuesta de valor<br>▪ Capacidad de detección de los problemas existentes y las soluciones posibles mediante el análisis de los datos generados por la plataforma FoodChain_KmO.<br>▪ Ser la fuente de mejora y renovación para la comunidad de la venta PPMC.<br>▪ Guiar la definición y desarrollo de la identidad de sostenibilidad de cada participante.<br>▪ Liderar la excelencia en la producción.</td></tr>
<tr><td rowspan="2">Consumidor final</td><td>Necesidades<br>▪ Adquirir productos locales de proximidad o marca de calidad con la certeza de su origen y proximidad.<br>▪ Poder consultar información certificada y acreditada por empresas cualificadas o gubernamentales de los productos de proximidad y marca de calidad que va a comprar.<br>▪ No tener que confiar solo en la palabra del productor o minorista respecto al PPMC que compra.<br>▪ Demostrar su reputación sostenible mediante pruebas acreditativas.</td><td>Beneficios de FoodChain_KmO<br>▪ Acceso a la información contrastada y certificada de los productores de PPMC.<br>▪ Acceso a información de la trazabilidad en el proceso de elaboración y venta de PPMC incluso durante el proceso de compra en tiempo real.<br>▪ Disponer de una identidad sostenible que pueda ser interoperable en futuros sistemas sostenibles.<br>▪ Interactuar mediante su voto con los participantes que mejor servicio le proporcionen.</td></tr>
<tr><td colspan="2">Propuesta de valor<br>▪ Consolidar el consumo sostenible de alimentos frescos con mayor aporte nutricional que produzcan un efecto positivo sobre su salud.</td></tr>
</table>

**Tabla 3:** Necesidades, beneficios y propuestas de valor de cada participante de ***FoodChain_KmO***.

Como ha quedado demostrado, el uso de una tecnología disruptiva, como la cadena de bloques, puede servir para cohesionar a una comunidad emergente de la venta de productos de proximidad y marca de calidad. El sistema planteado para el desarrollo de la iniciativa ***FoodChain_KmO*** deberá ser gradual, y se focalizará en la parte más básica de todas estas interacciones, pero mediante este análisis se pretende visualizar el potencial y la capacidad de múltiples beneficios y posibilidades del proyecto.

## 15.6. Análisis de competidores

Una tarea muy necesaria cuando se emprende un proyecto es realizar un análisis de competidores, sobre todo para ***detectar y potenciar la ventaja competitiva que distingue nuestro proyecto*** de los existentes en el mismo sector o ámbito de venta.

Con el análisis de competidores se pretende ***analizar las estrategias, fortalezas y debilidades de aquellas compañías que trabajan en el mismo sector del mercado al que pertenece nuestro negocio*** y contrastar el estado final de esas compañías con la nuestra, para mejorar nuestra oferta.

Según la teoría de las fuerzas de Porter[2], que es un estándar en la materia, hay ***5 características de base*** que revelan a un posible competidor:

1. *Rivalidad por tener un modelo de negocio similar.*
2. *La negociación con clientes.*
3. *Cuando se comparten proveedores.*
4. *Surgimiento de nuevas empresas.*
5. *La presencia de productos o servicios sustitutos.*

A continuación, en la Tabla 4, se muestra en qué medida afectan en el proyecto ***FoodChain_Km0***. Una vez detectados los competidores, se indica qué características debemos contrarrestar y cuáles fortalecer para ser más competitivos.

| 5 fuerzas de Porter | Venta de proximidad y marca de calidad | Competidor |
|---|---|---|
| *Rivalidad por tener un modelo de negocio similar.* | ✓ | ▪ Amazon.<br>▪ Supermercados en grandes superficies:<br>◦ Carrefour, Caprabo, Bon Preu, Dia.<br>◦ Biomarket (Mercabarna).<br>▪ Venta proximidad actual, otros. |
| *La negociación con clientes.* | ✓ | ▪ Amazon.<br>▪ Supermercados en grandes superficies:<br>◦ Carrefour, Caprabo, Bon Preu, Dia.<br>◦ Biomarket (Mercabarna).<br>▪ Venta proximidad actual, otros. |

[2] Teoría de las 5 fuerzas de Porter (modelo para analizar el nivel de competencia): https://es.wikipedia.org

| | | |
|---|---|---|
| *Cuando se comparten proveedores.* | ✓ | ▪ Amazon.<br>▪ Supermercados en grandes superficies:<br>◦ Carrefour, Caprabo, Bon Preu, Dia.<br>◦ Biomarket (Mercabarna).<br>▪ Venta proximidad actual, otros. |
| *Surgimiento de nuevas empresas.* | ✓ | X |
| *La presencia de productos o servicios sustitutos.* | X | X |

**Tabla 4:** Detección de competidores para el proyecto ***FoodChain_KmO***.

En la venta de productos de proximidad y marca de calidad ***debemos estudiar nuestros competidores a nivel de venta del mismo producto, para ser competitivos en precio***. Tecnológicamente, el proyecto es disruptivo y ofrece una característica que no existe en el mercado actual, que consiste en ***garantizar la confianza del producto que compra el consumidor final*** pues, actualmente, realiza esta compra basándola en la palabra del productor o minorista. ***La ventaja competitiva*** en nuestro caso es muy diferencial, pues ***es única en el mercado*** y ***consiste en ofrecer*** la venta de un producto bajo una plataforma que es capaz de solucionar un problema que los demás competidores no han solucionado todavía: ***garantizar la confianza en la trazabilidad del producto***. Resolvemos un problema endémico en todo tipo de cadenas de suministro, donde la cantidad de participantes y procesos realizados desde su origen hasta llegar al consumidor final son tan complejos que no nos permiten conocer qué está sucediendo en cada momento.

En segundo lugar, la tecnología blockchain ***se perfila, a criterio de la mayoría de los expertos*** (Ravi Sarathy, 2020)***, como una solución óptima para la trazabilidad desde el origen hasta el final de la cadena de suministro.*** Se conocen actualmente iniciativas para la venta en todo tipo de sectores, como el de la moda, el del calzado o el alimentario, por poner algunos ejemplos. En el caso de la propuesta de ***FoodChain_KmO***, se puede considerar que ***se reúnen todas las condiciones ideales en el sector alimentario, puesto que su cadena de suministro por ley se reduce a un solo intermediario***. Se pueden concentrar todos los esfuerzos en demostrar que el producto ***ha sido elaborado próximo al punto de venta*** y, por tanto, el producto agroalimentario ***conserva todos sus nutrientes y beneficios saludables*** para su consumo. El PMV del proyecto ***FoodChain_KmO*** se focaliza en garantizar este aspecto clave junto con la visibilidad de toda la información que lo acredita. Esta ventaja competitiva ***no la ofrece ninguno de los posibles competidores en igual magnitud ni en grado de confianza*** y, por lo tanto, ***es única***. Además, el proyecto también se debe centrar en la segunda característica competitiva de que dispone: la ***capacidad de reducir costes***. Si se consigue reducir costes al nivel deseado, el nivel de competitividad será máximo, puesto que será ***la mejor opción*** en productos de proximidad y marca de calidad.

El tercer aspecto que consideraremos es el de ***la adopción de la tecnología blockchain***. Cómo se lleva a cabo esta adopción puede ser clave. La tecnología blockchain es muy disruptiva pero altamente desconocida. Por ello, estudiar con detalle la forma óptima de su adopción por parte del consumidor final, puede otorgar a **FoodChain_KmO** una ventaja competitiva única. Para ***las grandes superficies***, cuyas plataformas de venta online ya están desarrolladas, comprar y/o vender productos de proximidad y marca de calidad no representa mucho esfuerzo. Por todo ello, implementar también la tecnología blockchain en un intervalo de tiempo breve está a su alcance, convirtiéndose a corto plazo, en los máximos competidores de **FoodChain_KmO**. Dependiendo de cómo se implemente la adopción a la tecnología blockchain en el proyecto ***FoodChain_KmO***, se podría mantener la ventaja competitiva actual o ser una opción válida para establecer acuerdos comerciales.

También se considera en este estudio de competidores ***la venta de proximidad actual***, que basa su garantía ***tan solo en la palabra del productor o minorista***, sin respaldo ninguno, y que en muchos casos **no adopta la normativa vigente por ser optativa.**

Queda claro que, si ***FoodChain_KmO*** iguala las fortalezas de venta de las grandes superficies y del actual sector de venta de proximidad, ofrecerá una ***ventaja competitiva*** que la puede llevar a ser líder del mercado ***por ser única y óptima***.

Dentro de los ***líderes de ventas online*** se ha seleccionado a Amazon, en las ***grandes superficies*** se ha optado por referentes en supermercados (**Carrefour**, **Caprabo**, Bon Preu, Día) y a **Biomarket** de Mercabarna[3]. El análisis se ha realizado a partir de los datos facilitados en Internet por cada empresa.

En la venta de proximidad actual se han considerado a **Ametller Origen** y a ***pequeños minoristas del sector*** (Prodeca, Agrópolis, Projecte KmO, Terra Pagesa y FEPVPC).

En la Tabla 5, se muestra un cuadro resumen de competidores para el proyecto ***FoodChain_KmO***.

| Competidor | Fortalezas | Debilidades | Ventaja competitiva |
|---|---|---|---|
| *Amazon Fresh* | ▪ Hábito de compra del consumidor final ya fidelizado en otros sectores.<br>▪ Capacidad para aplicar trazabilidad.<br>▪ Logística potente: Entrega personalizada y en tiempo reducido: Entregas de 8 a 24 h (Madrid y Barcelona) de lunes a domingo. Se puede elegir entrega hoy y mañana en franjas de dos horas.<br>▪ Concentra una oferta amplia y diversa.<br>▪ Procesos de devolución. | ▪ Son intermediario único del productor local y por ello su venta es de circuito corto.<br>▪ La venta de proximidad es parte de su *target* y le destina poco foco porque ambiciona todo el mercado de producto fresco. Se dirige a 12 millones de consumidores finales.<br>▪ No usa garantía de proximidad para el producto local basada en trazabilidad, solo garantía de la fuente de empresa manufacturera.<br>▪ Los proveedores de fruta y verdura son empresas mayoristas consolidadas (Cultivar, Eurobanan, Green Growing Organics), no productores locales. | ▪ Logística de horas.<br>▪ Precios competitivos.<br>▪ *Marketing* y publicidad. |

[3] Mercabarna es uno de los principales mercados mayoristas de alimentos frescos de Europa, y Biomarket se focaliza en producto ecológico, sostenible, incluyendo la venta de proximidad.

| Competidor | | Fortalezas | Debilidades | Ventaja competitiva |
|---|---|---|---|---|
| | | | ▪ El origen del producto lo avala la Unidad Alimentaria para el abastecimiento y distribución de alimentación fresca, gestionada por la empresa mixta Mercamadrid, S. A.<br>▪ No fortalecen el producto local ni al pequeño productor, que ***solo está representado por el 0.24 %***.<br>▪ No tienen una cultura de promoción del territorio ni pretenden que el consumidor final conecte con el productor local.<br>▪ Reduce el tiempo de entrega, mayorista-minorista-consumidor final, pero no el tiempo de productor local a consumidor final.<br>▪ La información de origen o autenticidad es insuficiente. | |
| *Grandes superficies* | *Carrefour* | ▪ ***Capacidad alta de difusión de su venta online***.<br>▪ Concentra una oferta amplia y diversa de producto local en la venta *online*.<br>▪ ***Apuesta fuerte por el sector BIO***.<br>▪ ***Promociona calidad y origen Carrefour***.<br>▪ Acuerdos para la promoción de Pymes locales a nivel nacional. | ▪ Son intermediario único del productor local y, por ello, su venta es de circuito corto.<br>▪ Promociona puntualmente los productores locales de su interés para su marca de calidad y origen Carrefour.<br>▪ ***No visualiza contacto con entes gubernamentales ni visualiza información de trazabilidad en todos los productos***.<br>▪ Mucha parte de la venta es ***producto de mayorista de producto fresco***.<br>▪ ***Apuesta por el producto de proximidad muy recientemente (2023)***: 45 productores nacionales que no son pequeños productores y con poca variedad de producto.<br>▪ Somete a un control y un seguimiento rigurosos a | ▪ Precios competitivos.<br>▪ Potenciales compradores derivados de la venta de otros productos.<br>▪ Capacidad internacional: exportación e importación. |

| Competidor | | Fortalezas | Debilidades | Ventaja competitiva |
|---|---|---|---|---|
| | | | lo largo del proceso de fabricación ***solo a productos de grandes marcas de calidad***. | |
| | *Caprabo* | ▪ Consumidor final fidelizado.<br>▪ Compromiso de apoyar a las empresas y productores locales de Cataluña. Primer supermercado en incluir ***el sello oficial de «Venta de Proximidad» para los productos que procedían directamente del campo***.<br>▪ El sello informa al consumidor de la calidad y hace saber que al adquirir el producto favorece tanto al productor como a la economía local justificando el precio.<br>▪ Identifica los productos de proximidad en los supermercados y hace más visible un producto de calidad más fresco.<br>▪ Añade valor añadido para los consumidores.<br>▪ Se beneficia de la reducción de la huella ecológica con la venta de producto local.<br>▪ Integra el compromiso sostenible a su cultura de empresa y colabora en organización de ferias y en eliminar el desperdicio alimentario.<br>▪ Conexión con los entes gubernamentales líderes del sector de alimentos de proximidad.<br>▪ Logística competitiva. | ▪ Son intermediario único del productor local y, por ello, su venta es de circuito corto.<br>▪ Certifica, pero no da trazabilidad en la cadena de suministro de proximidad.<br>▪ No da una especial atención al consumidor final.<br>▪ La venta de proximidad es parte de su *target*.<br>▪ Visualiza el *marketing* del productor local más que hacerle partícipe en la venta. | ▪ Es pionero en la venta de proximidad.<br>▪ Es un competidor de producto de proximidad en todos los ámbitos.<br>▪ Innovador en iniciativas sociales sostenibles en el sector de venta de proximidad. |
| | *Bon Preu* | ▪ Consumidor final fidelizado.<br>▪ Cultura de empresa catalana: dinamizar la economía catalana y la creación de puestos de trabajo de calidad, apostando por productores locales y velando por la protección del medioambiente.<br>▪ No es propiedad de ninguna marca extranjera. | ▪ Su *marketing* es muy potente, pero carece de acceso en tiempo real a la trazabilidad del producto que vende, y menos en el momento de la compra.<br>▪ La información se transmite en gran medida mediante catálogo y, por tanto, es poco dinámica.<br>▪ Son intermediario único del productor local y, por | ▪ Cobertura total a los productos de origen y proximidad, marca de calidad y denominación de origen de Cataluña al detalle.<br>▪ Marca catalana al servicio y beneficio del país. |

| Competidor | | Fortalezas | Debilidades | Ventaja competitiva |
|---|---|---|---|---|
| | | ▪ Oferta de línea de productos Km0 amplia y diversa.<br>▪ Identificación con el territorio catalán y los productores locales.<br>▪ Campañas específicas de promoción: «De la tierra al plato».<br>▪ Información detallada mediante catálogo específico al consumidor final.<br>▪ Trabaja con certificación de indicación geográfica protegida (IGP) y la certificación de denominación de origen protegida (DOP).<br>▪ Amplia cobertura del territorio. | ello, su venta es de circuito corto. | |
| | *Día* | ▪ Amplia cobertura nacional del territorio, el 65 % de los españoles tiene un DIA a 15 min.<br>▪ Inversión reciente en la venta de proximidad.<br>▪ Uso de Nutri Score y Eco Score. | ▪ Poca experiencia en la venta de proximidad.<br>▪ El comercio *online* es actualmente el 3 % de las ventas.<br>▪ Dominio de productos de marca propia.<br>▪ Cultura de precio económico afecta a servicios complementarios.<br>▪ No visualiza ni refuerza al productor de proximidad, vende su producto como propio. | ▪ Capacidad de acceso al consumidor final. |
| | *Biomarket* | ▪ Concentra la oferta en un solo punto.<br>▪ Actúa como referente para los minoristas.<br>▪ Concepto centralizado de mercado.<br>▪ Potencial enorme de servicios asociados. Ejemplo: InnoFood: programa de apoyo a la creación de empresas innovadoras que mejoren cualquier parte de la cadena de valor del sector alimentario. | ▪ Es mayorista de productos de proximidad.<br>▪ Es una opción que distancia al consumidor final del productor local.<br>▪ Visualiza solo el producto y está pensado para la venta a gran escala.<br>▪ Área de afectación Barcelona ciudad.<br>▪ Tiene un horario establecido y no da cobertura las 24h.<br>▪ Concepto centralizado de mercado respecto a la venta *online*.<br>▪ Servicios no pensados para el pequeño productor local, sino para la industria alimentaria que adquiere su producto. | |

| Competidor | | Fortalezas | Debilidades | Ventaja competitiva |
|---|---|---|---|---|
| *Venta de proximidad actual* | *Ametller Origen* | ▪ Compromiso sostenible elevado.<br>▪ Amplia capacidad en la venta *online*. | ▪ Oferta reducida de productos de proximidad.<br>▪ Poca promoción del productor local. | ▪ Agricultura de sostenibilidad: proyecto de agricultura sostenible ***Agroparc Penedés***. |
| | *Pequeños minoristas del sector* | ▪ Productos únicos.<br>▪ Cercanía con el consumidor final.<br>▪ Precios asequibles.<br>▪ Ofrecen lo que el consumidor final demanda en productos de proximidad y marca de calidad. | ▪ No tienen capacidad comercial elevada.<br>▪ Basan su credibilidad en su honorabilidad y su palabra.<br>▪ No ofrecen información de detalle, ni de trazabilidad.<br>▪ En muchos casos no están adscritos a la normativa en materia de proximidad ni al etiquetado asociado. | ▪ Cercanía con el pequeño productor o son el propio productor. |

**Tabla 5:** Cuadro resumen de competidores para el proyecto ***FoodChain_Km0*** (2023).

Como resultado de este análisis de competidores, comprobamos que ***FoodChain_Km0*** ofrece una ***ventaja competitiva única***, ***tanto tecnológicamente como en modelo de negocio*** pues, entre otros aspectos, sustituye la figura del mayorista que domina el mercado actual y establece ***una conexión que puede automatizarse mediante smart contracts***, ***directa, fiable, de confianza y trazable en multitud de ámbitos en la cadena de suministro desde el productor local al consumidor final***.

Propone una alternativa altamente competitiva por estar pensada ***para el consumidor final y en pro del productor local, al que se refuerza*** y a quien se le da una importancia que actualmente no tiene por la presión y domino de las empresas mayoristas de la venta de productos frescos y de proximidad.

Fuera del alcance de este análisis de competidores, dejamos a las nuevas empresas que aporten nuevas tecnologías disruptivas. Para despejar dudas, la tecnología blockchain es un caso particular de DLT (Distributed Ledger Technologies). Existen otros tipos de DLT, también descentralizadas, pero sin la estructura de cadena de bloques, para implementar el almacenamiento del *ledger* (libro mayor). Podrían surgir sobre todo en el ámbito de IoT (Internet of Things), pero se estudiarían en posteriores análisis.

## 15.7. Modelo de negocio

Se basa en la creación de una plataforma (***FoodChain_Km0***) de venta de productos de proximidad y marca de calidad en un entorno de tecnología blockchain donde los consumidores pueden encontrar sus productos, con el valor añadido de poder conocer ***los procedimientos utilizados, su origen y trazabilidad en tiempo real con toda seguridad y confianza***.

Se trata de crear ***un ecosistema incluyente*** en el que certificadores, productores, minoristas y consumidores ***interactúan y se relacionan*** dentro de una ***cadena de valor sostenible***.

Bajo unos parámetros determinados por la empresa certificadora, la plataforma da de alta a los productores, que podrán poner sus productos a disposición de los minoristas y consumidores. Al ser una plataforma no excluyente, los minoristas también estarán dentro del ecosistema y podrán comprar los productos en la plataforma con un descuento ya pactado en las condiciones generales.

El consumidor final, a través de la plataforma o de una app, podrá ***acceder a toda la información sobre los productos y podrá adquirirlos*** mediante dos formas de envío diferentes:

a) ***Compra los productos y se los llevan directamente a casa*** al precio que indique la plataforma (precio de consumidor).
b) ***Compra los productos y pide que se los dejen en un punto de recogida*** cercano. El precio sigue siendo el de la plataforma y el punto de recogida, por hacer de lugar de entrega, recibirá una bonificación previamente pactada en las condiciones.

El **precio del transporte** será, en pedidos inferiores a 50 €, 5 € por pedido y, si es superior a 50 €, será sin coste de transporte, a no ser que la dirección de entrega sea la de un punto de entrega (5 €).

### 15.7.1. ¿Cómo se generan los ingresos?

Beneficios múltiples para todos los participantes:

- **Plataforma**: Cobra una cuota mensual de 50 € a los productores y minoristas (el primer año esta cuota será gratis) y un ***20 % del total de ventas generadas por la plataforma.***
- **Productor: *Vende directamente a los consumidores*** con lo que puede ampliar de forma sustancial su cartera de clientes y ***con un descuento a los minoristas*** que siguen participando. Además, tiene la certeza de que su producto será bien identificado y valorado, con lo que ampliará su clientela.
- **Minorista**: Sigue dentro del ecosistema (en otras webs estaría fuera porque el consumidor compraría directamente al productor), tiene una trazabilidad del producto, con lo que puede ***fidelizar más a sus clientes***, y puede tener ***un ingreso extra*** (5€ por pedido) de aquellos consumidores que prefieran ir a buscarlo a su tienda, con la oportunidad que eso genera, ya que provocará ***más tránsito y posibles ventas dentro de su local.***
- **Consumidor final**: Acceso a ***la oferta de proximidad y marca de calidad*** y ***recibe el producto directamente del productor*** a ***un precio inferior*** y con ***la seguridad de que es un producto de marca de calidad/ proximidad-Km0.***
- **Certificadora**: Al estar en la plataforma, ***ganará prestigio y reputación***, con lo que ampliará su cartera de clientes ya que, por un lado, quien no esté en este ecosistema querrá entrar para poder participar y tendrá que darse de alta como empresa certificada y, colateralmente, ampliará su imagen para otros sectores. Podrá ***reducir costes administrativos*** de gestión.

- **Transportista**: Tendrá unas rutas preestablecidas, con lo que será más eficiente y podrá participar en el crecimiento de nuestra plataforma e incrementar el número de clientes.

### 15.7.2. Posibilidad de ecosistema TOKENOMICS

Se contempla como posibilidad a futuro, pero no en la primera fase de implementación del proyecto mínimo viable (PMV).

- Todo ***el ecosistema vinculado a la plataforma estará en un entorno Tokenomics***. Se creará un token (ERC-20) tipo stablecoin USDT, con el que se harán todas las transacciones, por lo que todos los participantes dispondrán de una billetera digital con sus claves y podrán interactuar dentro del ecosistema utilizando el valor de token. Posibilidad de modalidad: *security* y *utility*.
- Crearemos nuestra propia microeconomía (al definir las reglas con un experto consolidado). El token aporta mayor transparencia y seguridad, mayor interoperabilidad y menor coste en la verificación e intercambio y mayor liquidez, ya que podrá intercambiarse en un mercado secundario. ***No serán necesarios intermediarios***.
- El ***valor que se genere dentro del ecosistema se retornará directamente a todos los usuarios*** y así estos usuarios seguirán participando en el proyecto, seguirán aportando valor y, por lo tanto, este valor seguirá aumentando, y así continuamente; será como un ciclo virtuoso: **Generar valor → Redistribuir este valor al usuario → Usuario más incentivado → Se sigue creando más valor.**
- Los pagos se podrán hacer en dinero Fiat o mediante token. Será la plataforma quien los convierta a tokens mediante una wallet de cada participante y se custodiarán sus claves. Cuando alguien abandone la plataforma, se eliminará su clave privada, que estará en posesión de la plataforma. Todas las condiciones habrán sido aceptadas por el participante en el proceso de ingreso a la plataforma. Para los datos personales se utilizará alguna técnica de cifrado.

### 15.7.3. Análisis financiero

Debido a la incertidumbre del inicio de la plataforma, el análisis financiero (Tabla 6, Tabla 7, Tabla 8) se ha realizado bajo el principio ***de prudencia contable en la inversión, costes e ingresos***:

| | |
|---|---|
| INVERSIÓN | |
| Análisis de mercado | 20.000 € |
| *Marketing* inicial | 20.000 € |
| Redes sociales | 20.000 € |
| ESTUDIO DEL PROYECTO E IMPLANTACIÓN | 8.320 € |
| DESARROLLO | 54.880 € |
| GESTIÓN EFICAZ PARA LOS TRES PRIMEROS MESES | 50.000 € |
| **TOTAL INVERSIÓN** | **173.200 €** |

**Tabla 6:** Cálculo de la **inversión** en el análisis financiero.

La idea principal era implementar la tecnología blockchain ***para poder asegurar la trazabilidad y el origen de los productos de proximidad*** y, cuando se hizo el primer análisis financiero, se vio que la aportación era muy disruptiva e innovadora y, aunque cubría una demanda importante de los consumidores, solo cubría una parte de las necesidades de los productores, y por ese motivo, se incorporó la plataforma de ***venta de productos de proximidad***.

Después de hacer un pequeño sondeo en persona con algunos productores y de haber leído varios informes de diferentes fuentes, se planteó ***hacer una inversión en un análisis más exhaustivo del mercado*** para poder enfocar mejor una buena campaña de *marketing* apoyada por continuas apariciones en las redes sociales y se pensó que ***haría falta una inversión inicial de 60.000 €***.

También como inversión, se estableció una partida de 63.200 € para ***el estudio, desarrollo e implementación de la plataforma*** y ***un activo de 50.000 € para hacer frente a las posibles pérdidas*** ocasionadas por asegurar un buen servicio de transporte teniendo en cuenta la incertidumbre de los primeros envíos.

Se considera ***prioritario dar un buen servicio que permita*** afianzar ***a los consumidores finales*** que, a pesar de que ya están motivados para usar la plataforma, podrían estar tentados a abandonarla si el servicio no es bueno desde el principio de su funcionamiento.

| COSTES OPERATIVOS FIJOS PRIMER AÑO | |
|---|---|
| SUELDOS Y SALARIOS | 120.000 € |
| ALQUILER DESPACHO | 12.000 € |
| Acciones comerciales | 20.000 € |
| Viajes/Desplazamientos | 10.000 € |
| **TOTAL COSTES OPERATIVOS FIJOS PRIMER AÑO** | **162.000** € |

**Tabla 7:** Cálculo de los **costes operativos** de primer año.

Los ***costes operativos para el primer año*** contemplan la posibilidad de tener un pequeño despacho donde puedan operar 4 personas y unas ***previsiones de 30.000 €*** para acciones comerciales y desplazamientos para poder incorporar el máximo de productores posibles.

Los ***sueldos y salarios*** del primer año no contemplan ningún ingreso para los dos promotores de la plataforma, son exclusivamente para colaboradores internos en todos los ámbitos para poner en marcha la plataforma.

La idea es que estos costes fijos se vayan incrementando año tras año a medida que vayamos acaparando más mercado.

| COSTES OPERATIVOS VARIABLES | 3% del 19% | 3% del 73% | 3% del 46% |
|---|---|---|---|
| **0,5 %** SOBRE LAS VENTAS DE SERVICIO TÉCNICO | 41.895 € | 321.930 € | 202.860 € |
| **2 %** SOBRE LAS VENTAS, EVENTOS Y CAMPAÑAS | 167.580 € | 643.860 € | 405.720 € |
| **2 %** SOBRE VENTAS, DISTRIBUCIÓN | 167.580 € | 643.860 € | 405.720 € |
| **TOTAL COSTES VARIABLES** | **377.055** € | 1.609.650 € | 1.014.300 € |

**Tabla 8:** Cálculo de los **costes variables**.

Los ***costes variables estarán siempre en función de las ventas*** y es el mínimo necesario para poder invertir en mejorar nuestra plataforma, en organizar eventos y campañas, así como en invertir en distribución y transporte. Junto con la confianza en la trazabilidad y la proximidad, serán los puntos diferenciadores con el resto de los competidores.

INGRESOS

Para el cálculo de ingresos, se plantean varias hipótesis teniendo en cuenta las cifras siguientes:

| | VENTA *ONLINE* | QUIEREN VENDER |
|---|---|---|
| VENTAS CATALUÑA | 19% | 73% |
| **1.470.000.000** | **279.300.000 €** | **1.073.100.000 €** |

**Tabla 9:** Datos de **ventas en Cataluña** consideradas en los cálculos.

**Solo el 19 % de las ventas totales son *online* y les gustaría vender el 73 %.**

Entre aquellos productores que ya venden *online* (19 %), **la captación de clientes y la falta de presencia en Internet destacan como las principales dificultades, y FoodChain_Km0 es una buena solución.**

Para aquellos que todavía no lo hacen (54 %), **la gestión de los envíos a domicilio es el principal impedimento por no haber dado el paso a la venta *online* (FoodChain_Km0 también es la solución).**

De este 19 % de ventas, la previsión es que podemos obtener el **3 %** de ese 19 % el primer año y que en los próximos 5 años pasará del 19 % al 46 %, e iremos incrementando ese 3 % hasta el 10 % de las ventas totales *online*.

De esas ventas, se ha previsto ingresar un 20 % del precio de venta del productor.

También puede haber otros ingresos que no se han indicado todavía:

- Extraordinarios:
    a. Publicidad en la plataforma.
    b. Ayudas institucionales.
    c. Nuevos inversores.

FLUJO DE CAJA DEL PRIMER AÑO

En la tabla 10, se muestra el ***modelo económico mensual año cero***.

Se detalla el flujo de caja previsto durante el primer año, que será el más incierto; en los primeros 3 meses se deberá tener una especial atención.

Como se puede observar, las posibles ventas se inician con una buena campaña de *marketing* para el lanzamiento, más complementos mensuales de dicha campaña para afianzar y aumentar el número de clientes.

| | INVERSION | MES 1 | MES 2 | MES 3 | MES 4 | MES 5 | MES 6 | MES 7 | MES 8 | MES 9 | MES 10 | MES 11 | MES 12 | AÑO 0 |
|---|---|---|---|---|---|---|---|---|---|---|---|---|---|---|
| **TOTAL INVERSION** | **173200** | **123.200** | **20.000** | **10.000** | **10.000** | **10.000** | | | | | | | | |
| COSTES OPERATIVOS FIJOS | | 13.500 | 13.500 | 13.500 | 13.500 | 13.500 | 13.500 | 13.500 | 13.500 | 13.500 | 13.500 | 13.500 | 13.500 | 162.000,00 |
| COSTES OPERATIVOS VARIABLES | | 11.250 | 16.875 | 18.000 | 22.500 | 27.000 | 31.500 | 36.000 | 38.250 | 40.500 | 42.750 | 45.000 | 47.430 | 377.055,00 |
| INGRESOS 20% DE POSIBLES VENTAS | | 50.000 | 75.000 | 80.000 | 100.000 | 120.000 | 140.000 | 160.000 | 170.000 | 180.000 | 190.000 | 200.000 | 210.800 | 1.675.800,00 |
| HIPOTESIS VENTAS | | 250.000 | 375.000 | 400.000 | 500.000 | 600.000 | 700.000 | 800.000 | 850.000 | 900.000 | 950.000 | 1.000.000 | 1.054.000 | 8.379.000 |
| **BENEFICIO BRUTO** | | **25.250** | **44.625** | **48.500** | **64.000** | **79.500** | **95.000** | **110.500** | **118.250** | **126.000** | **133.750** | **141.500** | **149.870** | **1.136.745,00** |
| AMORTIZACIONES | | | | | | | | | | | | | | 34.640,00 |
| **RESULTADO ANTES DE INTERESES E IMPUESTOS** | | **25.250** | **44.625** | **48.500** | **64.000** | **79.500** | **95.000** | **110.500** | **118.250** | **126.000** | **133.750** | **141.500** | **149.870** | **1.102.105,00** |
| INTERESES | | 1.133 | 1.337 | 1.333 | 1.433 | 1.533 | 1.533 | 1.533 | 1.533 | 1.533 | 1.533 | 1.533 | 1.533 | 17.500,00 |
| COMISIONES | | 5.196 | | | | | | | | | | | | 5.196,00 |
| **RESULTADO ANTES DE IMPUESTOS** | | **18.921** | **43.288** | **47.167** | **62.567** | **77.967** | **93.467** | **108.967** | **116.717** | **124.467** | **132.217** | **139.967** | **148.337** | **1.079.409,00** |
| IMPUESTO DE SOCIEDADES 25% | | | | | | | | | | | | | | 269.852,25 |
| **RESULTADO DESPUES DE IMPUESTOS** | | **18.921** | **43.288** | **47.167** | **62.567** | **77.967** | **93.467** | **108.967** | **116.717** | **124.467** | **132.217** | **139.967** | **148.337** | **809.556,75** |
| AMORTIZACION CAPITAL PRESTAMO | | 1.745 | 1.820 | 2.120 | 2.210 | 2.500 | 2.500 | 2.500 | 2.500 | 2.500 | 2.500 | 2.500 | 2.400 | 27.795,00 |
| **BENEFICIO NETO** | | **17.176** | **41.468** | **45.047** | **60.357** | **75.467** | **90.967** | **106.467** | **114.217** | **121.967** | **129.717** | **137.467** | **145.937** | **781.761,75** |
| CASH FLOW (B NETO+AMORTIZACIONES) | -173200 | **17.176** | **41.468** | **45.047** | **60.357** | **75.467** | **90.967** | **106.467** | **114.217** | **121.967** | **129.717** | **137.467** | **145.937** | **816.401,75** |
| CASH FLOW ACUMULADO | | 17.176 | 58.644 | 103.691 | 164.048 | 239.515 | 330.482 | 436.949 | 551.166 | 673.133 | 802.850 | 940.317 | 1.086.254 | 816.401,75 |
| % MARGEN SOBRE VENTAS | | 34,35 | 55,29 | 56,31 | 60,36 | 62,89 | 64,98 | 66,54 | 67,19 | 67,76 | 68,27 | 68,73 | 69,23 | 46,65 |

**Tabla 10:** Modelo económico mensual año cero.

## MODELO ECONÓMICO A 5 AÑOS

Según se puede observar en la Tabla 11, hemos diseñado un modelo económico a 5 años porque creemos que es el tiempo necesario para consolidar la confianza de todos los participantes. En este escenario pensamos que, al finalizar los 5 años, el total de los productores que venden *online* pasaría del **19 % actual a un 46 %** y que nuestra cuota de mercado de ese 46 % podría alcanzar **el 10 % del total de las ventas.**

| | INVERSION | AÑO 0 | AÑO 1 | AÑO 2 | AÑO 3 | AÑO 4 | ACUMULADO |
|---|---|---|---|---|---|---|---|
| TOTAL INVERSION | 173200 | | | | | | |
| COSTES OPERATIVOS FIJOS | | 162.000,00 | 243.000,00 | 340.200,00 | 476.280,00 | 666.792,00 | 1.888.272,00 |
| COSTES OPERATIVOS VARIABLES | | 377.055,00 | 695.677,50 | 1.014.300,00 | 1.311.975,00 | 1.609.650,00 | 5.008.657,50 |
| *INGRESOS 20% DE POSIBLES VENTAS<br>(3% del 19% de las ventas totales) el primer año | | 1.675.800,00 | 2.866.500,00 | 4.057.200,00 | 5.247.900,00 | 6.438.600,00 | 20.286.000,00 |
| **BENEFICIO BRUTO** | | **1.136.745,00** | **1.927.822,50** | **2.702.700,00** | **3.459.645,00** | **4.162.158,00** | 13.389.070,50 |
| AMORTIZACIONES | | 34.640,00 | 34.640,00 | 34.640,00 | 34.640,00 | 34.640,00 | 173.200,00 |
| **RESULTADO ANTES DE INTERESES E IMPUESTOS** | | **1.102.105,00** | **1.893.182,50** | **2.668.060,00** | **3.425.005,00** | **4.127.518,00** | 13.215.870,50 |
| INTERESES | | 17.500,00 | 12.000,00 | 6.800,00 | 4.500,00 | 2.500,00 | 43.300,00 |
| COMISIONES | | 5.196,00 | | | | | 5.196,00 |
| **RESULTADO ANTES DE IMPUESTOS** | | **1.079.409,00** | **1.881.182,50** | **2.661.260,00** | **3.420.505,00** | **4.125.018,00** | 13.167.374,50 |
| IMPUESTO DE SOCIEDADES 25% | | 269.852,25 | 470.295,63 | 665.315,00 | 855.126,25 | 1.031.254,50 | 3.291.843,63 |
| **RESULTADO DESPUES DE IMPUESTOS** | | **809.556,75** | **1.410.886,88** | **1.995.945,00** | **2.565.378,75** | **3.093.763,50** | 9.875.530,88 |
| AMORTIZACION CAPITAL PRESTAMO | | 27.795,00 | 31.795,00 | 35.795,00 | 37.500,00 | 40.315,00 | 173.200,00 |
| **BENEFICIO NETO** | | **781.761,75** | **1.379.091,88** | **1.960.150,00** | **2.527.878,75** | **3.053.448,50** | 9.702.330,88 |
| CASH FLOW (B NETO+AMORTIZACIONES) | -173200 | 816.401,75 | 1.413.731,88 | 1.994.790,00 | 2.562.518,75 | 3.088.088,50 | 9.875.530,88 |
| CASH FLOW ACUMULADO | | 816.401,75 | 2.230.133,63 | 4.224.923,63 | 6.787.442,38 | 9.875.530,88 | |
| % MARGEN SOBRE VENTAS | | 46,65 | 48,11 | 48,31 | 48,17 | 47,42 | |
| **TIR** | | **5,35** | | | | | |

* Los ingresos del primer año se han previsto con el escenario más pesimista que sería sólo el 3% de la venta total online actual (19%)

**Tabla 11:** Modelo económico para un periodo de 5 años.

Observando la tabla 11, se puede apreciar que, teniendo en cuenta una hipótesis pesimista, desde el primer año se obtienen unos beneficios muy considerables que se va incrementando a lo largo de los 5 años.

El retorno de la inversión (TIR) es de un 535 % (es llamativo, pero tiene una explicación: es debido a que la inversión no es muy alta teniendo en cuenta el volumen de negocio que se puede generar y volumen de negocio que ya existe). En la primera fase del proyecto se le dará especial atención a crear una plataforma muy atractiva acompañada de un servicio de entrega impecable. Se ha previsto utilizar canales ya existentes y, aunque se deberá ser consciente de que los costes de transporte pueden ser más altos que los ingresos que generemos, este aspecto está contemplado en la partida correspondiente del presupuesto.

## 15.8. Requisitos funcionales del proyecto FoodChain_Km0

Tradicionalmente, se han utilizado las metodologías de ***UML y BPMN para describir la automatización de procesos con el objetivo final del desarrollo de aplicaciones programadas***. Son estándares creados para proporcionar de manera detallada el ***análisis y diseño estructurado de los procesos de negocio*** que nuestra aplicación software deberá implementar. BPMN (Business Process Modeling Notation) es una herramienta posterior a UML, creada específicamente para describir de manera automatizada los procesos de nuestro modelo de negocio. ***Para el proyecto FoodChain_Km0, se han utilizado diagramas en BPMN v2.0, para describir los procesos de negocio a implementar y todas las interacciones entre los participantes del proyecto***. Por su facilidad de interpretación, es sencillo identificar los ***requisitos funcionales, el comportamiento y la interacción de cada uno de los participantes***. Mediante el conjunto de diagramas del modelado de los procesos de negocio, el equipo de desarrolladores dispone de manera gráfica de una descripción completa del proyecto a implementar y puede decidir la mejor manera de hacerlo.

### 15.8.1. Análisis de requerimientos globales

En apartados previos del capítulo 15, se han descrito ampliamente los participantes del proyecto ***FoodChain_Km0*** y su **modelo de negocio**. Siempre hay que tener en mente que en este capítulo se describe el proyecto en su amplitud de concepto, pero que se empezará mediante un ***producto mínimo viable*** (PMV) para su puesta en funcionamiento, y se considerará una versión esencial y sencilla formada por las funciones más fundamentales, tanto en la aplicación web como en tecnología blockchain. A modo de resumen, el proyecto deberá implementar los siguientes procesos de negocio, que se corresponden con los requisitos del aplicativo a diseñar e implementar para ***FoodChain_Km0*** (Website y DApp):

1. ***Alta en el sistema de todos los participantes***: Productores, minoristas, transportistas, consumidores finales, entes gubernamentales o reguladores y usuarios expertos (en la temática de venta de proximidad y marca de calidad).
2. ***Identificar las identidades digitales de cada participante*** en el aplicativo de la plataforma *FoodChain_Km0*.
3. ***Gestionar el alta de los productos*** de proximidad vendidos por cada participante. Junto con el alta del producto y en un proceso conjunto, ***indicar el stock de disponibilidad*** (si este es cero, no estará a la venta), ***los precios*** (tanto para minorista como para consumidor final) y ***las ofertas*** (y su periodo de vigencia).
4. ***Proceso de compra*** en la plataforma.
5. ***Certificación de productores*** en la plataforma.
6. ***Obtención de informes*** de ventas/compras o ***informes certificados*** de ventas/compras.
7. ***Gestión de pedidos*** por parte de un productor.
8. ***Gestión del transporte*** para cada pedido.
9. ***Acceso a la información de certificación, trazabilidad*** para proporcionar ***confianza.***

A continuación, se mostrará en detalle cada uno de los procesos básicos mediante su modelado en BPMN v2.0.

Los dos primeros diagramas se complementan. Representan el ***alta de un usuario o participante*** en la plataforma y su ***registro con identidad digital*** (asignación de wallet). La plataforma FoodChain_Km0 asume en su puesta en marcha la validación de sus participantes con formato de empresa y propietario. Para cada modelo de proceso de negocio se muestra el diagrama y una breve explicación.

### 15.8.2. Modelado de procesos del negocio en FoodChain_Km0

En el modelado de la figura 128, se describe el ***alta de un usuario genérico en el sistema*** (podrían ser ***productores***, ***minoristas***, ***transportistas***, ***entes gubernamentales*** o ***reguladores*** y ***usuarios expertos***). En el proceso se proporcionan las ***condiciones de alta***, y se requieren los ***datos necesarios del participante*** en la plataforma. El esquema es aplicable a todos los participantes, que en realidad son empresa y tienen un ***propietario o director con su propia identidad digital*** que ***firmará los procesos de trazabilidad de su empresa***. Para el conjunto de ***agentes colaboradores que él designe***, se ***usará como identidad digital una smart contract address***, que la plataforma facilitará. La plataforma ***FoodChain_KmO*** introduce sus datos e incorpora las identidades digitales en formato **wallet** facilitadas por cada propietario y ***asigna las identidades digitales a los agentes colaboradores***. Cada empresa dada de alta dispondrá de un **smart contract Factory** capaz de generar contratos inteligentes de gestión específica en la plataforma. Esta segunda fase, posterior a darse de alta en el sistema, queda descrita en el proceso de negocio: ***Registro en la Plataforma FoodChain_KmO***.

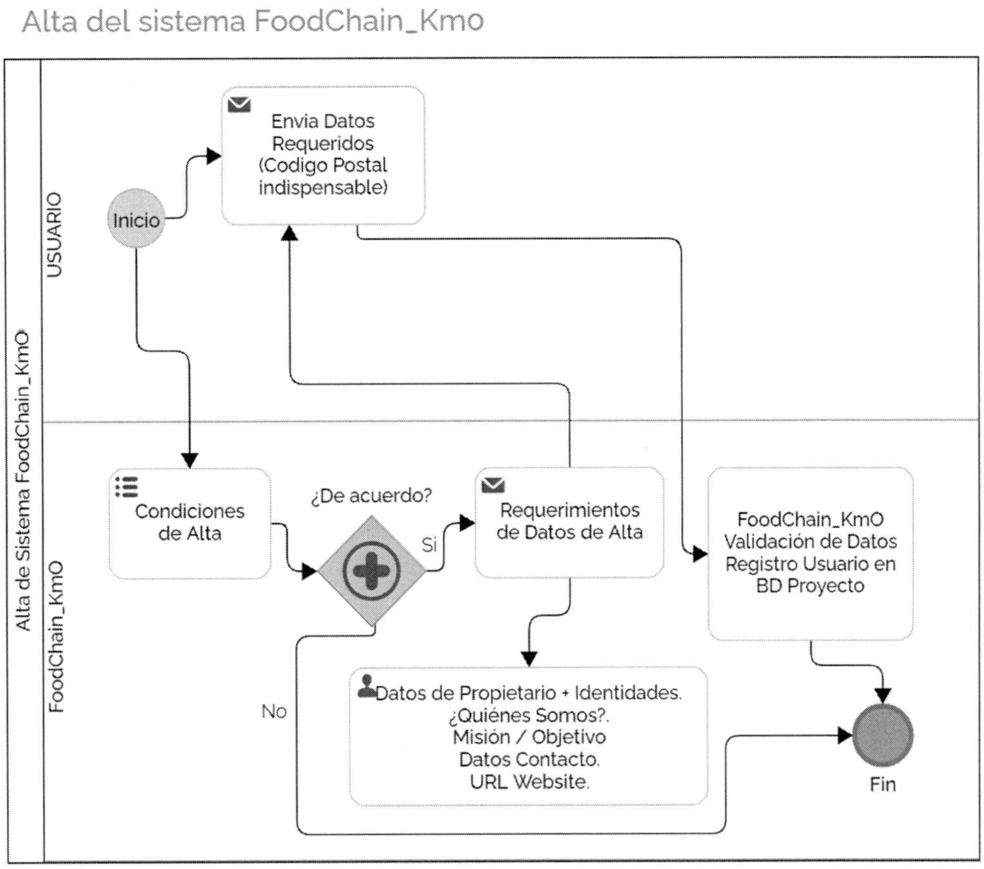


**Figura 128**: Modelado del proceso de **Alta en el Sistema**.

Todos ***los datos que no se introducen en la cadena de bloques se almacenan en la base de datos de la plataforma FoodChain_KmO, cumpliendo los*** aspectos legales ***necesarios y haciéndolos constar en la Condiciones de Alta, junto con todas aquellas características que FoodChain_KmO considere oportunas para evitar problemas legales futuros***.

El caso de uso de un ***consumidor final*** no se contempla porque dispone de un modelo de alta y registro propio en la plataforma. También se complementa con este diagrama el modelado del proceso de ***certificación de productores*** (que veremos posteriormente), que es un proceso de negocio que sucede al proceso de alta y al de registro y se corresponde al momento en que la plataforma valida a cada productor para que pueda vender productos de proximidad y marca de calidad.

En el proceso de registro a la plataforma (Figura 129) ***se diseñará un proceso automatizado y lo más sencillo posible para el usuario***. Todas las operaciones se realizarán de manera que sean transparentes y ***faciliten la adquisición de la identidad digital en forma de wallet***. El proceso se inicia para todos los participantes cuando la plataforma ya les ha dado de alta.

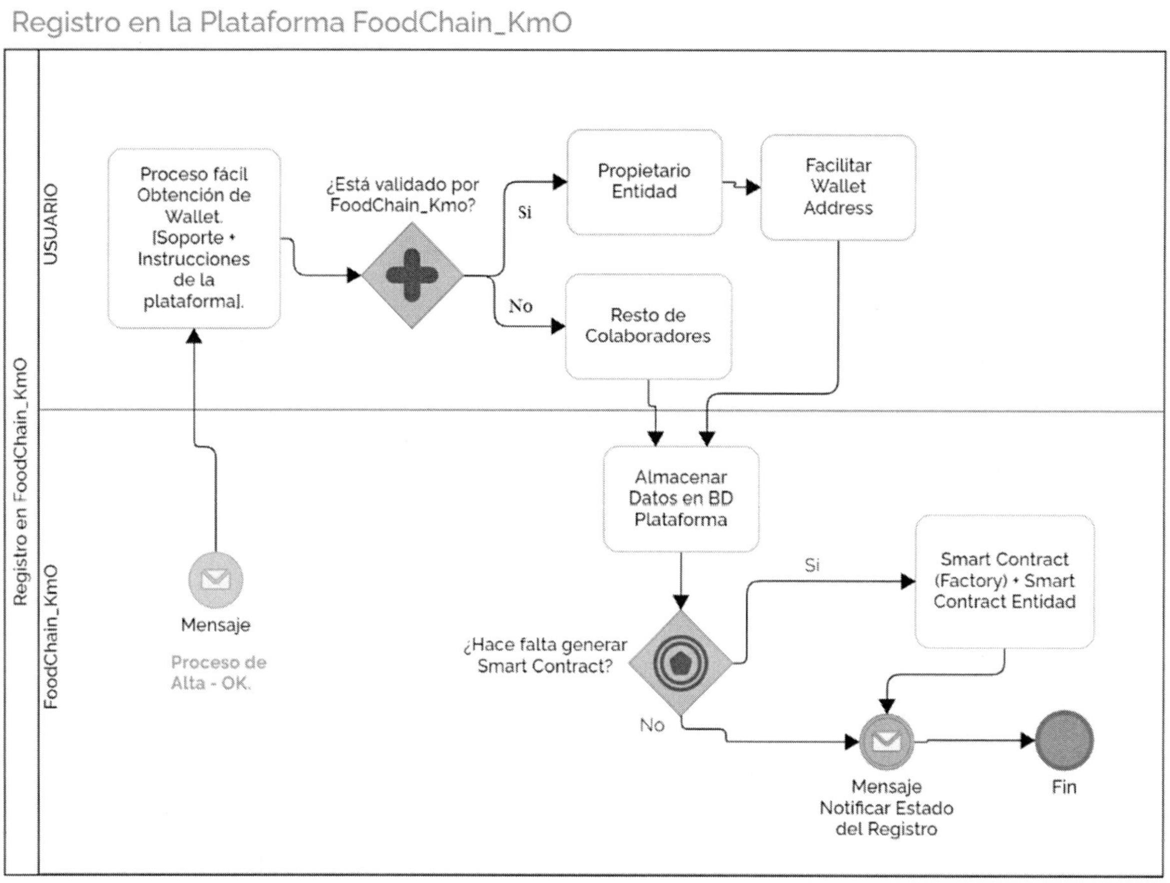


**Figura 129**: Modelado del proceso de negocio del **Registro del sistema.**

Para completar el proceso, el usuario deberá estar validado por la plataforma. Al final del proceso se notificará al usuario que está registrado correctamente.

En estos dos primeros modelos de negocio se muestra que la plataforma ***requerirá de todos los datos que puedan ser fundamentales posteriormente***. Un ejemplo son las ***localizaciones geográficas de los productores o sus códigos postales***, puesto que la plataforma utiliza estos datos para informar y registrar la distancia en Km entre el productor y el consumidor final o para planificar la logística de transporte.

Otro caso que se observará en el modelo de negocio de la ***certificación de productores*** implica ***disponer de todas las acreditaciones de cada productor después de realizar el alta***. Es de vital importancia almacenar estos datos en la base de datos de la plataforma. Solo los datos de trazabilidad o vinculados a trazabilidad se almacenarán en el estado de la cadena de bloques y, si conviene, como respaldo en la base de datos de la plataforma.

El caso de uso de ***Alta y Registro del Consumidor Final*** se puede visualizar en la Figura 130:

1. El consumidor final se da de alta y se registra en la plataforma él mismo. Si decide disponer de wallet o monedero digital y ejecuta el proceso de adquisición de wallet facilitado, transparente, sencillo y guiado mediante soporte por la plataforma, podrá acceder a toda la gama de servicios de la plataforma.

2. El consumidor final es ***el usuario para el cual se diseña la plataforma***. La propuesta de valor del proyecto se basa en ***conseguir su confianza y fidelidad facilitándole toda la información de trazabilidad que desee***. Es, por ello, muy necesario que ***disponga de wallet para que pueda participar de una comunidad de venta de proximidad*** y no tan solo realizar compras en la plataforma.
3. En el modelo de negocio de la plataforma, al registrarse, se le informa de los servicios y ventajas principales y se le muestran las ***condiciones de alta***. Si está de acuerdo, se le solicitaran los datos necesarios, con especial mención a los de ***localización geográfica (mayoritariamente será suficiente con el código postal)***.
4. Como ya se ha mencionado, diseñar un proceso de adquisición de wallet transparente y sencillo que requiera poco esfuerzo para el usuario de la plataforma también es necesario para el consumidor final, sobre todo cuando la plataforma entre en una segunda fase y disponga de utility tokens y criptomoneda. Entonces se podrá recompensar al comprador mediante un sistema de incentivos y será posible la compra con criptomoneda, o disponer de un status de reputación sostenible.
5. Al final del proceso de registro, la plataforma guarda los datos en la base de datos corporativa, después de que las autorizaciones legales necesarias hayan sido facilitadas por el consumidor final.

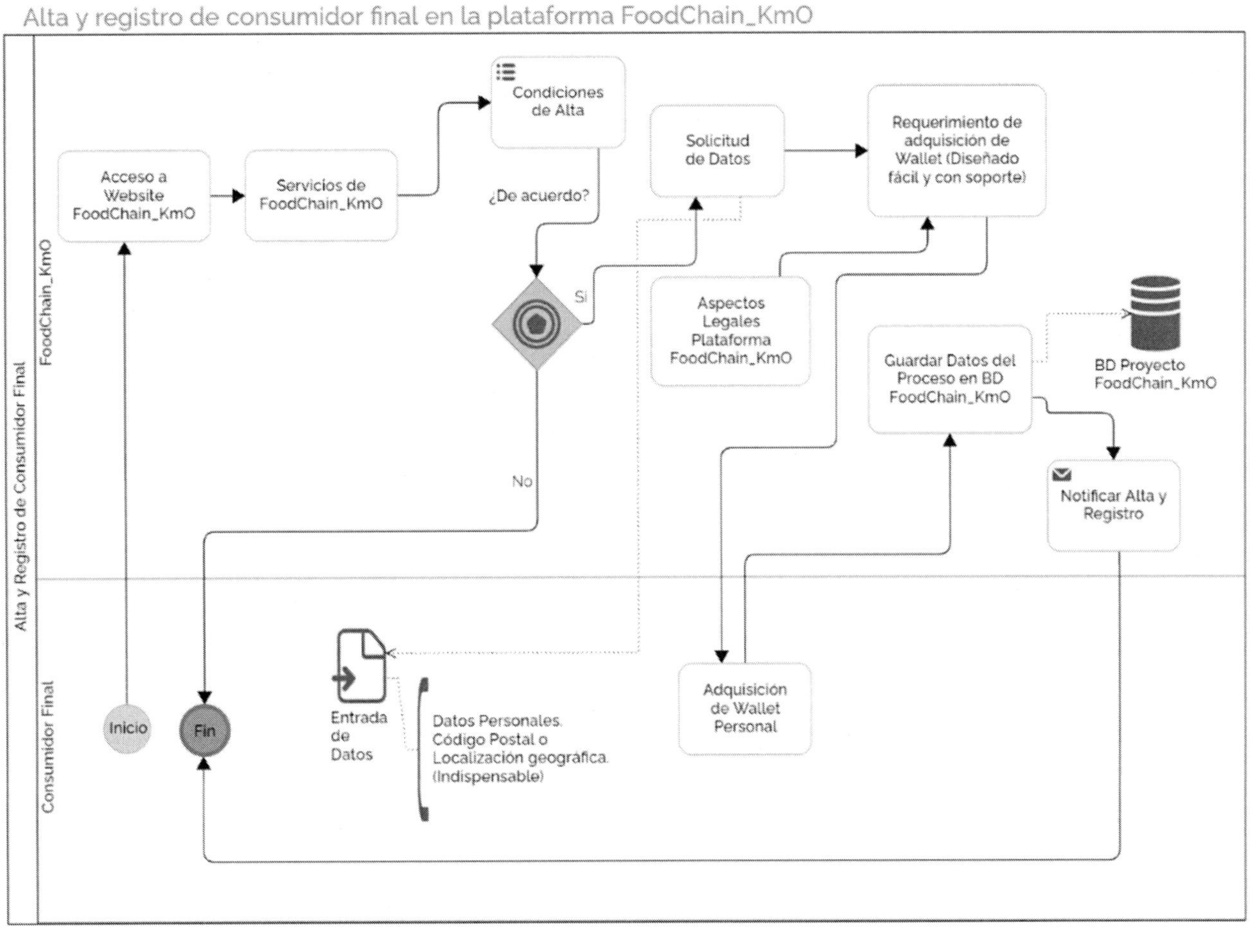


**Figura 130:** Modelado del proceso de negocio de **Alta y Registro de Consumidor Final.**

Una vez los productores de agroalimentos de proximidad están en el sistema, deberán introducir su catálogo de productos en la plataforma. El sistema identifica esta funcionalidad con el proceso de negocio de ***Alta de productos de cada productor***.

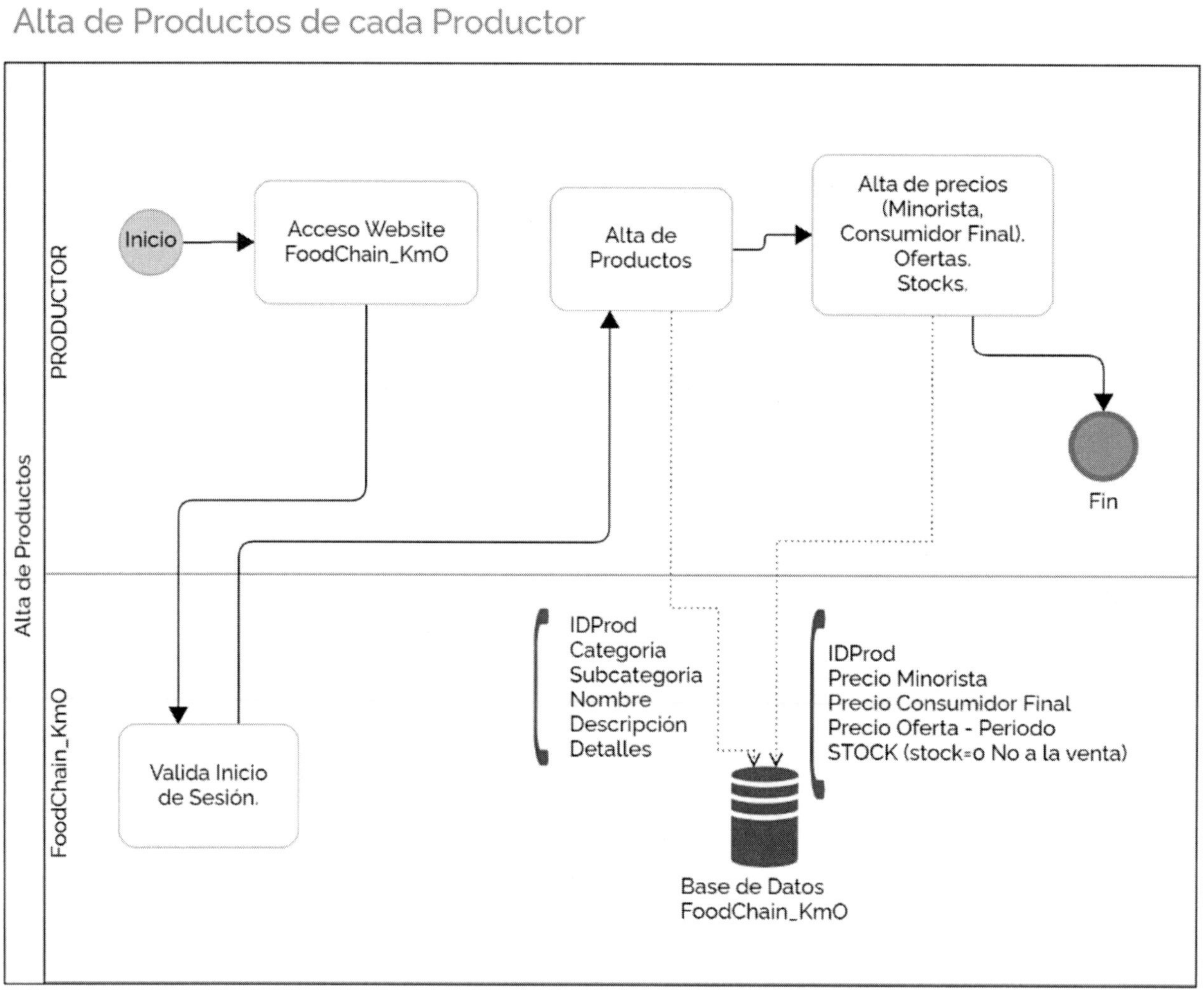


**Figura 131**: Modelado del proceso de negocio de **Alta de productos de cada productor**.

En el modelado de la figura 131, se describe el proceso de alta de productos, al que accederá cada productor una vez inicie sesión en la plataforma. En este proceso podrá incluir su catálogo de productos y precios junto con las ofertas que considere oportunas. Los precios variarán (% de descuento) según sean para minorista o para consumidor final. Las ofertas incluirán un periodo de vigencia. Será imprescindible que cada productor actualice su ***disponibilidad de existencias*** para cada producto.

Una vez registrado el catálogo de productos en la base de datos de la plataforma, la aplicación web lo mostrará al consumidor final para que pueda ***ver qué productos están disponible de cada productor*** o bien ***al generar la cesta de la compra.***

Los productores agroalimentarios ***son los responsables de la seguridad de los alimentos que producen, elaboran, transforman, envasan y transportan*** (en el caso de que den este servicio final). La plataforma facilitará el transporte con cargo al productor, si este no lo facilita. La plataforma mostrará al usuario final todos los datos de los procesos que realizan los productores que, previamente, habrán sido facilitados a la plataforma junto con sus acreditaciones (incluidos logotipos e identificación visual asociadas). Tal como exige la normativa actual, cada productor dispone de un registro de minoristas a los que da servicio en la modalidad de venta de circuito corto. La plataforma ***FoodChain_KmO*** actúa como medio tecnológico que le da la visibilidad confiable al productor de venta de proximidad y marca de calidad.

A continuación, en la figura 132, se muestra el modelado del proceso de negocio de la compra de productos en ***FoodChain_KmO***.

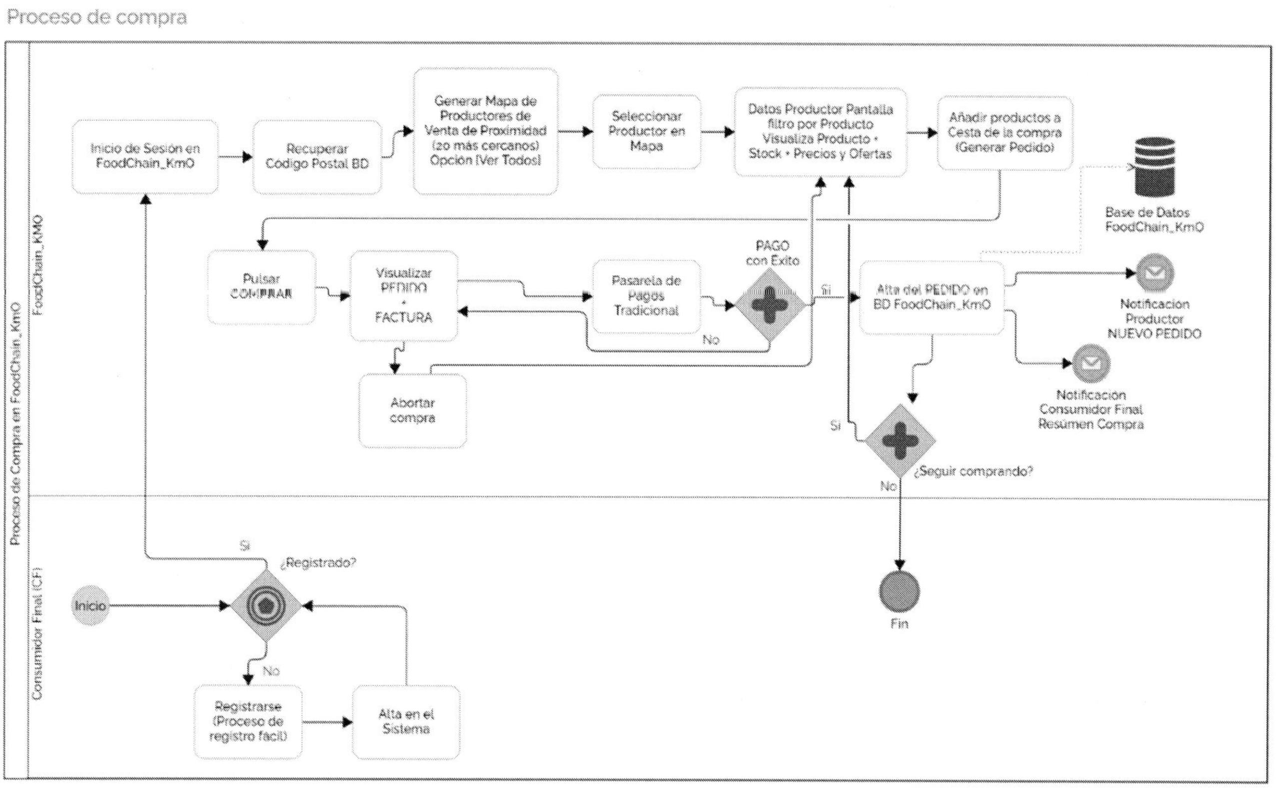


**Figura 132:** Modelado del proceso de **Compra en la plataforma FoodChain_KmO.**

Para comprar productos de proximidad y marca de calidad en la plataforma ***se debe estar registrado***. Una vez registrado, el ***usuario deberá iniciar sesión***. Al iniciar sesión ***se calcula el mapa de productores según la proximidad al consumidor final***. Se consideran los 20 más cercanos y, en caso de desearlo el usuario, se pueden incluir todos. Para cada productor, se accederá a sus datos, acreditaciones y ***se podrá generar una cesta de la compra de los productos*** que vaya seleccionando el usuario. Cuando la cesta de la compra está lista y el usuario decide comprar, la plataforma genera una factura proforma. Si el ***usuario comprador está conforme, entonces podrá realizar el pago mediante una pasarela de pago tradicional***, realizando un pago *online*. En caso contrario, se podrá abortar la compra y volver al paso de añadir productos a la cesta de la compra. Si el pago se realiza con éxito, la plataforma ***da de alta en el sistema el pedido, que pasa al estado Pendiente*** y crea la factura definitiva para el comprador, guardando todo en la base de datos de la plataforma ***FoodChain_KmO***. Si el usuario comprador finaliza con éxito la compra, recibe por correo electrónico la factura y el resumen de compra. Paralelamente, el productor es notificado en la aplicación de la existencia de un nuevo pedido (siendo posible añadir varios dispositivos donde recibir la notificación).

Todos los productores de la plataforma serán validados como acreditados para la venta de proximidad. La plataforma no descarta que, en un futuro, los productores puedan ser acreditados por los entes gubernamentales o entidades reguladoras que se creen para tal efecto. ***Se toma la decisión de no paralizar la puesta en marcha de la plataforma, en espera de que las entidades gubernamentales avancen en la adopción de este tipo de plataformas integrándolas como parte de su proceso de certificación online.*** Incluso las mismas entidades reguladoras pueden ser validadas por los entes gubernamentales, creando un ***ecosistema digitalizado ágil y conectado a una comunidad creada específicamente para la venta de proximidad y donde la cooperación bajo un sistema blockchain sea la base de la confianza***.

En la figura 134, podemos observar el modelado de la certificación de cada productor. Este es un proceso interno de la plataforma. Se deberá comprobar que el productor dispone de la ***DUN*** (Declaración Única Agraria, que es la ***declaración oficial anual*** de todos los datos de sus explotaciones agrarias). Si no dispone de ella, ***quedará dado de alta en el sistema, pero no estará habilitado para la venta***. También se comprueba si el productor ***está adscrito a la normativa específica para la venta de proximidad*** y si está habilitado para usar sus distintivos. Un ejemplo de identificación visual para el ámbito geográfico de la plataforma ***FoodChain_KmO*** en sus dos modalidades posibles lo podemos observar en la figura 133:

**Figura 133**: Identificación visual de la venta de proximidad. Decreto 24/2013, de 8 de enero, modificado por el Decreto 254/2019, de 3 de diciembre.

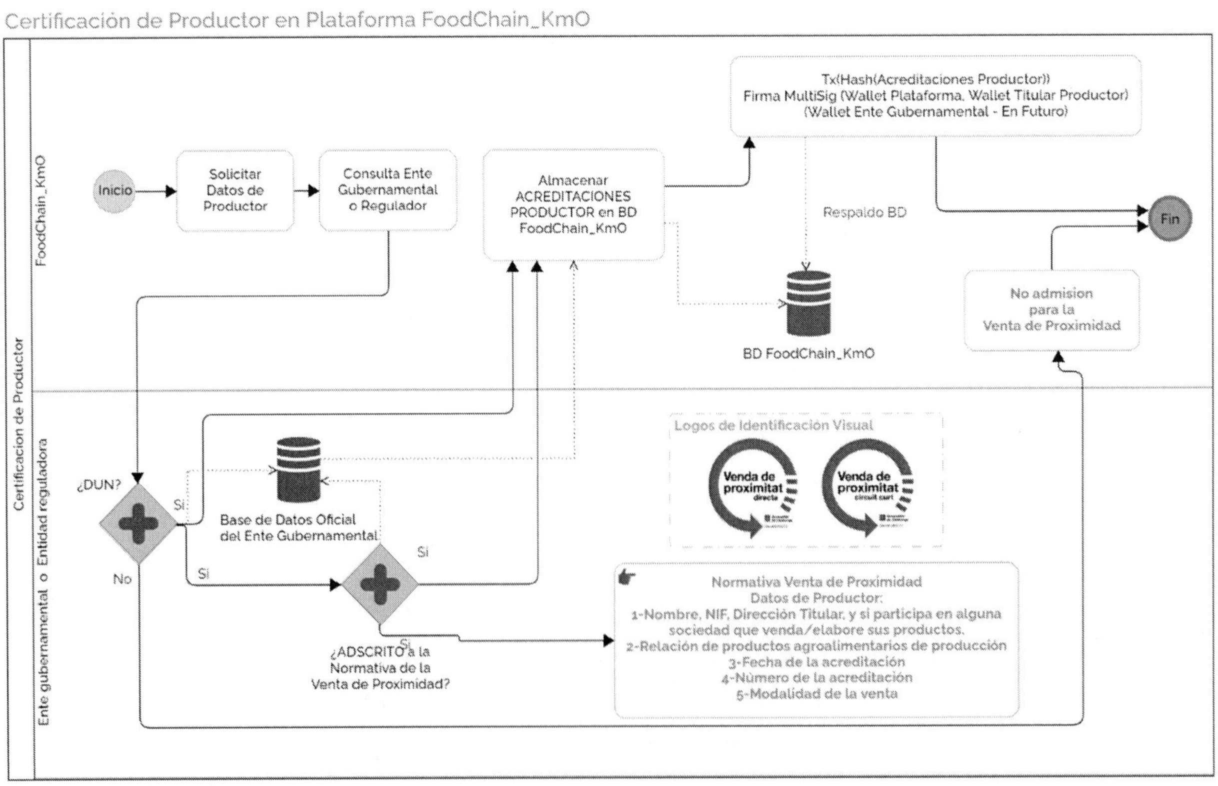


**Figura 134**: Modelado del proceso de **Certificación de un productor en la plataforma FoodChain_KmO.**

Los entes gubernamentales se consideran inicialmente como un ***oráculo de la plataforma y posteriormente un participante activo de la comunidad de la cadena de bloques de FoodChain_KmO.*** Nos permiten disponer de la información actualizada sobre el estado del cumplimiento de la normativa obligatoria (DUN) y opcional (venta de proximidad) para cada productor. Todas las ***acreditaciones de un productor quedan registradas en la cadena de bloques mediante firma multiSign, utilizando la identidad digital de la plataforma FoodChain_KmO y la del titular de la empresa productora*** (que en adelante consideraremos el productor). En el futuro, el objetivo de la plataforma es que fueran firmadas por el ente gubernamental o entidad reguladora correspondiente.

El siguiente proceso de negocio a modelar consiste en el servicio de generación de informes certificados o no, facilitados por la plataforma FoodChain_KmO. Este servicio es un claro ejemplo de los muchos que podría generar la plataforma para la analítica de datos o Data Mining.

En la figura 135, se muestra el modelado del proceso de Obtención de informes de venta/compra con o sin certificación.

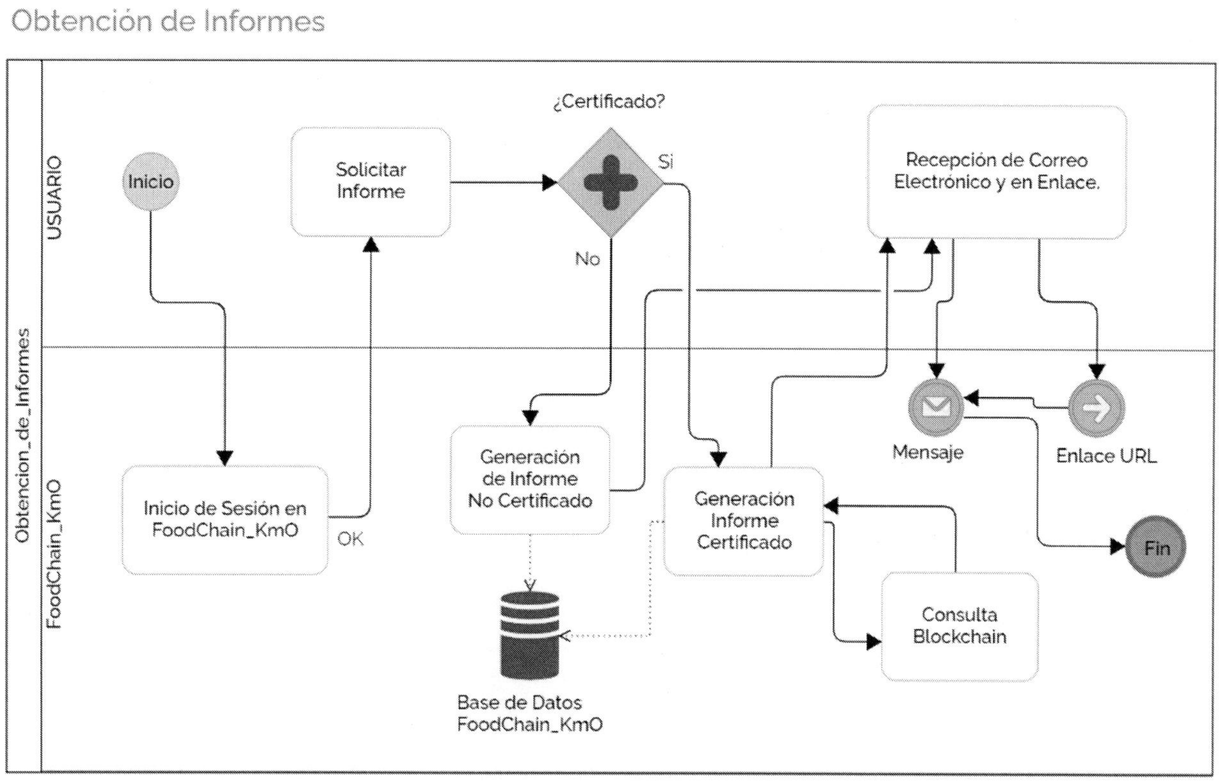


**Figura 135:** Modelado del proceso de Obtención de informes de venta/compra con o sin certificación.

Varios participantes pueden ser usuarios de este servicio y es un claro ejemplo de cómo obtener más valor y rendimiento de la cantidad de datos almacenados en la base de datos o en la cadena de bloques. En el producto mínimo viable (PMV), el contenido del informe consistiría en un resumen de la compra/venta de productos de proximidad. Si el informe no está certificado, o no contiene datos de la transacción en la cadena de bloques, entonces es gratuito. En caso contrario, se puede obtener un rendimiento.

Los usuarios de este servicio podrían ser:

**Productores**, para disponer de datos de sus ventas, balances, productos más vendidos, aquellos que necesitan de promoción o para presentar, a modo de justificación, su producción. En cualquier caso, solo pueden obtener informes de sus propios datos.

**Consumidores finales**, para conocer sus gastos en productos de proximidad y marca de calidad, o para disponer de certificados de su identidad sostenible.

**Transportistas**, para mejorar su logística y planificación de rutas.

**Expertos**, para poder fundamentar sus artículos y trabajar el ecosistema de la venta de proximidad con datos reales.

Posibles servicios más complejos, basados en Big Data o Deep Learning, podrían ofrecer predicciones a futuro. Queda claro que el ámbito de mejora de la plataforma es grande y podría incrementarse por varios caminos y satisfacer las necesidades de cada participante de la comunidad.

El siguiente diagrama BPMN describe el proceso de negocio de la ***Gestión de Pedidos*** (ver figura 136).

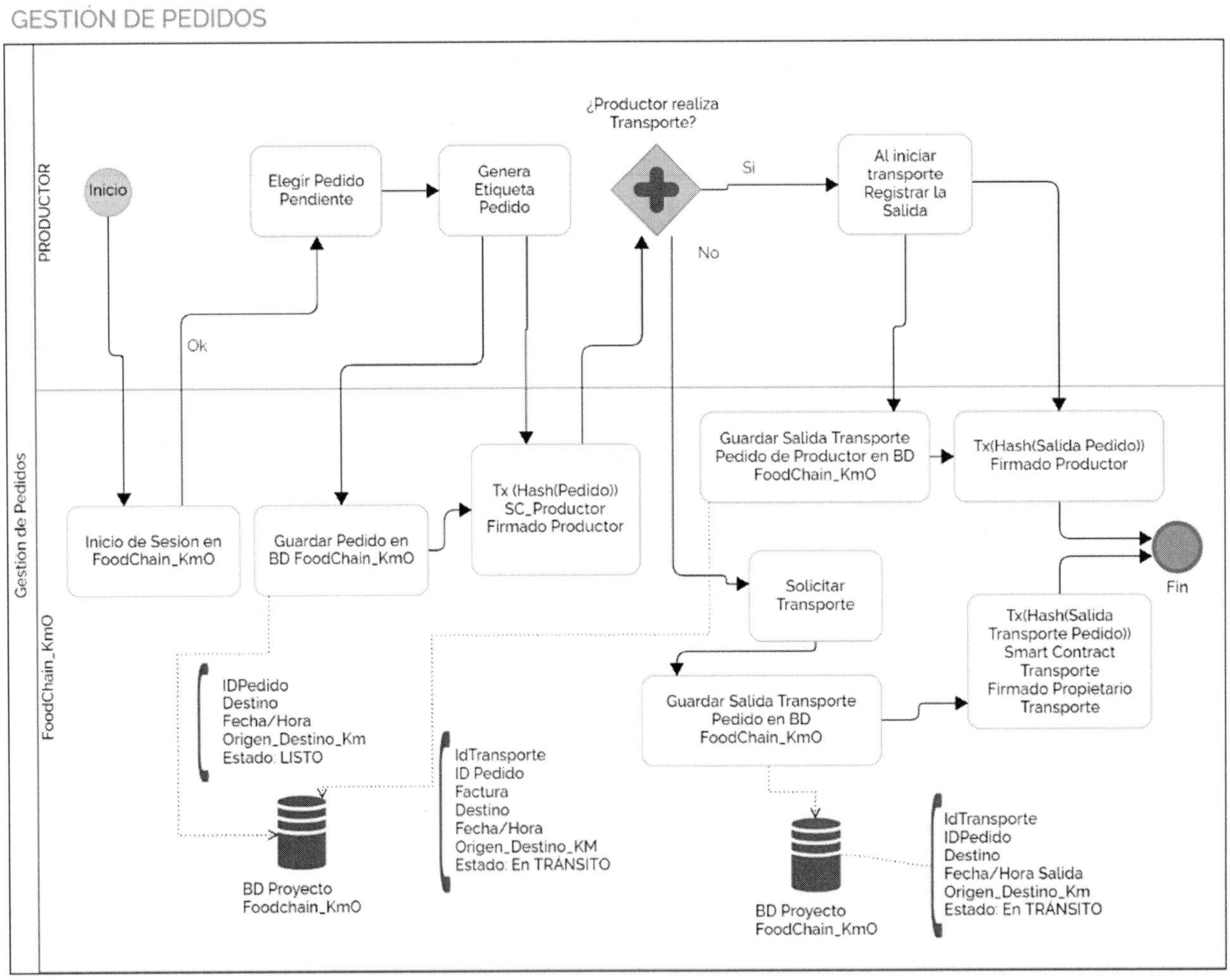


**Figura 136**: Modelado del proceso de negocio de la **Gestión de pedidos.**

Durante el proceso de compra en ***FoodChain_KmO***, el consumidor final o minorista elabora una cesta de la compra que, una vez pagada, se convierte en un pedido en la plataforma. El productor correspondiente recibe una notificación. El productor ***puede, en cualquier momento, conectarse a la plataforma y gestionar todos los pedidos en estado PENDIENTE***.

En la figura 136, podemos observar todas las interacciones necesarias del productor:

1. Iniciar sesión.
2. Elegir pedido pendiente.
3. Una vez preparado, generar la etiqueta identificativa del pedido.
4. Almacenar el pedido y etiqueta en la base de datos y generar una transacción (Tx) de trazabilidad en la cadena de bloques. La Tx estará firmada por el productor, indicando en el Estado=LISTO.
5. Si el productor realiza el transporte, almacenar los datos de salida del transporte en la base de datos y también realizar una transacción (Tx) en la cadena de bloques indicando en el Estado=En TRÁNSITO.
6. Si el productor no realiza el transporte, ya constará en la plataforma, y esta se encarga automáticamente de solicitar uno.
7. Cuando la plataforma realiza el transporte, debe ser utilizada por el transportista para registrar en la base de datos la salida y completar la trazabilidad en la cadena de bloques con una transacción.

En el modelado del proceso de negocio podemos observar las interacciones y los datos utilizados. En cada transacción a la cadena de bloques el aplicativo web (DApp) llamará a la funcionalidad del smart contract, que almacenará el estado del pedido y un *hash* de los datos a trazar. En nuestro caso, los *timestamp* con la **fecha y hora de salida, de llegada, y el kilometraje entre productor y consumidor final o punto de recogida en minorista** son los datos más relevantes. Los costes transaccionales se estudiará como amortizarlos de la mejor manera posible en cuanto se disponga de los datos, pero inicialmente serán asumidos por cada miembro según el uso de su cuenta y dirección blockchain.

En la figura 137, se describe con más detalle el proceso de transporte de un pedido. Se puede observar en cada *pool* del diagrama (fila) qué acciones realiza el transportista y cuáles son competencia de la plataforma.

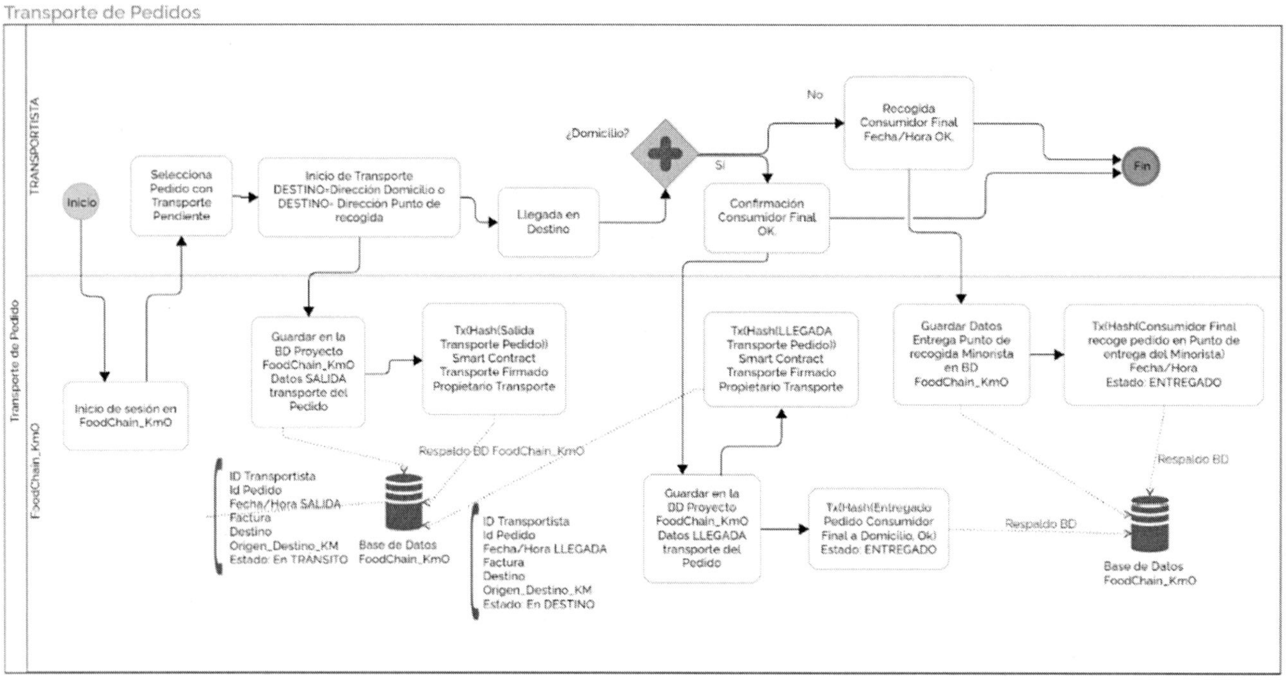


**Figura 137**: Modelado del proceso de **Transporte de los pedidos.**

En este modelo de negocio se describen los dos tipos de transporte de la plataforma:

1. A domicilio del cliente.
2. A un punto de recogida, elegido en el proceso de compra, que se corresponde con algún minorista de la plataforma.

En los dos casos se sigue el mismo criterio que cuando el productor realizaba el transporte, pero ahora la identidad digital que se usa en la trazabilidad de la cadena de bloques es la del transportista.

Otro aspecto que cabe destacar es que la trazabilidad del transporte finaliza con la llegada del transportista al punto de recogida o al domicilio del cliente final, con la salvedad de que en el caso del domicilio de cliente se adjunta la confirmación del cliente, y cuando el transporte tiene como destino el punto de recogida la trazabilidad finaliza cuando el cliente recoge el pedido y el minorista genera una transacción (Tx) en la cadena de bloques confirmando la entrega a consumidor final.

### 15.8.3. Funcionalidad de la aplicación web FoodChain_KmO

Toda esta funcionalidad descrita será implementada en la aplicación global que da servicio a la plataforma ***FoodChain_KmO***. Unas veces será en el backend a datos y en otras en el ecosistema blockchain que conecta la aplicación web con la blockchain pública de capa 2 que, en el caso de la plataforma, será la blockchain pública de Polygon.

En la figura 138, se muestra el diseño de la arquitectura de menús de la aplicación y cómo está asociada a cada participante con todos los modelos de negocio descritos.

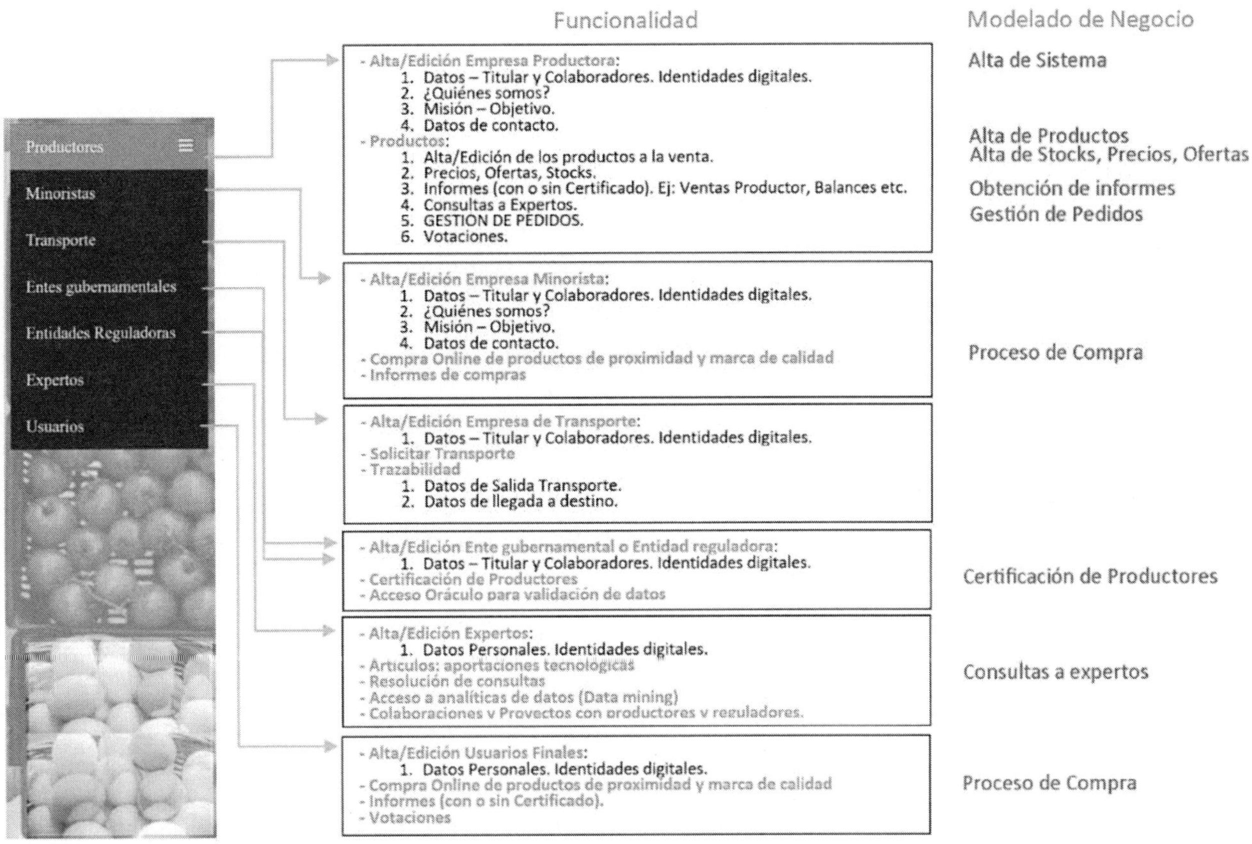


**Figura 138**: Funcionalidad del aplicativo web de la plataforma FoodChain_Km0.

Disponemos así de toda una documentación de la funcionalidad necesaria para la implementación de la aplicación que dará soporte al proyecto ***FoodChain_Km0***. El equipo desarrollador se encargará de realizar la propuesta y detalle de las pantallas a partir de la funcionalidad descrita en los modelos de negocio y la que pueda aparecer durante el desarrollo. Existen módulos ya desarrollados que se podrían integrar para no tener que desarrollar de cero, como pueden ser la administración y gestión de usuarios y/o roles, la seguridad y privacidad de sus datos o aspectos complementarios como el soporte al idioma y tipo de estilos aplicables. El diseño modular y la programación en paralelo de módulos podrían reducir costes y tiempo de desarrollo.

## 15.9. Descripción y justificación de la tecnología usada

En la fase inicial del proyecto ***FoodChain_Km0***, el primer paso fue decidir ***cuál debería ser la arquitectura y tecnología adecuada para su implementación y validar su idoneidad***, teniendo en cuenta que el contexto de trabajo debía focalizarse en ***la venta de proximidad***. Esta venta es un tipo de venta en auge que tiene margen de desarrollo en el mercado actual. Se distingue por ***ser cada vez más del agrado del consumidor final*** por ser ***sostenible***, ***saludable*** y por beneficiar a los productores locales generándoles un ***margen de beneficio mayor***, al mismo tiempo que ***favorece a la promoción y al desarrollo del territorio*** en donde se realiza, recibiendo por ello soporte institucional.

En la fase de diseño se tenía claro que una parte muy importante de este proyecto residía en ***establecer y garantizar de manera legítima, automatizada y sin la necesidad de intermediarios la confianza entre productor y consumidor final***. Se necesita reforzar esta conexión que, hoy en día, sigue siendo débil por la necesidad de coordinar muchos aspectos y procesos que suceden entre productores locales, minoristas y consumidores finales. Es clave ***pensar cómo garantizar de manera segura y confiable que la información inherente al producto local producido esté tecnológicamente garantizada para los consumidores finales***.

El primer motivo para optar por el uso de la tecnología blockchain es que se ajusta perfectamente a estas características, debido a que es ***capaz de establecer entre partes sin confianza un entorno de trabajo donde cooperen e intercambien valor de manera segura e íntegra***. La tecnología blockchain es perfecta para implementar un registro indudable de la ***trazabilidad*** necesaria, que garantiza al consumidor final que el producto que compra ***está elaborado de forma sostenible y que realmente es de proximidad***.

El segundo motivo es ***la posibilidad de cooperación competitiva de confianza*** entre productores y el resto de participantes, como pueden ser los transportistas y las entidades gubernamentales que regulan la normativa legal de la venta de proximidad. Esta segunda conexión aporta a la plataforma ***el respaldo de entes del mundo real a la confianza que el sistema por sí mismo es capaz de garantizar*** entre productor local y minorista o entre productor local y consumidor final.

Un tercer motivo de uso de la tecnología blockchain es que, a pesar de que todavía es incipiente, nos permite ***introducir el negocio de la venta de productos de proximidad y marca de calidad en un nuevo entorno digital*** donde se pueden desarrollar ***nuevas técnicas de venta***, de ***promoción de los productores locales*** y ***nuevas estrategias de inversión*** en el sector, partiendo de la ***reducción de costes*** y pasando por la ***tokenización de materias primas*** (en inglés, ***commodities***) del sector de los agroalimentos.

El riesgo máximo asumido consiste en ***superar la barrera de adopción que la tecnología implica para un sector poco acostumbrado a su uso***. Existen muchas iniciativas de venta de productos de proximidad *online*, creadas incluso por los mismos agricultores, pero ***ninguna utiliza la tecnología blockchain***; solo utilizan tecnologías como ***códigos QR*** o ***códigos de barras*** que, por su limitada capacidad de información, se quedan cortas. Para ***FoodChain_Km0***, se debe dar ***más información*** que la del propietario y la procedencia del producto.

Existen tres tipos de blockchain dominantes: ***pública, privada*** e ***híbrida***. Debido al alto grado de innovación y riesgo en la puesta en marcha de este proyecto utilizando una tecnología tan disruptiva como blockchain, en ***FoodChain_Km0*** nos hemos decido por la ***blockchain pública permisionada*** en su producto mínimo viable (PMV) y, entre las opciones de blockchain pública, utilizaremos ***la blockchain de capa 2 sobre Ethereum de Polygon***. El servicio de red blockchain ***Polygon PoS*** facilita la ***implementación de transacciones en la cadena de bloques para la trazabilidad*** necesaria en ***FoodChain_Km0***. La información que almacena el proyecto en su primera fase es información que ***garantiza que el producto es de proximidad***, que realmente se ha producido cerca de donde se compra y que, desde que el productor lo despacha y el consumidor final lo compra, solo transcurren unos pocos días. Es por ello por lo que esta información puede ser pública y consultable por todo el mundo y los niveles de privacidad de la cadena de bloques son adecuados para las necesidades del proyecto. Beneficios indiscutibles para el proyecto son la accesibilidad, la transparencia y la resistencia a posibles censuras.

Dentro de las ambiciones a largo plazo del proyecto, los entes gubernamentales y las entidades reguladoras tienen un papel muy importante en la ***validación de certificaciones***, y ***FoodChain_Km0*** podría reducir costes agilizando estos procesos con su digitalización.

Otros conceptos clave del proyecto a futuro son:

- ***Establecer una comunidad de venta de proximidad activa*** para la venta de productos y desarrollo de iniciativas en colaboración con los expertos.
- Establecer una ***identidad sostenible***, a modo de reputación sostenible avalada, que pueda interoperar con el resto de los proyectos sostenibles existentes tanto en las cadenas de bloques como fuera de ellas.
- ***Tokenizar activos en la venta de proximidad*** para generar inversión, e incluso incidir en el precio de los productos o ayudar a los productores cuando estos no generen beneficios.
- Un ***sistema de incentivos*** que potencie la interacción y el beneficio de cada participante en la comunidad de venta de proximidad.

### 15.9.1. Arquitectura en la blockchain de Polygon

La arquitectura de Polygon ofrece ***un sistema de consenso dual, PoS y/o Plasma***. Para las necesidades de la plataforma ***FoodChain_Km0*** se ha seleccionado Polygon PoS, que proporciona más velocidad y flexibilidad aunque, en contrapartida, nos da menos seguridad. Según la evolución, se podría optar por un sistema híbrido, o bien por nuevas propuestas futuras como son Optimistic Rollups o adaptaciones a zkEVM de Ethereum.

En la tabla 12, se resumen las características de las dos opciones:

| Red de Polygon | Puente PoS (bridge) | Puente PLASMA (bridge) |
|---|---|---|
| Breve descripción | DApp con retiros rápidos de Ethereum y flexibilidad bajo sistema de seguridad PoS | DApp con mayor seguiradad garantizada por el mecanismo de salida de PLASMA |
| Estructura | Muy flexible | Rígida, menos flexible |
| Depósito(Ethereum->Matic) | 3-5 minutos | 3-5 minutos |
| Retiro(Matic->Ethereum) | 1 checkpoint= 20 min. aprox. a 3 horas | 10080 min = 7 días Periodo de desafío. |
| Seguridad | PoS asegurado por validadores externos robustos. | Los contratos de Plasma (Matic) se aprovechan de la seguridada de Ethereum con un periodo de 7 días. |
| Estándars Soportados | ETH, ERC20, ERC721, ERC 1155 y otros | Solo ETH, ERC 20 y ERC721. |

**Tabla 12:** Opciones de la red básica de Polygon (Fuente: EatTheBlocks).

La plataforma se beneficia de la ***implementación de la tecnología blockchain*** facilitada por Polygon, liberándose de ***administrarla y de tener que asignar permisos y roles*** como sucedería en el caso de utilizar una blockchain privada. El servicio de Polygon PoS ***abarata los costes de salida de la plataforma*** pero nos penaliza en la capacidad de personalización de la blockchain, sin poder mejorar rendimientos o actuar rápido en casos de incidencias.

A modo de resumen, en la figura 139, presentamos la arquitectura subyacente al utilizar la red de capa 2 de Polygon que realiza el proceso de registro de las transacciones para la plataforma ***FoodChain_Km0*** (Fuente: *Polygon Website*).

Se estructura en 3 niveles:

- **Capa de Ethereum**: un conjunto de contratos en la red principal de Ethereum.
- **Capa de Heimdall**: un conjunto de nodos de Heimdall de prueba de participación que se ejecutan en paralelo a la red principal de Ethereum, monitorean el conjunto de contratos de participación desplegados en la red principal de Ethereum y comprometen los puntos de control de Polygon Network en la red principal de Ethereum. Heimdall está basado en Tendermint.
- **Capa Bor**: un conjunto de nodos Bor que producen bloques mezclados por nodos Heimdall. Bor está basado en Go Ethereum.

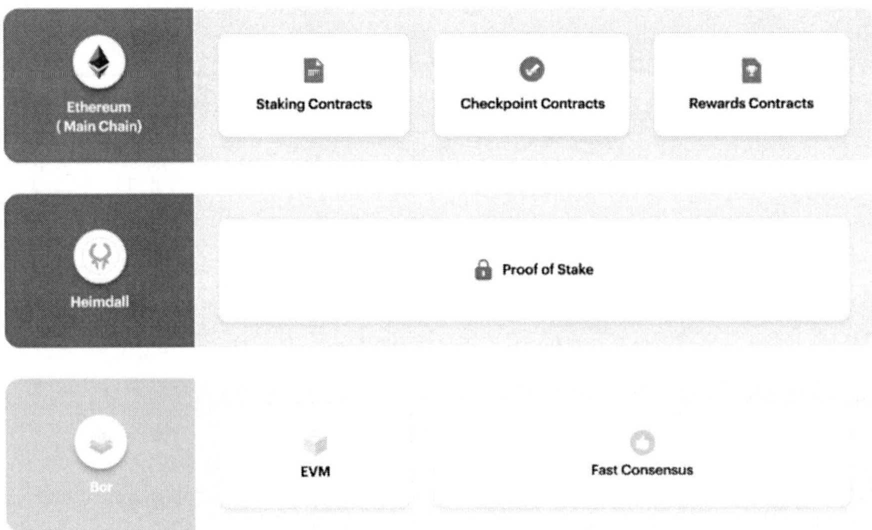


**Figura 139**: Arquitectura de red blockchain de Polygon (Fuente: *Polygon Website*).

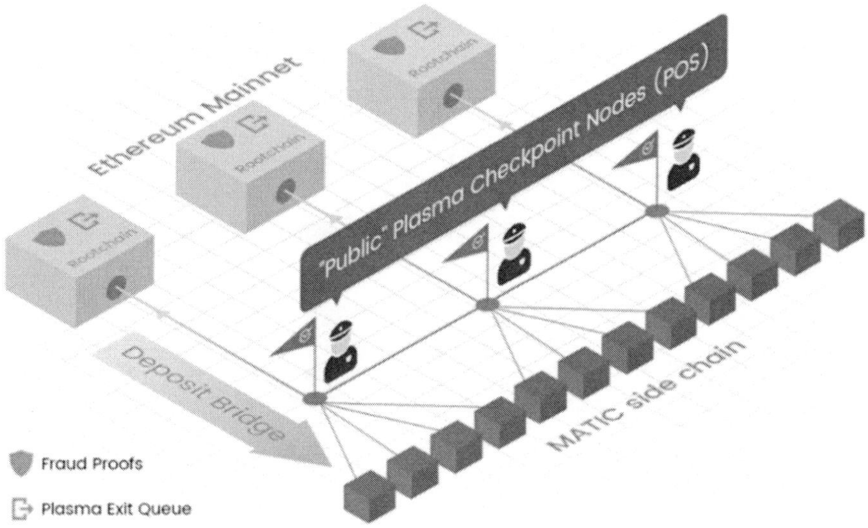


**Figura 140**: Arquitectura de capa 2 en base a la red principal de Ethereum (Fuente: Polygon Website).

Polygon PoS implementa un conjunto de contratos para la gestión del *staking* en Ethereum y un conjunto de validadores incentivados que ejecutan nodos Heimdall y Bor (ver Figura 140). Ethereum es la cadena de bloques principal usada por la cadena de bloques de Polygon, pero en el futuro se espera el acceso a otras redes blockchain.

### 15.9.2. Esquema de arquitectura de la plataforma *FoodChain_Km0*

Toda esta arquitectura será transparente en la plataforma ***FoodChain_Km0***, pero le permite disponer de un sistema blockchain que mejora muchas de las deficiencias existentes en la red Ethereum, como el coste de la comisión de cada transacción y la falta de escalabilidad. En las nuevas versiones de la red Ethereum estos problemas también se están solucionando progresivamente. Es por ello que para la puesta en marcha del PMV del proyecto, la opción de usar Polygon es una buena selección que, por su compatibilidad con Ethereum, la hace muy versátil.

En la figura 141 observamos un esquema de arquitectura de la plataforma ***FoodChain_Km0***.

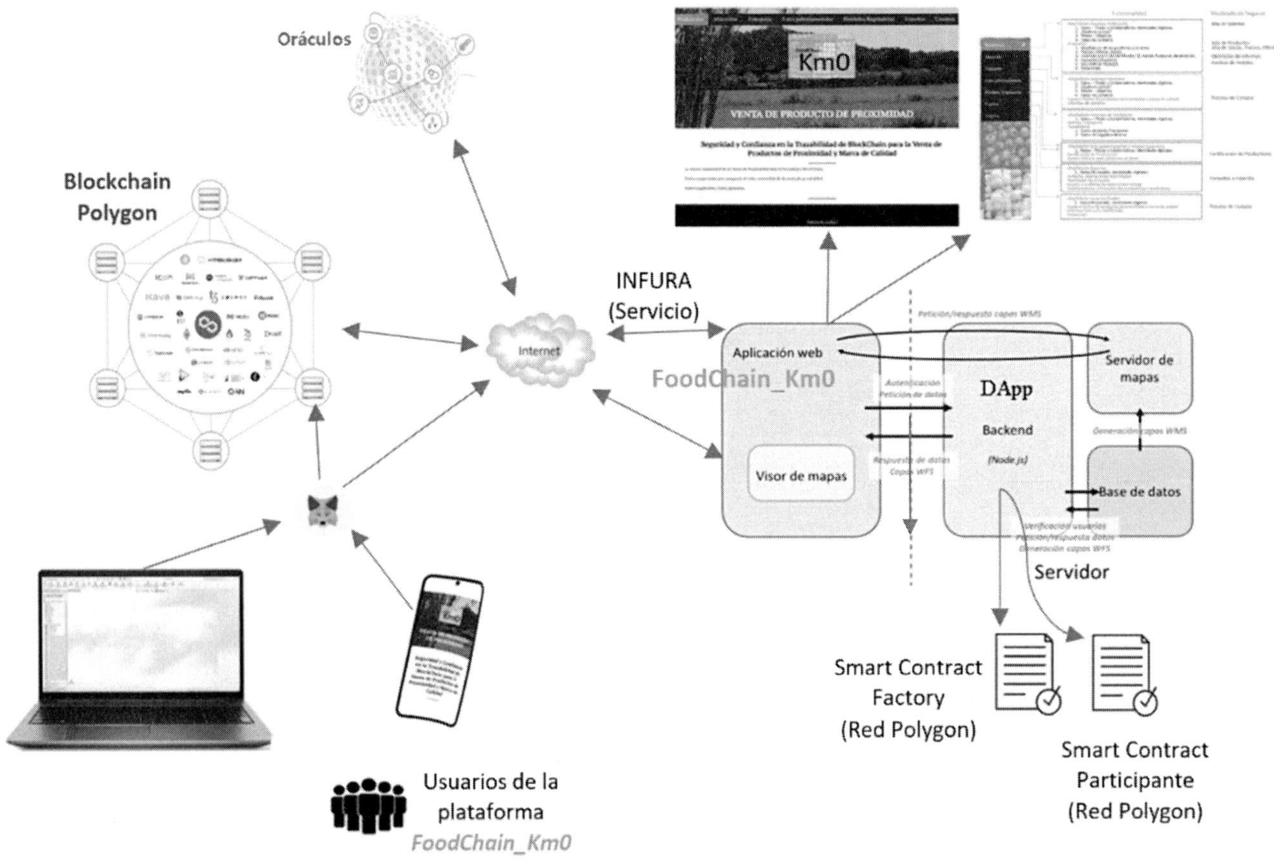


**Figura 141**: Esquema de la arquitectura de la plataforma *FoodChain_Km0*.

La plataforma se compone de dos partes bien diferenciadas: ***una aplicación web (Angular Framework o React, [HTML, Javascript, CSS]) situada en el frontend, que gestiona el interfaz a usuario y la parte*** cliente, y una segunda parte consistente en el backend. En el backend se implementa la operativa ***de mantenimiento de los datos***, donde un sistema de base de datos documental (por ejemplo, MongoDB) almacena datos de las ventas (facturas), usuarios (datos propietarios) y, en general, de la aplicación. También en el backend ***se da acceso y se almacena en la red Polygon un conjunto de smart contracts que contienen variables y automatizan los procesos referentes a la información crítica de trazabilidad de la cadena de suministro de la venta de proximidad***. Los smart contracts serán de dos tipos: un smart contract *Factory,* que generará cada smart contract de cada rol de participante, y estos últimos, que procesarán las transacciones de trazabilidad. En la cadena de bloques también se almacenará la lista pública de todos los productores certificados. El proyecto contempla diseñar el acceso al sistema de FoodChain_Km0 sin utilizar la tienda pero registrando las ventas y el registro de transacciones en la blockchain usando el módulo ***API_Blockchain_FoodChain_Km0***. De esta manera, el proyecto facilita esta funcionalidad a terceros que disponen de tienda *online* y solo participan en el registro de venta y almacenamiento de transacciones en la cadena de bloques.

Inicialmente, el módulo ***API_Blockchain_FoodChain_Km0*** contempla el uso los servicios de Infura, que facilitan el acceso a operar en diferentes cadenas de bloques sin disponer de nodo. También se realiza vigilancia tecnológica sobre proyectos blockchain interesantes, como ***Aptos*** y su blockchain de capa 1, si permiten reducir costes y tienen un ecosistema de herramientas que mejore el rendimiento.

Aspectos interesantes por valorar son aquellas opciones que faciliten la ***adopción y calidad de uso por parte del usuario de la plataforma*** como, por ejemplo, los servidores de nombres que permiten hacer más legible la información de la blockchain haciéndola más comprensible al usuario final.

El diseño de un ***entorno virtual en formato metaverso*** no está contemplado en el proyecto de la plataforma pero, una vez consolidada la puesta en marcha de la fase de la trazabilidad en la venta de proximidad, será posible su concepción en caso de ser viable el proyecto inicial. Quizás en el metaverso el usuario pueda ser partícipe del desarrollo de los cultivos, asistir a su desarrollo en tiempo real o incluso solicitar los cultivos que desee. Estas y muchas más pueden ser opciones innovadoras, atractivas y rentables para las plataforma de venta *online* en un futuro no muy lejano. Todas estas razones son muestras del ***inmenso potencial*** al que se podría acceder y/u ofrecer en ***el caso de consolidar la tecnología blockchain en la plataforma FoodChain_Km0***.

## 15.10. Recursos y planificación del desarrollo

Para la realización del proyecto **FoodChain_Km0** se han planificado una serie de tareas utilizando un conjunto de recursos con unos costes estimados. En la figura 142, se puede observar una descripción detallada.

**Precio Hora (Web)** 40 € **Precio Hora (Blockchain)** 65 €

| TAREAS | HORAS | |
|---|---|---|
| **GESTION** | **80** | **3.200 €** |
| **ANALISIS** | **80** | **3.200 €** |
| **DESARROLLO** | **1.152** | **54.880 €** |
| Módulo Frontend y Backoffice | 648 | 25.920 € |
| Módulo Blockchain | 352 | 14.080 € |
| Módulo administración | 72 | 2.880 € |
| Módulo validación | 80 | 3.200 € |
| Test | 24 | 960 € |
| **IMPLANTACIÓN** | **48** | **1.920 €** |
| Configuración entornos | 8 | 320 € |
| Despliegues | 40 | 1.600 € |
| **TOTAL** | **1360** | 63.200 € |

| MODULO BLOCKCHAIN | HORAS | COSTE |
|---|---|---|
| **SMART CONTRACTS** | **352** | **22.880 €** |
| Desarrollo SC PARTICIPANTE | 80 | 5.200 € |
| Desarrollo SC FACTORY Y LOGICA | 60 | 3.900 € |
| Desarrollo SC CERTIFICACIONES | 60 | 3.900 € |
| Desarrollo SC VENTA | 80 | 5.200 € |
| Proceso programado recuperar información blockchain | 40 | 2.600 € |
| API_Blockchain_FoodChain_Km0 | 32 | 2.080 € |
| **DESARROLLO FRONTENT y BACKOFFICE** | **648** | **25.920 €** |
| **GESTIÓN ROLES / PARTICIPANTES** | **344** | **13.760 €** |
| Pantallas Alta Participantes y Pantalla Login | 200 | 8.000 € |
| Pantalla Inicial FoodChain_Km0 | 40 | 1.600 € |
| Pantalla Recuperar Contraseñas | 16 | 640 € |
| Pantallas información / participante | 32 | 1.280 € |
| Pantalla alta de Productos | 40 | 1.600 € |
| Pantalla Acceso a Seguimiento de Transporte | 16 | 640 € |
| **GESTIÓN DE PEDIDOS** | **232** | **9.280 €** |
| Pantalla Nuevo, Listado, Gestión de Pedido | 40 | 1.600 € |
| Pantalla Factura Proforma | 16 | 640 € |
| Pantalla Pasarela Pago | 16 | 640 € |
| Módulo Acceso a Datos | 160 | 6.400 € |
| **ADMINISTRACIÓN** | **72** | **2.880 €** |
| Pantalla petición de informes de ventas y formato | 32 | |
| Proceso envío: Notificaciones / Emails | 40 | |
| **TOTAL** | **1.648** | **48.800 €** |

**Figura 142:** Planificación de recursos y sus costes para el proyecto ***FoodChain_Km0***.

Para la correcta dirección del proyecto se debería utilizar un diagrama de Gantt en el que, con facilidad, se podrá hacer el seguimiento del proyecto.

Se utiliza el diagrama de Gantt porque es una herramienta gráfica sencilla, útil y un estándar para la gestión de proyectos. De manera muy visual, y a través de un cronograma de barras horizontales, muestra las actividades incluidas en el proyecto junto con su periodo de realización, facilitando el control de la progresión en la realización de las tareas y de los recursos destinados al proyecto.

En la figura 143, se muestra el diagrama de Gantt para establecer la planificación del desarrollo del aplicativo web de la plataforma ***FoodChain_Km0***. Se han asignado dos recursos para la programación: un programador de aplicaciones web, que es responsable del desarrollo tradicional de la web, y un desarrollador especialista en blockchain. A medida que el proyecto se desarrolle, podremos realizar cambios en la planificación.

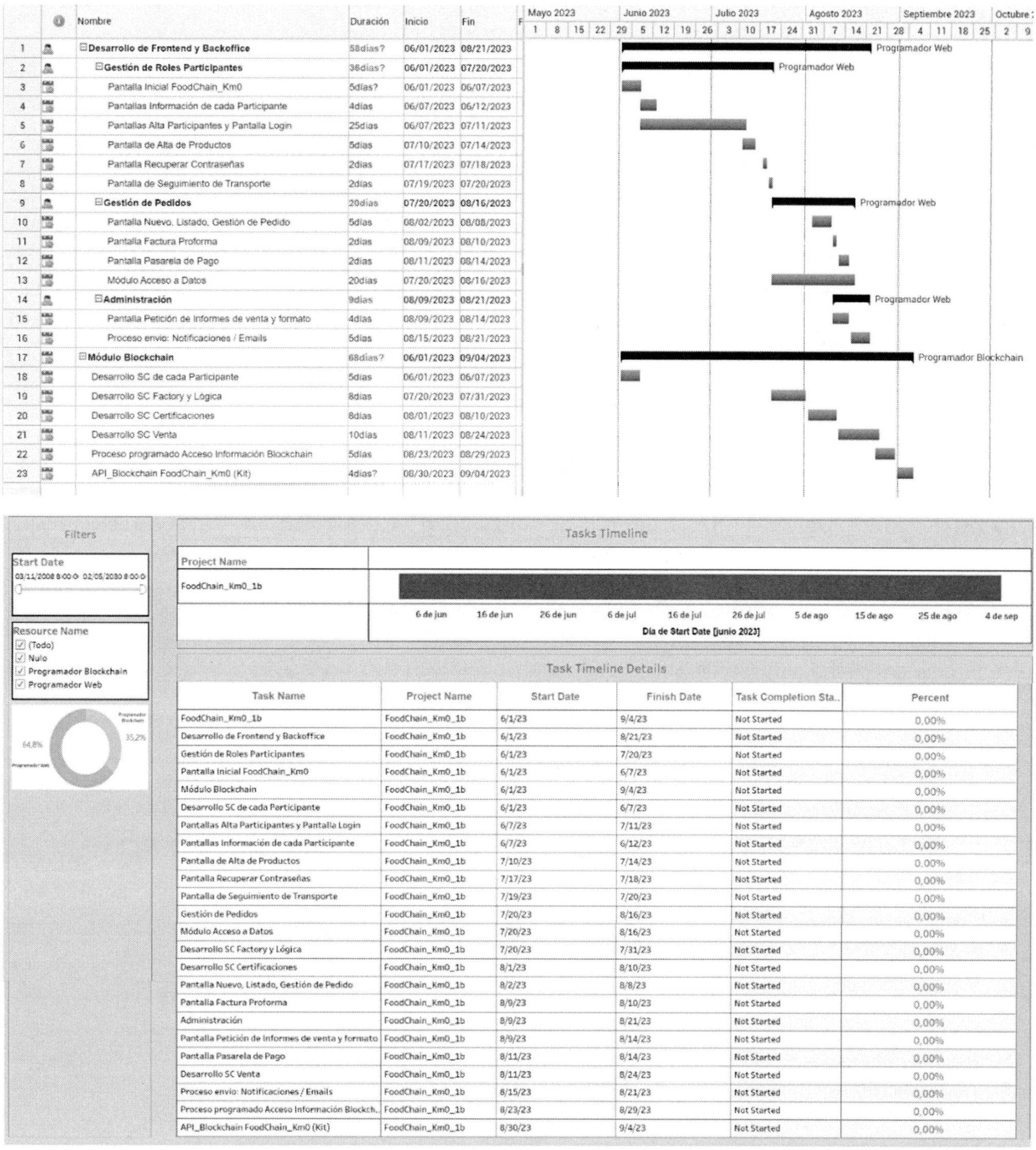


**Figura 143**: Diagrama de Gantt para la planificación y seguimiento del proyecto.

Las mismas herramientas de gestión que utilizaremos nos proporcionarán gráficos y analíticas del rendimiento de nuestros recursos y los peligros de exceder nuestro presupuesto inicial, si no cumplimos los plazos establecidos para cada tarea.

## CONCLUSIONES

FoodChain_Km0, aunque es el tercero en esta lista de ejemplos prácticos de blockchain presentados, fue el primer proyecto de la trilogía que compone este libro realizado por el autor. Recomiendo encarecidamente planificar un proyecto completo en profundidad, para conocer de primera mano y aprender definitivamente lo importante que es planificar solo lo realmente necesario, pero con mucho detalle, detectando los problemas antes de que aparezcan por sorpresa con el proyecto en marcha. En el caso particular de la cadena de bloques, es importante asegurarse bien de que se cumplen todas las normativas vigentes y de que, desde el punto de vista técnico y presupuestario, es viable. Hemos visto que un proyecto blockchain debe ser autosuficiente, debe representar e implementar ese espacio común donde las reglas definidas en contratos inteligentes inmutables coordinan el trabajo colaborativo en beneficio de todos los participantes, donde los incentivos vencen a los intentos de cualquier picaresca o fraude empresarial, porque económicamente no nos vale la pena intentarlo.

La cadena de bloques bien usada es un nicho de negocio que nos puede conceder la ventaja competitiva necesaria en todo proyecto de éxito y que no se debería desaprovechar. En el caso de FoodChain_Km0, se usa la cadena de bloques para proponer una solución al problema de falta de confianza del consumidor final, proporcionando las garantías necesarias para la venta de los productos de proximidad y marca de calidad, beneficiando a todos y cada uno de los participantes en el proceso.

Para sus autores, `FoodChain_Km0` es un proyecto que, utilizando la tecnología blockchain, cumple perfectamente tres requisitos de éxito: es sostenible, innovador y soluciona una carencia existente en la vida real de manera sencilla y a bajo coste.

Uno de los escollos que nos queda por salvar consiste en el alto desconocimiento de la tecnología blockchain a nivel práctico, y este libro ha pretendido aportar al lector los mimbres necesarios para dar ese paso. A pesar de ello, todavía se dispone de poca información de proyectos blockchain de éxito consolidado en el tiempo, en todos los sectores en general. El riesgo en la innovación implica siempre un periodo de superación de dificultades, que no siempre es fácil de soportar económicamente.

Conceptos relativamente nuevos y disruptivos, como la tecnología blockchain, todavía tienen mucho recorrido de mejora, pero debido a su potencial no deberían ser ignorados por aquellos empresarios emprendedores que buscan siempre un nicho de negocio para obtener beneficios.

## AGRADECIMIENTOS

A mi amigo Toni Navarro casi nativo de S'Agaró, en la Costa Brava, con el que he realizado el proyecto **FoodChain_Km0** y autor de todo el modelo de negocio, por su amabilidad, empuje y ánimo inquebrantable. Siempre fuente de inspiración y de apoyo para todas las ideas propuestas y compañero de proyecto perfecto.

A mis mentores de los primeros pasos en los fundamentos de la tecnología blockchain, a los que agradezco su dedicación y esfuerzo en las explicaciones a todas mis preguntas: Jacobo Ochando Martí y Sergio Navarro Peña.

# BIBLIOGRAFÍA


1. Damoska Sekuloska J, Erceg A. Blockchain Technology toward Creating a Smart Local Food Supply Chain. *Computers*. 2022;11(6):95. doi:10.3390/computers11060095
2. Clohessy, T. (2023). *Blockchain in Supply Chain Digital Transformation* (1.ª ed.). CRC Press. https://doi.org/10.1201/9781003256755
3. Mathiyazhagan, K., Taghipour, A., & Agarwal, V. (2022). *Blockchain Technology in Supply Chain Management for Society 5.0* (1.ª ed.). CRC Press. https://doi.org/10.1201/9781003177432
4. Bienestar A. Comercialización de Blockchain: Aplicaciones estratégicas en el mundo real, 1ªEd. Copyright 2019 John Wiley & Sons Ltd.
5. Ravi Sarathy. Enterprise Strategy for Blockchain Lessons in Disruption from Fintech, Supply Chains, and Consumer Industries. The MIT Press Cambridge, Massachusetts London, England.Generalitat de Catalunya. 2020. Guía per a la venda de proximitat dels productes agroalimentaris i agraris (3ª Ed.).
6. Introduction to Polygon PoS | Polygon Wiki. (2023, marzo 18). https://wiki.polygon.technology/docs/pos/polygon-architecture
7. Agròpolis. (s. f.). Alimentación Sostenible. Recuperado 13 de marzo de 2023, de https://www.alimentaciosostenible.barcelona/es/que-hacemos/agropolis
8. User, S. (s. f.). El projecte KM0. www.km-0.cat. Recuperado 13 de marzo de 2023, de https://www.km-0.cat/template/el-projecte-km0-3.html
9. Biomarket - Estadístiques de productes | Serveis | Mercabarna. (2023, abril 11). https://www.mercabarna.es/serveis/estadistiques-productes/
10. Ethereum API | IPFS API & Gateway | ETH Nodes as a Service. (s. f.). Infura. Recuperado 17 de abril de 2023, de https://infura.io
11. Home | Terra Pagesa. (s. f.). Recuperado 15 de marzo de 2023, de https://www.terrapagesa.cat/ca
12. Join the Polygon Academy. (s. f.). Recuperado 14 de abril de 2023, de https://academy.polygon.technology/module-1-getting-started/join-the-polygon-academy
13. Los #AlimentsDeProp: De la web al plato | Prodeca. (s. f.). Recuperado 8 de abril de 2023, de https://prodeca.cat/es/actualitat/els-alimentsdeprop-de-la-web-al-plat
14. Venda de proximitat. (s. f.). Departament d'Acció Climàtica, Alimentació i Agenda Rural. Recuperado 11 de abril de 2023, de http://agricultura.gencat.cat/ca/ambits/alimentacio/segells-qualitat-diferenciada/venda-proximitat/
15. Tipos de código en la Trazabilidad Alimentaria | Blog Integra. (2012, junio 28). Recuperado 4 abril de 2023, de https://blog.consultoresdesistemasdegestion.es/tipos-codigos-trazabilidad-alimentaria/
16. Federació d'Empresaris Productors de Venda de Proximitat de Catalunya (FEPVP). Recuperado 12 de marzo de 2023, de https://www.vendadeproximitat.cat/
17. Carrefour - Comprar productos frescos *online*—Garantía Carrefour.es. (s. f.). Recuperado 16 de marzo de 2023, de https://www.carrefour.es/garantia-de-frescura.e?ic_source=portal&ic_medium=icons-services&ic_content=corp-content
18. Día. Recuperado 16 marzo de 2023 https://diacorporate.com/la-mitad-de-las-tiendas-de-proximidad-de-dia-ya-operan-con-nuevo-concepto/
19. Caprabo. (s. f.). Recuperado 16 de marzo de 2023, de https://www.caprabo.com/url/nostra-terra/index.html
20. Km0 Aliments de la nostra terra. (s. f.). Bonpreu. Recuperado 16 de marzo de 2023, de https://www.bonpreuesclat.cat
21. Origen, A. (s. f.). Supermercado *online* Ametller Origen: Compra calidad y productos frescos a buen precio. Recuperado 16 de marzo de 2023, de https://www.ametllerorigen.com/es/
22. Amazon Fresh Recuperado 15 de marzo de 2023, de https://www.amazon.es/fmc/storefront?almBrandId=QW1hem9uIEZyZXNo